敦煌税法评论

第一辑

赵　耀　主编
王金贵　王祖国　杨永明　副主编
刘　兵　执行副主编

甘肃省律师协会　编

法律出版社
LAW PRESS · CHINA
北京

图书在版编目(CIP)数据

敦煌税法评论. 第一辑 / 甘肃省律师协会编. -- 北京 : 法律出版社, 2024
ISBN 978-7-5197-9086-8

Ⅰ. ①敦… Ⅱ. ①甘… Ⅲ. ①税法-研究-中国
Ⅳ. ①D922.220.4

中国国家版本馆 CIP 数据核字(2024)第 081914 号

敦煌税法评论(第一辑)
DUNHUANG SHUIFA PINGLUN(DI-YI JI)

甘肃省律师协会 编

策划编辑 林 蕊 周 洁
责任编辑 林 蕊
装帧设计 贾丹丹

出版发行 法律出版社
编辑统筹 司法实务出版分社
责任校对 王 丰
责任印制 胡晓雅
经　　销 新华书店

开本 710 毫米×1000 毫米 1/16
印张 16.25 **字数** 238 千
版本 2024 年 7 月第 1 版
印次 2024 年 7 月第 1 次印刷
印刷 北京建宏印刷有限公司

地址:北京市丰台区莲花池西里 7 号(100073)
网址:www.lawpress.com.cn
投稿邮箱:info@lawpress.com.cn
举报盗版邮箱:jbwq@lawpress.com.cn
销售电话:010-83938349
客服电话:010-83938350
咨询电话:010-63939796

书号:ISBN 978-7-5197-9086-8
定价:65.00 元
凡购买本社图书,如有印装错误,我社负责退换。电话:010-83938349

编 委 会

代序一

陆燕宁*

第二届敦煌税法论坛的主题是“政府法治营商环境优化与税收法律服务创新”，主要目的是为全国广大律师在税收法律服务的创新方面创造高端的信息共享平台。为政府进一步优化法治化营商环境提供积极有力的探索，为持续推动中国经济这艘巨轮行稳致远提供优质法治保障。

中共中央总书记、国家主席、中央军委主席、中央全面依法治国委员会主任习近平主持召开中央全面依法治国委员会第二次会议强调，法治是最好的营商环境。在我国政府持续推进“放管服”改革的过程中，优化法治化营商环境已经成为重要的抓手和目标。税收营商环境是法治化营商环境的重要组成部分。在中国强大的经济发展后劲下，优化税收营商环境的需求不断扩大。

党的二十大报告指出，要优化民营企业发展环境，营造市场化、法治化、国际化一流营商环境。这为我国税收法治建设和税收改革发展指明了前进方向，也为广大税务律师和税务师的业务发展带来了千载难逢的好机遇。面对这一机遇，我们必须树立机遇意识、前瞻意识、发展意识，积极拓展涉税业务领域创新涉税法律服务，努力提高执业能力，不断适应新时代税制改革的新形势、新使命和新要求。持续改善税收营商环境，深入推进税收治理体系和治理能力现代化，更好地服务于全面深化改革，更好地服务于全面依法治国，更好地服务于我国高水平的对外开放和高质量发展。

---

* 陆燕宁，甘肃省司法厅党委委员、副厅长。本文系陆燕宁在第二届敦煌税法论坛开幕式上的讲话。

敦煌税法论坛吸引了各方参与,是一个汇众智、聚合力的好平台。来自全国各地的学者、专家将就政府法治营商环境优化与税收法律服务创新展开专业讨论,进行积极探索,期待大家集思广益,达成广泛共识,将这次论坛形成的成果有效利用于政府营商环境的决策,有力推进税制改革完善,为我国经济发展和社会稳定提供更加优质高效的税法保障。

代序二

赵　耀*

2019 年 10 月 12 日，由甘肃省律师协会主办的，以“一带一路”税收前沿问题研究为主题的首届“敦煌税法论坛”在敦煌市举行，旨在贯彻落实中央“一带一路”重大决策部署，更好地研讨税收和税法问题，推动理论和实务研究发展。来自全国法律、财经、税务、企业界的代表参加了论坛，并初次将“敦煌税法论坛”作为开放性、常设性、公益性论坛，就我国在税收立法、国际税收争议及解决、税收营商环境建设等方面存在的问题展开研究讨论。时隔 3 年之久，我们再次相约黄河之滨，在金城兰州召开第二届“敦煌税法论坛”。本届论坛的主题为“政府法治营商环境优化与税收法律服务创新”，我们希望通过本届论坛助力营商环境优化，推进税制完善与改革，提升税收法律服务，积极为经济发展和社会稳定提供优质法治保障。

我们希望通过敦煌税法论坛，就政府法治营商环境优化与税收法律服务创新形成新的成果，用于政府营商环境决策，助力地方经济发展。相聚是短暂的，但智慧的思维、前沿的探索总是永恒的，希望通过本届论坛，让不同的理论与精神产生不一样的碰撞，让我们的营商环境、经济发展得到进一步的提升。

---

* 赵耀，甘肃省律师协会会长。本文系赵耀在第二届敦煌税法论坛开幕式上的致辞。

目　录

第一部分　敦煌税法论坛论文集

第二部分 敦煌税法论坛概况与综述

第一部分

敦煌税法论坛论文集

ChatGPT 应用热潮的冷思考：局限性、风险与价值挑战*

蔡　昌　王艺琳**

摘要：ChatGPT 类技术已经成为人工智能的技术突破与未来趋势。虽然该技术应用如火如荼，但我们也要意识到其技术自身与应用的局限性。文章深入分析了 ChatGPT 类技术的缺陷与风险，并结合财税领域从开发成本、就业替代和税收利益重塑到哲学和教育、信息传播等方面分析其给人类带来的价值挑战，最后从人工智能生成内容评估机制、培育 AI 的差异化道路、改变教育培养重心、提前布局新型就业保障体系等方面提出 ChatGPT 的应对方案。

关键词：ChatGPT 技术局限性；ChatGPT 应用缺陷；ChatGPT 风险；ChatGPT 价值挑战；ChatGPT 冷思考

一、引言

2022 年 11 月，美国 OpenAI 推出了 ChatGPT，这是一种基于大模型数据的

---

* 国家社科基金一般项目“我国数字经济的税制优化与税收治理研究”（项目编号：20BJY225）；国家税务总局 2023 年研究课题项目“智慧税务研究”的阶段性成果。

** 蔡昌，中央财经大学税收筹划与法律研究中心主任、教授、博士生导师，北京大数据协会副会长，财税大数据专业委员会会长。会计学博士，经济学博士后。王艺琳，中国社会科学院大学税务专业硕士研究生，研究助理。

语言生成预训练程序。与传统的人工智能(Artificial Intelligence, AI)不同的是,ChatGPT 具有初步的逻辑思维能力,可以在多种复杂语境下与人进行互动和对话,包括信息检索、内容生产甚至情感陪伴。它迅速吸引了全球用户的高度关注,在推出的短短两个月内就达到了 1 亿人次的注册用户数量。微软也加强了与 OpenAI 的合作,共同推出了嵌入 ChatGPT 的新型搜索引擎——新必应(New Bing),这标志着搜索引擎领域的革命性进步。2023 年 4 月,OpenAI 开放了 ChatGPT 的 API 接口,使全球数字开发者都可将 ChatGPT 接入自己的数字应用中。2023 年 5 月,OpenAI 又在美国推出 ChatGPT 应用 App,实现人工智能和日常办公软件的整合。这一系列举措使 ChatGPT 开始深度嵌入全球互联网的基础设置,成为生成式人工智能(Artificial Intelligence Generative Content, AIGC)领域具有垄断性的数字基础设施。

随着 ChatGPT 技术的轰动效应,我国学术界也不断涌现新的成果。程平等(2023 年)在阐述 ChatGPT 与成本管理的内涵和关系的基础上,结合 ChatGPT 的特点,分析了其在成本核算、成本分析、成本控制与预警、成本预测与计划四个方面的应用价值,构建了基于 ChatGPT 的成本管理框架模型,并从成本管理的数据准备、决策精准度、数据安全性以及组织架构调整四个方面探讨了该模型在应用时的关注点。唐大鹏等(2023 年)提出要利用 ChatGPT 等新兴技术解决当前我国会计教育教学和学术诚信领域中出现的基础性会计教育教学内容和方法不够与时俱进、部分会计领域研究生进行"学术搬运"等问题。蔡昌等(2023 年)认为 ChatGPT 在征税人端、纳税人端、中介机构端应用具有突出优势。征税人端将 ChatGPT 应用于税务执法、服务和监管方面;纳税人端将 ChatGPT 应用于纳税申报、税收筹划和企业合规管理方面;中介机构端借助 ChatGPT 提供专业服务,能创造出新的商机。吕君杰、郑石桥(2023 年)在回顾人工智能与审计相关文献的基础上,着重分析了 ChatGPT 在审计中的应用场景,进一步提出了 ChatGPT 在审计中的可能应用路径。程平等(2023 年)在探讨 ChatGPT 与医院财务管理契合性的基础上,结合 ChatGPT 的特点,分析了其在医院财务管理方面的应用价值,并从预算管理、成本管理、资金管理、绩效管理四个方面详细阐述了具体的应用思路，最后基于 ChatGPT 应用可能存在的风险，提出了相应的对策。

总之，以上领域的探讨源于 ChatGPT 与 Acctech 有价值的契合性，在 ChatGPT 的影响下，各方面对其的应用越来越逼近真实的“人类表现”，具有思维链模型，是人类技术革命新的里程碑，但 ChatGPT 仍然存在技术的局限性，在应用中存在一些缺陷，面临许多风险和价值挑战。在社会人文方面，ChatGPT 可以生成一些人机互动关系，但同时也会加剧行为风险。ChatGPT 机器人只是表面上的社会行为者，与人类行为者存在本质的差异。在伦理道德方面，人机互动使用户更便于被控制，隐私泄露的风险明显加大，形成了“人—ChatGPT 机器人—平台”三者之间的多方面控制关系。在经济发展方面，ChatGPT 机器人能够替代人力资源，改变劳动力结构，加速数字鸿沟形成。在会计管理、审计和税收管理方面，ChatGPT 的技术应用能替代财税、会计、审计等方面的部分基础操作人员。从本质上看，ChatGPT 正迈向通用人工智能方向，这需要人类在哲学层面对自身的价值进行深入的思考。ChatGPT 代表的大模型技术将成为一个新的竞争领域，这意味着我国需要在这一新领域拥有并增强原创能力，以获得竞争优势。特别是，ChatGPT 有可能成为影响文化意识渗透、主流思想传播、国际话语权控制的重要因素。具体到会计与财税领域，其实也有市场形态和价值导向差异，也需要我们深入考虑中外差异性及对我国的多维影响。正是基于人工智能技术的发展、文化意识的中外差异和 ChatGPT 算法的全球广泛应用，在探讨和应用的热潮中，才需要我们冷静、理性的思考。

二、庐山真面目：ChatGPT 技术的局限性

（一）可信度不高：本质上是“黑盒模型”

虽然 ChatGPT 的应用表现给予我们丰富的遐想，但其生成内容的底层架构和逻辑是神经网络的“黑盒模型”，由于人类无法理解“深度神经网络”中的每一个参数，因此也就难以解释清楚模型输入和输出之间的非线性映射关系。

ChatGPT 在社交媒体上迅速传播的主要原因之一是其语言处理能力大大

超越了以往的智能聊天机器人。有实验显示,一般大众难以区分由 ChatGPT 系列生成的社交媒体评论和人类撰写的评论,特别是在涉及具有固定格式和结构的写作领域,如新闻文章、政府公文和编程语言,ChatGPT 生成的文本内容与真实内容几乎无法区分,这意味着生成看似专业的信息变得极为容易,同时也给辨别误讯和谬讯等信息带来前所未有的困难。在会计和税收领域,ChatGPT 可以利用其训练数据中的相关知识形成决策反馈机制,向用户解释会计准则和税收政策法规、提供税收筹划建议和解决财务报告披露问题等。但是 ChatGPT 可信性不足的局限性也是显而易见的:首先,如果模型没有接触到高质量、相对准确的会计和税收数据,它可能会生成不准确或错误的建议,从而误导用户决策;其次,ChatGPT 的数据库有固定的截止日期,比如截止时间是 2021 年,而税法和会计准则经常发生变化,这可能导致 ChatGPT 提供的建议有可能与最新法规相冲突;再次,ChatGPT 是基于统计模型的语言生成器,没有自主思考能力,其输出结果完全基于训练数据的模式匹配,因此它可能无法兼顾复杂的商业环境、法律风险或特定案件的细节,从而难以对输出结果进行及时调整;最后,在会计和税收领域,具体情境的理解对于提供正确的建议至关重要,而 ChatGPT 可能无法充分理解用户提供的特定上下文和情境,可能导致它提供不合适或不准确的会计处理或税务筹划建议。从这一角度出发,人类不得不重新认识和思考人工智能的支持逻辑、内容生成机制及对社会文化和人类生存状态的潜在影响。

(二)客观性不足:训练过程欠严谨

ChatGPT 之所以获得巨大成功,在很大程度上离不开众多外包工人的培训。这些外包工人在背后指导人工智能系统分析数据,使其能够生成多样化的文本和图像。目前虽缺乏确凿的数据证明在人工智能企业从事外包工作的人数,但是这种雇佣模式在全球范围内已呈逐渐普及的趋势。此外,这些外包工人从事的职业门槛并不高,大多为类似零工的低技能劳动,不由得我们思考 ChatGPT 生成内容的客观性,特别是 OpenAI 公司与外包公司 Sama 均为美国企业,长期受到英美文化的影响,其官方语言也是英文,其价值导向是否会影响ChatGPT的价值观?

在会计和税收领域,ChatGPT的客观性不足体现在其忽略中外会计准则和税法的差异性,对ChatGPT的训练和输出过程产生影响。比如,我国企业的会计工作和财务报告遵循我国的会计准则(CAS),而国际上采用较多的会计准则是美国通用会计准则(GAAP)和国际财务报告准则(IFRS),虽然我国会计准则与国际会计准则在许多方面已经趋同,但在商誉计量、收入确认、资产减值测试等方面仍存在明显差异,这可能导致ChatGPT在处理我国与会计准则相关的问题时产生非客观、非理性的观点表述。在税收领域,ChatGPT的训练数据来自互联网上的广泛文本,并基于模式匹配和统计概率生成最终的答案,虽然其可能已对许多国家的税收制度进行了解,但它很难做到对税收制度差异的真正精通,特别是我国与其他国家在税制结构、税务程序和税务规定等方面的差异。因此,我们在使用ChatGPT的答案时应该谨慎对待、辩证思维,在论证分析后有条件接受。

(三)安全性不足:加剧全球数字安全危机

1. 削弱国内数据权力。在ChatGPT运行的过程中,其数据库的内容构成和运行语境将根据用户个体与互联网整体数据的实时更新而不断变化。在这一过程中,ChatGPT所属的科技公司OpenAI将获得更直接的数据控制和管理权,这在一定程度上会导致普通民众数据权力的分散、科技公司数据权力的增强和国家数据权力的相对削弱,从而降低国家对数据监督控制的能力。目前,ChatGPT技术由美国公司OpenAI掌握,因此ChatGPT技术也成为美国在数据权力方面的一个重要支撑。这种对权力的绝对掌控将对其他国家的数据生态安全产生负面影响。同时,我们也应当注意ChatGPT应用于财会审税领域的安全性问题。比如,ChatGPT通过自动抓取大企业财务系统数据,可以智能地生成财务报表、审计报告和税务报表等;ChatGPT通过对企业财务数据进行分析,可以有效识别潜在的税务风险点,并进行预警提示;ChatGPT通过Python

(爬虫)等手段采集行业数据、宏观经济和政策数据等,可以辅助企业决策。而企业的财务会计信息、经济与税收数据能够在一定程度上反映了某国经济社会的发展状况,大量相关数据被 ChatGPT 提取,无疑增加了数据泄露的概率,对一些主权国家的数据生态安全造成潜在威胁。另外,美国很可能利用 ChatGPT 对全球互联网进行实时数据动态挖掘,获取一些涉密数据,从而危及主权国家的数据安全。

2. 加剧黑客攻击风险。ChatGPT 具备强大的数据收集和文本生成能力,这可能招致黑客攻击,是造成网络安全问题的重要因素。ChatGPT 的底层工作逻辑是基于大量互联网数据的收集和分析,即所谓的"信息监管悖论"。随着语料库的不断扩大,越来越多的用户信息可能被纳入其中。数据已成为各国维护国家安全和推动发展的战略性资源,也是开发新一代人工智能技术的基础支撑。OpenAI 及其利益相关方极有可能利用大数据收集技术或人机交互等手段,有针对性地收集中文互联网的核心数据信息,这可能导致高质量中文网络数据资源外泄,进一步加剧马太效应,即"强者更强、弱者更弱",从而对我国人工智能企业的发展造成不利影响。然而,当前的网络监管工具难以及时跟上人工智能技术的发展步伐,给黑客留下了破解机会。例如税务机关涉及的高敏感信息,既包括个人隐私数据,又包括政府数据,如果税务机关不采取适当的安全措施保护高敏感数据,可能存在黑客攻击等风险。这些信息若被不法分子获取和使用,将严重侵犯个人隐私权,破坏税务大数据系统的完整性和稳定性,进而影响智慧税务发展的进程。

三、ChatGPT 的冷思考:应用缺陷与应用风险

(一)社会人文视角思考

1. 应用缺陷分析。ChatGPT 在社会人文方面的缺陷主要体现四个方面:第一,虽然 ChatGPT 可以生成自然的对话和语言,但它缺乏真实的情感和情绪,因此在处理一些需要情感和情绪分析的任务时可能出现错误或不准确的结果。

第二,由于 ChatGPT 是基于大量语料库的训练,它的回答可能会局限于某些固定的模式或表达方式,也就不存在创新性。第三,训练数据的来源可能会存在偏见,ChatGPT 也可能会受到这种偏见的影响,导致它在处理一些社会人文问题时出现不准确或偏颇的回答。第四,虽然 ChatGPT 可以处理大量的文本和数据,但它缺乏人类的直觉和判断力。在某些情况下,ChatGPT 可能会出现不合理或令人不满意的回答,这需要人类进一步加强分析和判断。

2. 应用风险。一是 ChatGPT 的回答可能存在的偏见性会导致舆论认知方面的风险。ChatGPT 拥有先进的深度神经网络技术架构和智能、拟人化的互动能力,这使得其存在被用作国际信息战、舆论战和认知战等新工具的隐忧。首先,ChatGPT 具备强大的信息生成和结构化文本能力,能够持续产生各种真假难辨的信息,对国际舆论产生影响。其次,ChatGPT 的回答是基于国际互联网已有语料的学习,而来自欧美发达国家的英语信息占据主导地位,ChatGPT 有可能成为拥有算法技术优势的强国对其他国家进行思想渗透、引导舆论的工具。在税收领域需要特别关注这种风险,首先,我国税收法律法规尚存在许多空白,许多内容并没有完全形成固定的制度、规则;其次,即使在已经形成固定的制度、规则的税收法律法规中,其条文也具有独特的专业属性,这意味着税务顾问的主观判断会极大地影响税务决策,ChatGPT 很可能在以上领域进行主观价值的渗透。因此,我们需要认识到 ChatGPT 在国际信息战、舆论战和认知战中的潜在风险,并加强对其应用的监管和控制,以确保其不被用于误导和操纵信息。二是 ChatGPT 可能降低用户在决策行为上的主观能动性。从行为特征的角度来看,以往互联网用户对于某个问题的认知程度取决于其信息检索能力。通常情况下,检索能力越强,接触的信息也会更多。然而,随着 ChatGPT 技术的应用,由于其在检索方面的优势,用户很可能将其视为最为倚重的检索工具。由于 ChatGPT 基于相同的训练数据,会在相同问题上产生相同的回答,这可能抹杀用户的个性,丧失价值的多元性。例如在税务管理领域,一方面税务工作者可能会过度依赖技术,导致其批判性思维受到削弱,税务机关的决策能力也可能被消解;另一方面 ChatGPT 类智能机器人的引入减少了税务机关与纳税人之间的直接互动,可能会加剧税务机关与纳税人之间的隔阂。

(二)伦理道德视角

1. 应用缺陷分析。ChatGPT 伦理道德方面的缺陷体现在三个方面:第一,可能会产生歧视性的回答。由于 ChatGPT 的训练数据来源于互联网上的大量文本,这些文本可能会存在歧视性语言,ChatGPT 可能会基于此生成一些不恰当的回答。第二,可能导致用户个人信息泄露。当 ChatGPT 与用户进行对话时,用户可能会提供一些敏感的个人信息,例如姓名、地址、电话号码等。如果这些信息泄露出去,可能会侵犯用户的隐私和知识产权。第三,可能会对用户的沟通能力产生负面影响。由于 ChatGPT 可以轻松地生成自然的对话和语言,一些人可能会过度依赖它来进行交流和沟通,这可能会导致人们失去一些重要的沟通技能,例如表达能力和倾听能力。

2. 应用风险。尽管 OpenAI 公司声称 ChatGPT 会对不正确的问题质疑并拒绝不适当的请求,但实际上,ChatGPT 并不能使用户摆脱算法歧视,反而可能引发社会正义问题,同时,ChatGPT 在用户个人信息泄露方面的缺陷也难以避免。例如,当前智能会计是会计领域的重要发展方向,它强调借助大数据和 ChatGPT 等智能技术,构建会计大数据平台,该平台整合包括财务数据、业务数据、市场数据等各种数据源,但也不可避免地产生敏感数据的安全保护和隐私泄露问题。人工智能为了生成接近人类思想和行为的内容需要与时俱进,其训练数据的来源必然逐渐扩展到互联网。这意味着人工智能将无差别地捕获和学习隐私信息,并可能产生侵犯用户隐私和知识产权等风险。随着 ChatGPT 与其他行业的深度结合,其在伦理道德方面也会引发相应行业风险。例如在当前的企业财务管理体系中,使用 ChatGPT 可能会导致一系列难以明确事故责任的财务风险。这是因为人工智能的学习和决策机制是机器行为,很难追溯到个人身上,责任主体难以确定,同时也缺乏相应的监管规章制度。这会导致以下问题出现:首先,如果使用者有意诱使 ChatGPT 违反其开发者设定的道德伦理和法律底线,将可能导致 ChatGPT 输出虚假或违法信息,影响企业财务决策的合法性;其次,ChatGPT 的回答可能存在系统性偏差,尤其是在企业税务管理方面,税收筹划建议可能模糊了节税和逃税之间的界限,从而会给企业带来税务风险。如果 ChatGPT 上述风险的受众范围进一步扩大,可能会造成负面的社会影响。

四、ChatGPT 应用的冷思考:多领域的价值挑战

(一)开发成本、就业替代和税收利益重塑

1. 开发成本方面的压力。ChatGPT 的研发对算力和能源有极大的消耗,会加大人类的成本支付。ChatGPT 技术需要大量的计算资源来进行训练,训练算力是以往的 10 倍到 100 倍。据悉微软斥资数亿美元购买数万颗电脑芯片以帮助 OpenAI 打造 ChatGPT,其中仅 GPT－3 模型就耗费了 3000～5000 张电脑芯片,而只有美国几家数字巨头企业才可以承受这种巨额资金和资源投入。可见,ChatGPT 技术的高算力需求带来了巨大的能源消耗。此外,一些国家监管机构与企业已开始重视 ChatGPT 带来的安全风险,并对 ChatGPT 采取更严格的壁垒政策。这又引发了另一个问题,那就是随着隐私安全规制的健全,我国训练类似 ChatGPT 的大模型时获取预学习数据将变得更加困难,甚至获取数据过程本身就将支付巨大成本。

2. 就业层面的冲击。ChatGPT 会对就业造成冲击,一些传统的职位将受到不同程度的影响。ChatGPT 能够凝聚群体智慧,意味着它不仅可以替代一些基础财务核算岗位,而且在未来可能对财务 BP(业务伙伴)、财务分析等岗位产生一定的冲击。ChatGPT 能够通过智能化的方式处理大量财务数据,并提供快速、准确的分析和洞察,其在财务领域的应用将对一些依赖于传统财务技能的工作岗位产生变革和替代。芯片行业受到人工智能影响最为直接的职业之一是后端验证工程师。后端验证工程师的工作主要涉及脚本测试,有较高的重复性和机械性,并且需要保持高度的精确性,因此会很容易被 ChatGPT 等技术替代。

3. 税收利益重塑。ChatGPT 的出现加深了数字鸿沟,使当前税收利益分配格局发生重塑。由于人工智能企业更多以平台形式呈现,跨区域提供服务成为这类企业的普遍行为,这导致了生产地与消费地、注册地与所得来源地之间在税收收入的划分上产生冲突,地区之间的税收收入差距也进一步扩大。放眼国际,税收收入的归属偏差使 OpenAI 公司所在地美国拥有更多的征税优势,而其他使用 ChatGPT 相关服务的国家将面临税收流失风险。美国作为 OpenAI 的注册地,在所得税和增值税的分享方面享有优势地位,而欠发达地区虽然为实际税收收入做了贡献,却无法享受相应的税收收入分配。

(二)哲学领域

ChatGPT 的出现,促进了哲学和人工智能之间的交叉研究,并引发了一些哲学上的问题和思考。第一,作为一个大型语言模型,ChatGPT 可以从海量的文本中提取信息和知识,并生成各种形式的文本和对话。这为哲学家提供了一个全新的思考方式,可以帮助他们更好地理解和探索一些哲学问题。第二,ChatGPT 的出现挑战了人类思维的边界,使我们对人类思维能力的认识产生了一些新的思考。例如,人类是否可以创造出超越自身智慧的机器智能,这是一个在哲学上非常重要的问题。第三,随着 ChatGPT 技术的不断发展,越来越多的哲学家开始关注人工智能的发展和应用,这为哲学和人工智能之间的交叉研究提供了一个全新的机会。此外,ChatGPT 的出现也引发一系列哲学问题,例如,人工智能是否具有自主意识,机器生成的文本是否具有真正的创造力等。以上问题对于哲学的发展和对人工智能的理解都具有重要意义。遵循谨慎性原则,我们需要预判 AIGC 发展出自己独特的语言或语法并在短时间内超越人类经历了数百万年的自然进化历程的可能性。因此,我们需要思考的不仅是智能机器人可能的发展方向,还要考虑人类自身的演变以及我们在机器眼中的定位。

(三)教育、信息传播领域

1. 教育领域的挑战。ChatGPT 在教育领域正在不断发展,极有可能重塑教育模式。当前学生出现大量使用 ChatGPT 完成作业等问题，使我们思考 ChatGPT 为学生提供了便利的同时，是否会削弱他们的独立思考能力？随着与 ChatGPT 交互的不断发展，学习者获取知识变得更加便捷且成本低廉，这可能导致学习者陷入技术依赖的困境，甚至出现对人工智能的过度沉迷。ChatGPT 对教育领域的挑战还在于传统的教育内容和方法不能及时更新以适应社会需求。以会计教育教学领域为例，人工智能技术对于重复性和低技能的会计工作的取代，减少了社会对仅具备基础财务知识的会计人才的需求，这导致以往支撑知识体系的基础财务会计教育、管理会计教育、财务管理等教学内容可能无法满足社会的需求。未来教育教学的重点将面临巨大调整，以培养学生具备适应未来工作环境所需技能为要义，需要更加注重创造性思维、问题解决能力和终身学习能力的培养。

2. 信息传播领域的挑战。ChatGPT 在信息传播领域引发了关于主体性危机的讨论。在传播主体方面，它引发了技术是否能成为侵权法律主体的争议。ChatGPT 在传播内容方面存在生成偏见和不公平内容的风险，在传播受众方面存在泄露用户隐私的风险，在传播效果方面可能加剧数字鸿沟和知识鸿沟。以税收法规传播为例，我国税收宣传的意义在于提高纳税人对税收法律法规的知晓度和遵从度，ChatGPT 的出现能对纳税人想要了解的政策进行解释和说明，也可以辅助撰写税收相关通知、公告与文书，但是其生成的结果的可信性与专业性都有待商榷。此外，当 ChatGPT 通过信息筛选和内容生成影响用户的认知，并成为一种新兴的知识权力时，对于人工智能语境下的国际传播和中国国际传播能力建设具有重要影响。因此，在技术驱动的知识和话语权力结构层面上理解 ChatGPT 的出现对人类带来何种影响也是十分必要的。

五、管窥之言与对策

（一）管窥之言

1. ChatGPT 对人类社会的影响包括技术、法律、经济、伦理等多个方面。

ChatGPT 引发的风险和挑战是人类社会需要共同面对的问题。在处理这些风险和应对这些挑战时,需要综合考虑技术、伦理、法律、经济和社会等多维度因素。譬如,在解决 ChatGPT 回答财税问题时存在的固化模式和偏见性,我们可以考虑采取技术手段来提高模型的适用性和稳健性,在数据采集和模型训练过程中使用更广泛、更具差异化的训练数据,使 ChatGPT 具有多样性和平衡性;在处理人机关系时,要兼顾对伦理和法律问题的考虑。比如,税务机关在数据库建设中必须履行审查义务和数据清洗义务,并采取措施来保护用户的隐私和自主权。若让 ChatGPT 来辅助完成这一工作,要使其具有一定的人类的"公平正义"思维和行动逻辑,并建立透明、公正和可控的实施机制,避免多向控制关系和权力滥用情况的发生。当然,还要高度重视 ChatGPT 的潜在风险,强化网络安全监管和数据保护措施,确保纳税人信息安全和国家数据安全。总之,建立一个针对 ChatGPT 价值风险挑战的全面治理框架是非常重要和必需的。

2. ChatGPT 是推动人类技术进步的力量。ChatGPT 已经将技术、工具、生产资料等因素融入生产力,对人类社会生产力产生巨大的推动作用。当然,其也不可避免地成为推动生产关系向前发展的驱动因素。在对人工智能进行哲学层面的思考时,需要考虑人类和机器之间的深层关系和人类价值的评判标准,同时也要充分利用人工智能的生产力属性来增强人类福祉。在会计领域,ChatGPT 的进化应当以与财务人员进行协作、提供支持和辅助为目的,而不是无限近似或完全替代财务人员。ChatGPT 可以处理烦琐的数据整理任务,提供数据分析和决策支持,使财务人员能够更专注于战略性的工作和与客户的互动;财务人员在将决策和建议交给 ChatGPT 时,需要明确机器和人类之间的责任界定,并确保 ChatGPT 的决策过程可解释和可追溯。ChatGPT 可以为会计提供许多机遇和改进,但需要在合理权衡人机关系和价值观的基础上加以应用和管理。实现这一目标的过程需要跨学科合作,建立开放的社会对话和共识机制,以确保人工智能发展的可持续性和平衡性。

3. ChatGPT 的出现是技术革命,也可能是新物种的诞生。物种的本质在于能够进化,就像自然界目前存在的各种生物一样。科学家认为,人工智能未来可能与人类一样，是一种物质存在和物种存在，人类是一种碳基生物物种，而人工智能是一种硅基生物物种，也具有进化性，而且是通过机器学习、深度学习自我进化，并快速迭代和成长的一种技术物种。人类一直在训练人工智能的思维能力，并让其模仿人类的思维、行为机制，那在未来人工智能是否会产生意识，是否会变成一种真正能够在地球上产生影响的重要物种，这也是科学家及人类社会对人工智能发展的一种担忧。未来人类有可能面临比自己更聪明的人工智能的挑战，人工智能可以解决世界上大部分问题，包括人类的疾病和社会问题，但人类无限制地发展 AI，如果部署不当，一旦其脱离控制，就将威胁人类的生存。如此一来，人类受到进化的限制，将无法与人工智能竞争。因此，人工智能的发展需要加以控制，若不能完全按照人类的意识工作，可能会危及人类的安全。

（二）应对 ChatGPT 的对策

1. 建立人工智能生成内容评估机制。ChatGPT 技术当前存在的局限性在短期内无法解决，在面对其生成的内容时，我们应当采取审慎的态度，评估其准确性和完整性并进行核实。这要求我们必须对其回答的内容进行主观评判，而非盲目接受其所生成的结论和观点。我们也需要对答案进行修正和整合，确保其所生成的内容准确可靠。对此，一方面可以联合多方呼吁对 AIGC 内容的算法和模型开源，使用户和监管机构能够理解生成结果的来源和决策过程；另一方面应当制定明确的评估标准和指标，用于评估生成内容的准确性、客观性、可信度和合规性。这些标准和指标应当涵盖事实核实、偏见识别、隐私保护等方面。

将 ChatGPT 生成的内容与人类监督结合起来，建立人工智能生成内容评估机制可以提高会计和税务领域生成内容的准确性和可靠性。财税专业人员可以使用他们的专业知识和经验来核实其中的事实和数据；也可以检查相关的法规和文件并与其他可靠信息源进行对比，以确保回答的准确性；还可以通过审查语言表述、背景信息和推理过程来评估内容的客观性，并纠正具有偏见的回答。由于合规在会计和税务领域是十分重要的,ChatGPT 生成的内容应当被评估是否遵循相关的法律要求和合规标准。我们需要将 ChatGPT 生成的内容与人类监督结合起来,保证生成的内容符合事实、道德和法律要求。人类监督者在确保内容准确可靠的同时也要对生成模型进行反馈和改进。审核时,一方面应关注数据集的质量和多样性,另一方面应确保生成模型进行了多重验证和测试,以提升准确度。在法规方面应当制定相关法规和监管机制,明确人工智能生成内容的责任和义务,确保符合法律、伦理和道德要求。技术监管机构应加强对人工智能生成内容的监督和审查,对违规行为进行惩罚和纠正。

2. 培育 AI 应遵循差异化道路。AI 的发展并不仅限于完全复制人类思维和行为,而是存在多种路径的选择。从目的论的角度来看,AI 始终是为人类服务的,无论技术发展到何种程度,我们都不能将目的置于次要地位。以 ChatGPT 为代表的聊天机器人的发展方向应始终以服务人类的生产和生活为核心,通过利用数据和计算的优势来弥补人类的不足,构建出更加智能的人类生活图景,而不是替代人类。坚持差异化发展的路线是实现人工智能价值的关键,人工智能与人类之间的差异化发展不仅符合理论逻辑的推演,而且对于科技应用和社会伦理方面都具有益处。在发展方向上,我国可以考虑行业深耕和垂直领域的大规模模型开发,走差异化发展道路。当前的超大规模模型已经达到一个临界点,进一步的发展将涉及使用更多专业的子模型进行协同训练以生成更可靠的答案。通过深入了解特定行业和垂直领域的知识和语境,构建有针对性的子模型可以提高模型在相关领域的表现和应用能力。例如,通过将税务领域的特定数据投入生成式预训练系统,构建针对税务问题的子模型,可以提高模型解决税务问题方面的表现和应用能力。这种专业化训练有助于模型更好地理解税务术语、税收知识和特定场景的语义。通过针对性训练,模型能够更准确地理解和生成与税务领域相关的内容。此外,协同训练多个子模型可以提高模型的整体性能,不同子模型之间的协同训练还可以促进税务税收知识的交流和共享,使整个模型能够综合不同的专业知识,并在处理复杂任务和领域交叉问题时表现得更准确、更可靠。

3. 教育要改变培养重心。面对未来以内容生成(Generated Content)为核心的人工智能,包括会计、审计、税收等专业教育应当重视培养学生的逻辑能力和解题思维,而不是过于纠结于琐碎的细节。一是需要将重点放在培养学生的逻辑思维能力和数据思维方面,使学生掌握灵活运用逻辑推理和解决问题的能力。二是需要审视现有专业课程的考核方式,使之能够更好地评估学生的逻辑能力和解题思维,而不仅仅停留在对知识的记忆和掌握程度的评价上。三是调整教育组织形式,鼓励学生进行独立思考和自主学习,培养其对新知识的主动探索和应用能力。通过这样的教育重心调整,教育才能更好地适应人工智能时代的需求,使学生具备应对新一代 AIGC 技术的能力,并能在未来社会中发挥个人价值。特别要注重培养学生提问、反思和追问的能力,这一点在当前教育中常常被忽视。学生教育不能局限于知识传授和技能培训,更是人格的塑造和价值观的塑造。思辨性的教育不仅能够开拓学生的思维边界,还能够培养他们的创造力、批判性思维和价值观念,使学生能够在技术进步的时代中保持人文关怀和思考能力。四是教育应当注重培养学生人机交互能力。提示词可以帮助人们更好地与机器进行交互,使得交流更加流畅和高效。在未来,提示词工程学(Prompt Engineering)可能发展到新的高度,为人机交互领域带来新的思路和方法。以上四点问题是需要包括会计、审计和财税领域的高校和教育者认真思考的。

总之,我们应意识到,如果仅仅依赖技术工具而不进行独立思考和判断,可能会导致知识的表面性掌握和应用的肤浅性;而忽视知识的积累与熟练掌握又可能削弱学生的反思能力和批判思维,使学生容易受到误导或陷入片面的观点中。只有在知识和技术的结合中,才能更好地发展学生的综合能力和解决问题的能力。

4. 就业替代和就业保障。为有效应对人工智能的影响,就业保障部门应当采取积极的措施来扩大就业创业空间,提高市场的可再生能力。面对 AI 带来的冲击,当前人才市场存在一些系统性和结构性问题,这些问题成为信息时代背景下的不稳定因素。例如,ChatGPT 可以实现对税务工作人员工作的部分替代。在税务管理工作中,大量专业的判断依然由税务工作人员来完成,但偏向技术性、模板化的工作则可以由智能机器来实现,这就大大减少了税务机关对人工的需求。就业保障部门有必要为就业者提供必要的培训和转型机会,使其了解人工智能技术的基本原理、应用领域和潜在影响,掌握与人工智能技术协同工作所需的知识和技能。人机协同工作体系将是未来工作岗位的常态,为此就业保障部门应当重视人力资源的培养和转型,培训内容可以包括数据分析、算法理解、伦理和法律框架等方面,使就业者能够适应新技术和工作模式的变化。对此,我们可以加强劳动者的高阶思维训练,提升其利用新技术解决问题的能力。这既需要培养劳动者对知识底层逻辑的深刻理解,又需要帮助其建立适应当下的知识结构和概念框架,使其适应 AI 时代的需求。例如,税务机关应注重提升工作人员与 ChatGPT 交互的沟通力和融合性,帮助工作人员并找到与 ChatGPT 的优势连接点,从而提高与 ChatGPT 的契合度。ChatGPT 出现后,财税人员何去何从?业界并没有统一的看法,人类的工作不会被替代,或者说掌握发展技能的职业人并不会被替代。如果断言 ChatGPT 会替代财税人员,就会陷入"唯工具论"(焦瑞进,2023),我们不必盲目悲观,探索、探讨是对未知世界的正确态度。

总之,在实现 ChatGPT 技术进化的同时,需要人类坚持按照符合人类的价值观和目标训练人工智能。这样,最终无论人工智能如何发展,始终能够被人类所控制,尤其是要控制其运行环境和能力,只有这样才能真正为人类所用,使 ChatGPT 为人类社会创造福祉,这才是 ChatGPT 未来真正的发展方向。

【参考文献】

[1]姜泽玮:《功能局限、关系嬗变与本体反思:人机传播视域下 ChatGPT 的应用探讨》,载《新疆社会科学》2023 年第 4 期。

[2]程平等:《基于 ChatGPT 的成本管理应用研究》,载《商业会计》2023 年第 8 期。

[3]宋信强、刘明杰、陈家和:《GPT-4 影响的全面分析:经济高质量发展与国家安全防范》,载《广东财经大学学报》2023 年第 2 期。

[4]端利涛:《ChatGPT 类技术对我国影响的简要分析》,载《互联网周刊》2023 年第 8 期。

[5]金源、李成智:《ChatGPT + Acctech:ChatGPT 对会计科技的影响研究》,载《商业会计》2023 年第 7 期。
[6]贾楠、鲁钰锋:《运用以 ChatGPT 为代表的生成式人工智能提升税法遵从度的几点思考》,载《税务研究》2023 年第 6 期。
[7]唐大鹏、刘翌晨:《ChatGPT 对我国会计教育教学和学术诚信的影响探索》,载《商业会计》2023 年第 8 期。
[8]常国飚:《基于大数据前沿技术的审计模式探索与展望》,载《审计月刊》2022 年第 12 期。
[9]程平、冯璟逸、唐诗奇:《ChatGPT 在医院财务管理中的应用探析》,载《商业会计》2023 年第 9 期。
[10]蔡昌、庞思诚:《ChatGPT 的智能性及其在财税领域的应用》,载《商业会计》2023 年第 9 期。
[11]于威等:《智能化对公信贷客户风险监测审计模型研究》,载《中国内部审计》2022 年第 11 期。
[12]焦瑞进:《ChatGPT 财税应用随想》,载《商业会计》2023 年第 8 期。

“一带一路”涉税营商环境建设和争议解决机制探究

李为人　朱建琴　王婷婷*

摘要：“一带一路”倡议对于实施新时代中国特色社会主义强国战略具有重大的推动作用。随着“一带一路”倡议的推进，我国企业的对外投资在不断地增长，但由此面临的税收争议风险也随之增大。对此，为了使我国和“一带一路”各个共建国家的企业能够更好地发展，应不断优化涉税营商环境，加强国家之间的交流，适时提出更有利于各个国家企业发展的税收政策。但是，基于各国税制的差异，目前我国与外国企业之间的各种税收争议仍广泛存在。本文首先概述我国在优化涉税营商环境方面所实施的相关举措，其次分析我国在“一带一路”背景下存在的税收争议机制问题，并提出相关的政策建议。

关键词：“一带一路”；涉税营商环境；税收争议机制；政策建议

2013 年，我国首次提出了“一带一路”倡议，倡议一经提出各国纷纷踊跃参与，截至成文时，已有超过 150 个国家和地区参与“一带一路”。这些国家和地区分布在不同的位置，有着不同的历史文化，并且在政治制度、经济发展水平、

* 李为人，中国社会科学院大学应用经济学院副院长。朱建琴，中国社会科学院大学税务专业硕士研究生。王婷婷，中国社会科学院大学税务专业硕士研究生。

税收政策等方面存在较大的差异,因此,对于我国“走出去”的企业来说,在“一带一路”倡议下,企业的税收活动是在更加广泛的范围、更高的层次进行的与其他国家或地区的合作,而不是我国的单一主张,涉及的税收问题会牵扯不同国家之间的税收利益问题,以及区域税收合作与协调,所以,我国“走出去”的企业会面临多方面的税收争议问题。如何尽量避免和解决“一带一路”共建国家的税收争端,优化营商环境,是本文主要解决的问题。

一、为企业营造良好的国内和国外的涉税营商环境

(一)国内方面:营造有利于“走出去”企业与其他国家税收合作的国内环境

1. 全面落实税收法定原则。分税制改革推行以来,我国开征的 18 个税种均以行政法规的形式公布实施,但由于法律层级较低,实践中,税收执法的随意性高,税法具有明显的不确定性,影响税法稳定预期,不利于税收法治环境的建设。因此,国家必须要通过法律明文规定来设置税种、征税范围、税率和税收优惠等,这样税收才具有权威性。但目前我国的税收立法层级较低,立法质量不高,还没有完成将现行的税收条例修改上升到法律的任务。因此,必须加快推进落实税收法定原则的进程。

2. 加强税收诚信体系建设,建立纳税人奖惩措施。市场经济的本质是信用经济,规范市场经济秩序的根本在于加强信用体系建设,这也是创造良好营商环境的重要措施,而社会信用体系建设的重要组成部分之一就是税收诚信体系建设。《社会信用体系建设规划纲要(2014—2020 年)》更是明确要求建立税收违法黑名单制度,提高纳税诚信。完善税收诚信体系,需要从多个方面,如立法、执法、诚信机制、社会环境等方面进行长期的建设工作。搭建税收信用的“互联网 +”平台,纳税人的经济行为可以被社会网络数据监控系统记录和监督,为税收信用共享系统提供数据。对信用等级好的纳税人给予一定的激励措施,对于失信纳税人,要记录在征信报告中定期向社会公告,使其受到失信联合惩戒,进而来提高纳税人的税法遵从度,让其感受到法律的公平性、公正性和权

威性。对恶意偷逃税款的行为,要加大对其处罚力度,提高税务检查的打击、震慑作用。

3. 借鉴其他国家的税收管理经验。首先应该完善我国的税收抵免制度。我国目前对于纳税人境外所得的税收计算按照的是属人制度下的限额抵免法,即抵免额不能超过纳税人在境外的所得按照境内税率所计算的税额,计算过程复杂,税收的征管难度也比较大,难以取得想要达到的减轻国际重复征税的效果。因此,可以借鉴一些发达国家的税收经验,在综合考虑自身的资金、征纳税成本等因素的情况下,可以尝试由属人向属地税制的转变。对符合条件的积极经营所得实行属地税制试点,对消极所得实行属人税制。对积极所得中来自境外子公司的利润实行免税,可以大大简化税制,提高境外子公司的全球竞争力;对于消极所得源于境外的实行抵免,实现税收在收入来源国和居住国分享,可以在有效降低征纳双方税收成本的同时,大大提升"走出去"企业的国际竞争力。这样就可以有效解决"走出去"企业的重复征税问题,提高我国企业的国际竞争力。其次,还应该完善和修改我国的税收优惠政策。可以加大对于中西部企业的税收优惠力度,刺激中西部企业的经济发展。适当借鉴其他国家的税收管理经验,完善我国的税收管理制度,使其更好地服务于"走出去"企业。

(二)国外方面:加强国家之间的税收文化交流,更好地促进经济发展

1. 税务部门通过多种渠道加强国际税收政策及风险的宣传。近年来,诸多税务部门主动与市场监督管理部门和国家外汇管理局等多部门加强沟通与协作,多措并举,为企业提供贴心服务。夯实"一带一路"背景下那些"走出去"的企业基础信息,积极组织开展在"一带一路"背景下"走出去"企业的服务与管理的基础调查工作,通过对当地的"走出去"企业逐户展开调研,大量收集企业的相关信息,深入了解企业境外投资关注的涉税热点问题及需求,然后通过搭建服务平台,如建立服务"一带一路"的工作微信群、国际税收交流 QQ 群、公开办公电话等,及时向纳税人宣传和讲解国家税收政策,帮助企业及时了解政策变化,找准自身在税收优惠政策中的精确定位,便于第一时间享受税改红利,打造

良好的税收营商环境，有针对性地提高企业对国际税收政策以及将会遇到的税收争议风险的认识。向“走出去”的企业及时宣传“一带一路”共建国家的税制简介和税收协定等，解读关于“走出去”企业的各项税收政策的内涵。

2. 优化对“走出去”企业的税收服务。为了研究“一带一路”共建国家以及我国“走出去”企业的主要投资所在地的税收制度，国家税务总局建立了国别税收信息研究工作机制，自这项工作开展以来，国家税务总局已在官方网站发布针对多个国家（地区）的税收指南，如在发布的中国企业赴越南投资税收指南中详细分析了中越税收协定争议的主要表现以及妥善防范和避免争议的相关政策建议等内容。

3. 加强税收征管合作。2019 年 4 月 20 日，在浙江乌镇召开了“一带一路”税收征管合作论坛，此次论坛主要形成了四个方面的成果：一是构建了“一带一路”税收征管合作机制，34 个理事会成员、22 个观察员和 19 个税收征管能力促进联盟成员，共同签署了首个“一带一路”税收征管合作谅解备忘录，正式建立了“一带一路”税收征管合作机制。该机制是由“一带一路”国家和地区的税务部门共同倡议、共同商议、共同建立的规范化、制度化的官方多边税收合作平台，对于消除税收壁垒、促进经贸畅通和实现联合国 2030 年可持续发展目标等具有积极作用。二是建立了“一带一路”税收征管能力促进联盟。19 个国家和地区共同组建的“一带一路”税收征管能力促进联盟，将通过开展税收培训、税务技术援助、税收前沿问题研究和知识产品开发等活动，帮助“一带一路”国家和地区共同提高税收征管能力。作为联盟的载体，中国税务部门依托现有税务培训机构，设立了北京和扬州两个“一带一路”税务学院，将针对“一带一路”国家和地区开展 12 期培训项目。哈萨克斯坦、中国澳门等国家和地区“一带一路”税务学院也将陆续挂牌成立。三是深化了“一带一路”税收征管合作共识。官方发布了《乌镇声明》，论坛参与各方欢迎并支持“一带一路”倡议，强调“一带一路”税收征管合作是“一带一路”国际合作的重要内容，并将致力于开展合作、分享经验，建立透明、高效、稳定、可预期的税收合作机制，构建增长友好型税收环境，促进“一带一路”国家和地区的经济发展。四是制定了“一带一路”

税收征管合作行动计划。围绕《乌镇声明》,细化具体措施,明确路线图、时间表,形成《乌镇行动计划(2019—2021)》,确保合作机制参与方共同采取行动,实现阶段性目标。

随着加入“一带一路”的国家的增多,近年来,税收争议问题越来越显著,对国际税收营商环境产生了不良影响,阻碍了我国“走出去”企业的发展。因此,国际税收争议问题亟待解决。

二、税收争议机制存在的问题

跨境投资税收争议一般是指狭义的税收争议,即国际税收争议,它体现了国与国之间由于法律和税收征管的不同而对国际税收利益的分配有各自要求,大的方面表现为国家之间因税收利益分配的不同主张和要求而出现的争议,小的方面表现为一国政府与外国纳税人在税收征纳关系中对征税具体问题产生不同主张和要求而导致的争议。根据目前世界各国已存在的税收争议解决机制,其大致可以分为两种类型,相互协商程序(Mutual Agreement Procedure, MAP)和税收仲裁。相互协商程序是目前我国解决“一带一路”中跨境投资企业税收争议的主要机制。国际税收争议解决机制还包括预约定价安排(Advance Pricing Arrangement, APA)等。[①]

(一)税务部门缺乏相关的专业知识以及服务效率低下

1. 税务部门缺乏专业知识。一些“一带一路”国家和地区的税务部门要求的信息资料过于琐碎。例如,由于税务人员专业知识储备不足,对于纳税人的商业模式及性质难以作出正确的判断,这时企业就会被要求将纳税申报与账簿进行核对等。

2. 由于税务部门与企业缺乏沟通与联系,所以税务部门不能及时地了解企业的相关信息,以至于在企业发生税收争议问题时,税务机关不能及时地给予

① 参见刘诚宏、王坤:《“一带一路”倡议高质量发展阶段“走出去”企业税收争议解决机制的借鉴研究》,载《国际税收》2019年第2期。

纳税人有效的解决办法或是支持。

(二)专业组织机构以及专业人士的缺失

1. 缺乏专门的组织机构为跨境投资企业提供服务。由于“走出去”企业所面临的税收争议形式是多种多样的,加上各个国家的税制结构、处理税收争议解决方法的不同,使我国没有建立专门机构的状态在解决税收争议时显得十分被动。

2. 我国关于国际税收管理的机构从组织结构到人员专业素质都有很大的进步空间,缺少熟悉国际税收制度、拥有丰富的解决税收争议问题经验的专业人士,经验和知识储备不足的税务人员在处理复杂融合的事务时会导致处理进度慢、事务过度堆积等问题。

(三)“一带一路”各国之间的税收协定难以满足现状

1. 在国际上,税收协定的法律效力一般高于国内税法,为企业在国际上营造了相对稳定的营商环境。但目前仍有多个国家未与我国签订税收协定,尚未全面覆盖“一带一路”的所有国家和地区,所以,税收协定的谈签还应该继续推进。

2. 我国与东南亚的一些国家在很早之前就已签订了税收协定,如与越南于1995 年就已签订,而国际税收政策与经济环境日益变迁,以前的税收协定内容已经难以满足国家的现行税收发展的需要。加上以往的税收协定缺乏一些国际互助政策如税收饶让、互换税收情报等,不能应对今天国际上的一些税收问题,难以为跨境投资的企业提供切实的利益保障,加之这些签订的税收协定并未规定详细的实施细则,所以有些税收协定虽然早已签订,但并未真正实施。

(四)税收征管制度存在缺陷

1. 国与国、税务部门与企业之间直接的沟通交流渠道较窄,造成信息的不对称,同时我国在信息共享平台方面的建设还较薄弱,难以实现各部门之间信息共享。

2. 国际税收协定难以执行。参与"一带一路"的国家大多是发展中国家,经济发展水平比较落后,为了本国企业的经济发展,吸引外国企业去投资,常会隐藏自己的税收情报。而且各国征收管理能力有差异,"一带一路"各国都有自己的利益诉求,所以就如何分配利益的问题很难达成共识。同时,税务机关不能与时俱进,在税收问题处理方面存在滞后性,难以跟上"一带一路"发展的步伐。

三、相关政策建议

(一)加大税务部门的协助力度

1. 提高税务部门的透明度。为了使纳税人能够充分了解税务部门的观点和立场,税务部门应该将对法律的解释透明化,可以公布重大的案件,说明其裁决结果和判定的依据理由。这样会使得企业对于实际经济活动中遇到的税收问题有更加深入、准确的认识。

2. 税务部门可以通过技术支撑,利用互联网技术搭建大数据、云计算、网上税务局、税务公众号等信息共享平台,提高纳税服务效率和信息透明度。税务部门可以通过网上信息平台了解更多纳税人的信息,查阅更多纳税人的资料,使纳税人少走马路多跑网路,提高办事效率。纳税人通过这个平台能少交重复和不必要的资料,并可以随时查看事情的办理进度,确保纳税人与税务部门的有效沟通。

3. 税务部门人员要及时更新自己的知识,及时学习最新的政策,学习掌握互联网技术的应用,提高专业素养。税务部门也要定期对税务人员进行培训,使其对于"一带一路"共建国家的税制有一个清晰的认识,可以通过讲解最新的税收争议的案例,使其从中学会解决方法,积累经验。

4. 税务机关也要加大相互协商程序的宣传力度,同时要加强税务部门与纳税人之间的交流,建立一个专门处理税收纠纷的部门,倡议相关企业遇到问题主动提请税收协商程序,减少和缩短双方协商的程序和时间。

（二）国家增设专门机构支持企业及时解决税收争议

目前,当我国与他国发生税收争议时由国家税务总局来处理,主要是以与他国签订的税收协定为基础,启动相互协商程序同他国相关税务机构进行协商谈判。但相互协商程序执行效率低,国家税务总局应该统筹建立专门的协调与解决机构去处理税收争议问题。相关的专门机构应负责以下重要工作:第一,当不同的企业遇到不一样的争议问题时,能够针对特定的问题给予有针对性的处理建议。第二,充分理解当地的法律相关规定,才能游刃有余地生产经营,因此专门机构可以帮助对外企业在当地寻找优秀的律师团队为其服务。第三,企业与税务机关沟通的效率一般比较低下,通过专门机构直接与税务机关进行沟通能够及时地解决问题。

（三）加快与“一带一路”共建国家谈签税收协定的进程

1. 截至成文时,中国已经与 111 个国家和地区签订了双边税收协定和安排,为了加大对外投资企业的竞争力,降低企业的经营风险,我国应该同沿线国家建立相互沟通交流机制,分享税收情报,加快签订国际税收协定。

2. 税收协定的内容要与时俱进,加入一些最新的内容,如税收饶让,其实质对跨国纳税人来说是一种税收优惠,免除的是未向居住国缴纳的税收,发展中国家通过税收优惠政策来吸引外资和先进技术,为了保障跨国纳税人真正享受到税收优惠所带来的福利,要求国与国之间相互给予税收饶让来进行配合。

3. 税收协定要加入避免国际重复征税和避免偷逃税的内容,保障对外企业最真实的利益。对于以前已经签订的税收协定中滞后的内容要及时修改,不断完善我国的税收协定整体框架。

4. 适时引入税收仲裁制度。税收仲裁制度作为一种新的争议解决方法,有很多国家在与其他国家签订税收协定时都加入了税收仲裁条款,作为相互协商程序的补充。所以,为了使我国能够跟上时代的脚步,能够更加有效地解决我国的税收争议问题,可以考虑在税收协定中引入税收仲裁的相关规定。

(四)完善税收征管制度

1. 加强国内征管水平,我们应该充分利用互联网技术,实施科技加管理,积极利用现代信息技术来促进税收的征管活动,建立信息共享平台,共享所需的涉税信息。另外,在企业"走出去"的过程中,在税务机关内部进行明确的部门职能分工,提高各部门的服务效率。

2. 加强与"一带一路"各个共建国家和地区之间的税收征管合作,为国与国、税务部门与企业之间的税收交流提供一个更加便捷、精确的平台,实现各国之间的信息共享,缩小各国在税收征管能力方面的差异,切实提高税收征管水平。

3. 在税收征管制度中,应添加对于已签订的国际税收协定法律文本的解释,规定所签订的国际税收协定的征管业务程序,不断地完善税收征管管理制度。

四、总结

"一带一路"倡议的实施加快了我国企业"走出去"的步伐,但是由于"一带一路"共建国家的税收争议机制等方面所存在的差异,我国现行的税收争议机制还不能为我国"走出去"的企业提供一个比较完善并且有效的解决方法,导致我国企业在面临相关的国际税收争议的时候,难以从我国相关的涉外税收法律和政策以及我国的税务部门获得及时有效的支持。因此,为了在"一带一路"倡议下更好地发展我国的经济,以及处理好与共建国家的税收关系,我国应该不断优化涉税营商环境,加强税务机关人员的知识储备以及专业化的培训;加强与"一带一路"共建国家的税收政策的交流与学习,并适时地修改我国税法中有关涉外税收条款的修改;进一步完善与各国的国际税收协定的内容,并强化实施。依法增设解决涉外税收争议机制的专门机构,加强涉外人员的队伍建设。同时,加强国家间的税收协调,鼓励、引导"一带一路" 共建国家规范各国国内税制,消除税收障碍。

【参考文献】

[1]刘运毛:《浅议税务行政争议解决机制》,载《税务研究》2017 年第 4 期。

[2]曹映平:《我国税收争议处理机制建设的建议》,载《湖南税务高等专科学校学报》2016 年第 3 期。

[3]董建军:《“一带一路”项目争议解决机制的现状、原因及展望》,载《中国城市金融》2018 年第 12 期。

[4]罗伯・托马斯、黎颂喜、纪逸天:《关于改善“一带一路”国家(地区)税收争议解决机制的讨论》,载《国际税收》2019 年第 5 期。

[5]陈延明:《“走出去”企业国际税收争议解决方案初探》,载《国际税收》2017 年第 6 期。

[6]刘洁:《完善我国税收争议诉讼解决机制的研究》,载《税收经济研究》2019 年第 1 期。

减税降费对地方财政可持续性的影响*

李永海　庞琼海**

摘要:减税降费作为供给侧结构性改革的重要组成部分,在激发市场主体活力和促进我国经济高质量发展方面发挥重要的作用,但也在一定程度上增加了地方政府的财政压力,对地方财政可持续性存在多重影响。围绕减税降费对地方财政可持续性的影响,文章首先梳理了减税降费理论基础的相关研究,然后分析了减税降费对地方财政可持续性的积极作用与不利影响,并提出减税降费背景下实现地方财政可持续性的对策建议,最后进行了研究述评和展望。

关键词:减税降费;财政可持续性;税收政策

减税降费主要包括税收的减免、取消或停征行政事业性收费以及社保基金的减免,是当前我国推动供给侧结构性改革的重要途径。2018 年 9 月,国家税务总局印发《关于进一步落实好简政减税降负措施更好服务经济社会发展有关工作的通知》,强调要充分发挥税收职能,优化营商环境,促进我国经济高质量发展。党的十八大以来,我国各项减税降费措施密集出台,取得了显著的效

---

* 本文为 2020 年国家社科基金一般项目:减税降费背景下地区税收流失规模测度与合作治理研究(项目编号:20BJY230)部分成果。

** 李永海,兰州财经大学财政与税务学院院长、副教授、硕士研究生导师,经济学博士,注册税务师。庞琼海,兰州财经大学财政与税务学院,硕士研究生。

果。根据国家税务总局公布的数据,2013～2022年,全国累计新增减税降费和退税缓税缓费超13万亿元。减税降费极大推动了我国积极的财政政策提质增效,有力提高了我国应对经济下行风险的能力。随着减税降费政策的落地生效,越来越多的学者研究减税降费对地方财政可持续性的影响。财政可持续性,是指一国财政的存续状态,研究的是政府偿债能力。已有文献大多是从政府赤字率、地方政府债务以及财政自给率等指标衡量财政可持续性。从财政自给率的角度看,2018～2022年我国财政自给率总体呈现下降趋势,从83.0%降至78.2%,财政自给率的下滑体现了财政可持续性压力的增大。本文将近年来有关减税降费对地方财政可持续性的文献加以梳理,旨在指出减税降费对地方财政可持续性的双重影响,总结优化减税降费政策实现地方财政可持续性的对策建议,并对今后的研究内容与研究方向进行展望。

一、减税降费理论基础的研究

现有文献在探究减税降费的理论基础时,多数指出凯恩斯主义和供给学派在其中发挥的作用。凯恩斯理论主张扩张性财政政策,认为扩大财政支出有助于降低失业率并增加有效需求。陈福中(2018年)强调凯恩斯主张政府应该通过消费、投资以及国际收支等方式增加有效需求,而其主要手段就是扩张性财政政策。杨广莉和孙慧卿(2020年)在研究宏观税负与经济增长关系时提到凯恩斯有效需求理论,该理论认为政府可以通过宏观调控来降低税负以应对有效需求的不足。也有学者通过凯恩斯主义经济学模型对减税降费作出更合理的解释,孙赫璟(2022年)认为减税降费在AD－AS模型和IS－LM模型中均属于积极性财政政策,具有促进国民收入水平提高的作用。与凯恩斯主义注重各经济部门的有效需求不同,供给学派认为西方发达国家出现“滞胀”的原因在于供给不足,应该通过减少税收、鼓励创新来提高生产率,从而增加产品的供给。方福前(2020年)认为供给学派有三大主张,一是税制改革,降低所得税的边际税率;二是控制和减少政府支出,将更多资源转移到民间部门;三是减少政府干预,增强市场活力。

推动高质量发展是新时代我国经济工作的根本要求,而加强供给侧结构性改革是实现我国经济高质量发展的治本之策。现有文献在探讨减税降费的理论时往往结合我国的供给侧结构性改革和高质量发展。一方面,以供给侧结构性改革为主线,是我国经济发展思路的重大调整,减税降费作为其重要组成部分,将伴随供给侧结构性改革的推进而不断完善发展。与供给学派理论不同,文建东和宋斌(2016 年)提到我国的供给侧结构性改革具体是指改革供给结构、提高供给质量,且主要解决产能过剩问题而非经济“滞胀”问题。而且减税降费政策的着眼点也出现变化,江虹(2016 年)指出减税政策与以往聚焦需求侧总量调节不同,其立足于供给侧调节且落脚于结构调整。胡怡建和周静虹(2022 年)认为传统意义上的结构性减税主要从宏观经济政策层面入手,着力解决短期性和周期性平衡问题,而大规模、实质性减税降费从宏观和微观两方面入手,以供给侧结构性改革为着力点,主要解决长期性和结构性平衡问题。另一方面,我国经济转向高质量发展,是新时代我国经济的鲜明特征,持续实施结构性和组合式减税降费政策,契合我国经济高质量发展的趋势。白彦锋(2020 年)认为减税降费政策应随着我国经济转向高质量发展阶段而适时调整,并且更应注重结构的优化。郭矜(2021 年)认为,推动供给侧结构性改革更好落实,税制改革便要更倾向于产业转型,税制体系也应为经济高质量发展提供制度空间。汪晓文和李明(2019 年)也提到,随着我国经济进入新常态,出台积极的财税政策是实现高质量发展的宏观调控手段。马海涛和朱梦珂(2022 年)认为我国财税体制改革应以把握高质量发展为根本遵循,通过减税降费调整资源分配方式,从而进一步提高供给质量。与此同时,党的二十大报告提出要以中国式现代化全面推进中华民族伟大复兴,而税收现代化是中国式现代化重要组成部分,目前已有多位学者在探究税收现代化时强调减税降费的重要性。范扎根(2023 年)研究发现,税收收入应注重同减税降费和经济增长的要求相适应,充分发挥税收在筹集财政收入和调控经济运行的职能,推动我国税收现代化更好地服务中国式现代化。许光烈(2023 年)在谈到服务中国式现代化的税收职能时提出,大规模的减税降费对推动高质量发展具有重要作用,准确把握与中国式现代化相匹配的税收职能，将促进税收改革更好地服务中国式现代化。

二、减税降费对地方财政可持续性的积极作用

随着减税降费政策的落地生效，其积极作用也不断显现，具体表现在涵养税源、促进财税体制改革以及改善营商环境三个方面，这不仅有效地激发了市场主体活力，也极大地提高了我国地方财政可持续性。

（一）减税降费有利于涵养税源，夯实税基

减税降费政策增加了企业的现金流，有效提高了企业发展的内生动力，在涵养优质税源、夯实我国税基方面发挥了重要作用。文峰（2019 年）认为长期性的减税降费政策将扩大企业的投资规模，增强企业盈利能力，进而促进财政收入的提高。也有学者认为减税降费政策在经济发展水平高的地区所起的涵养税源效果更佳，管治华和李英豪（2023 年）认为减税降费政策具有改善地方税源的作用，特别是针对东部经济发达地区，减税降费政策促进企业加大投资，有力夯实了地方政府的税基。从税费制度和征管现状看，张念明（2020 年）认为我国税费率水平较高且执行弹性较大，降低名义税负将推动纳税人将“地下经济”正规化，从而实现我国财政收入的可持续增长。李水军（2020 年）从长期角度来看，减税降费政策具有扩大税基和促进经济发展的作用，这将极大地改善我国政府的财政收支状况。根据我国减税降费政策的内容和实施效果，邓力平和陈丽（2021 年）提出，我国的减税降费政策既有灵活的阶段性措施，也有稳定的制度性安排，而且能够通过财税制度的结构优化更好地培育税源。李昊楠和郭彦男（2021 年）认为减税和财政可持续存在“辩证关系”，通过减税扩大税基，可以达到改善财政收支结构的目的，而且减税还促进了企业纳税遵从度的提高，这将有效地缓解地方财政压力，促进税收收入高质量增长。

（二）减税降费有助于促进财税体制改革，优化税制结构

在财税体制改革方面，何代欣和张枫炎（2019 年）认为减税降费有利于促

进制度建设和体制优化,在深化财税体制改革方面具有长期引领作用。Ghiaie 等人(2019 年)认为通过更低的公司税率等减税措施有利于推动税制改革,主张提高税制的累进性并进一步减少税收扭曲。减税降费伴随我国个人所得税、增值税和社会保险费等税费改革,进一步推动了我国财税体制建设,庞凤喜和郑铿城(2022 年)认为未来的减税降费必须通过制度性改革进一步调整税负的分配,降低税负对经济增长的压力,促进财政可持续性的提高。鉴于我国两大所得税的税收收入和占比保持增长态势,有学者认为减税具有优化税制结构的作用。如雷正(2021 年)认为,在企业所得税税收优惠和个人所得税专项附加扣除等减税政策出台后,该两大税种占我国税收比重“不降反升”,表明了我国在实现减税目标的同时,税制结构也得到进一步优化。何辉和魏卓凡(2022 年)认为增值税的减税客观上降低了间接税在我国税收中的占比,间接提高了我国直接税的比重,有利于我国税收结构的优化。也有学者认为我国减税降费政策在短期、长期内均有积极作用,李逸洋(2022 年)认为减税降费从短期来看是一项积极的财政政策,具有多维度调节市场的作用;从中长期来看,减税降费极大增强了我国税制中性,推动税制改革更加完善。

(三)减税降费有助于改善我国税收营商环境

减税降费政策激发了市场主体活力,特别是增强了中小企业的经营信心,这对营商环境和财政发展均起到了积极的作用。Barro 和 Furman(2018 年)认为减税有助于营造良好的政策环境,稳定经济主体的预期,并且影响财政自身的发展。减税降费也有助于构建亲清的政商关系,李真和李茂林(2021 年)认为减税政策有助于降低企业税负成本,而降费也减少了寻租空间,因此营商环境得到优化。还有学者认为减税降费明显提升了我国税务机关的征收管理水平和税务服务理念,薛菁和林莉(2021 年)研究发现,减税降费政策从改善营商环境等路径促进企业实现高质量发展,税务部门也显著提高了纳税服务水平和征收管理能力,这有助于缓解减税与稳定财政收入之间的矛盾。武悦(2022 年)认为在减税降费政策落实过程中,我国营商环境得到明显的改善,企业的获得感也在不断增强,这为稳定经济社会发展起到重要作用。此外,营商环境的改善还体现在税收服务理念的创新和纳税服务工作的优化上,刘蓉和陈凌庆(2022 年)通过总结 2012～2022 这 10 年的减税降费政策发现,随着普惠性政策红利的不断释放,我国不断创新税收服务理念,营商环境在全球的排名获得显著提高。许多奇(2022 年)认为我国政府通过营改增、新增专项附加扣除等税制改革措施降低了纳税人的税费负担,优化纳税服务工作取得了明显成效。

三、减税降费对地方财政可持续性的不利影响

在我国多轮减税降费政策出台的背景下,市场主体获得了实实在在的优惠的同时,我国地方财政收支的矛盾也不断显现。已有文献在探究减税降费给地方财政可持续性带来不利影响时主要从加剧地方收支矛盾、地方财政压力具有差异性两方面来分析。

(一)减税降费加剧了地方财政收支矛盾

地方财政收支是衡量财政可持续性的一个重要指标,减税降费政策在一定程度上加剧了地方财政收支矛盾,削弱了地方财政可持续性。郭庆旺(2019年)提到减税政策主要减的是增值税,而增值税收入在中央和地方间五五分成,这样地方政府就占了增值税减税额度的一半,加之与增值税相关的城市维护建设税和两项教育附加均属于地方税,这便进一步加剧了地方政府的财政收支压力。在考虑减税降费的力度和规模时,张斌(2019 年)认为长期的财政可持续性是必须关注的问题,鉴于中央政府在政策空间等方面的优势,大规模的减税降费所带来的财政缺口应主要由中央政府承担。减税降费带来的地方财政风险也应给予足够关注,李明和龙小燕(2020 年)认为倘若忽视减税降费造成的财政压力,那么将无法有效化解地方政府的债务风险,甚至可能出现区域性的财政风险。也有学者探究当前的减税降费政策实施效果时采用了实证分析的方法,通过省市县各级财政数据得出减税降费对地方财政的影响。郭月梅和史云端(2021 年)通过增值税的税率下降以及 2018 年个人所得税改革等减

税政策为例,得出减税降费会推动地方财政压力上升的结论,并认为税基的改善对延缓地方财政压力增长的作用是有限的。从地方财政分权制度来看,刘富华和吴近平(2020 年)认为减税降费对地方财政可持续性的不利影响与财政分权程度有关,地方财政分权程度越高,这种负向影响便表现得越突出。地方财政分权程度影响减税降费政策的实施效果,而减税降费政策又进一步影响地方政府城投债的发行。张牧扬等(2022 年)基于 2017 ~ 2019 年我国 192 个地级市财政预决算的数据,验证了增值税税率的下调对地方政府债务的影响,结果显示增值税税率的下调导致决算收入和预算收入相比大幅减少,并对城投债发行的数量和结果产生负向作用。

(二)减税降费导致地区财政压力差距拉大

减税降费对不同区域的财政压力影响是有差异的,主要表现在东部经济发达地区的财政收入受到减税降费的影响相对较小,西部经济欠发达地区的财政压力在减税降费背景下表现得更加明显。胡娟(2022 年)认为,由于财税政策在各个省份产生的财政效应存在明显差异,所以减税降费对不同区域形成的财政压力也有所不同,这进一步加剧了地区间财政压力的不平衡。席卫群和杨青瑜(2022 年)认为实施减税降费政策以来,我国地方政府的可支配财力受到影响,而欠发达地区的财政压力远远高于发达地区,除此之外,地方政府事权与支出责任不相匹配的问题也逐渐突出。也有学者通过财政自给率的差异来体现减税降费对不同区域的财政影响,赵玉洁和武彬(2022 年)通过研究 2018 年北京、上海和西藏三地的财政自给率发现,虽然减税降费带给东部发达地区的财政压力较小,但加剧了我国偏远地区的财政可持续性压力。除东中西部地区之间存在明显的横向差异外,从省市县纵向的地方政府角度来看,减税降费所带来财政影响也有所不同,如申珍妮(2020 年)认为,减税降费造成的减收压力与全面深化改革带来的增支压力加剧了地方财政收支的不平衡,且该现象在基层政府表现得更为突出。而同一个省份内部的各县之间也存在显著的财政发展差异,刘建民等(2022 年)通过对 122 个县级单元的财政可持续水平测算发现,长株潭地区的财政可持续发展水平远远高于大湘西地区。现阶段文献在分析减税降费对地方财政可持续性的不利影响时，从不同层面数据和不同角度得出的结论具有一定的共性，即减税降费政策在短期内会带来地方财政压力，但长期效果及影响仍值得进一步探讨。

四、优化减税降费政策提高地方财政可持续性的建议

（一）提高减税降费政策的精准性和针对性

随着减税降费政策的全面实施，可进一步挖掘的政策空间逐渐变小，提高政策的精准性和针对性受到学界广泛关注。吕冰洋和李钊（2020 年）认为经过大规模减税降费后，应从解决企业现金流等方面提高减税降费的针对性。还有学者建议从绿色创新和空间区域角度去提高减税降费的精准性，石绍宾和张晓丹（2022 年）发现减税降费政策对激励创新和绿色发展有所欠缺，应建立完善的奖惩机制，奖励企业的绿色技术创新，同时建议补充有关中部和东北地区的税收政策。张凯强（2022 年）建议优化减税降费政策时必须注重税收法定原则，明确的税费条目将促进减税降费政策的落实，减税降费政策还需与我国税制改革相统一，以实现我国税收体系整体的可持续性。不仅要通过法治化加强减税降费的针对性，邢丽（2023 年）认为下一步的减税降费还可以着重鼓励半导体、新能源等行业发展，支持企业对基础设施投资，并充分发挥减税降费在促进消费中的作用。提高减税降费等税收优惠政策的精准性和针对性，将推动我国积极的财政政策提质增效，增强地方政府的积极性，从而促进我国地方财政更具可持续性。

（二）完善转移支付体系，促进财力均衡分配

减税降费对不同区域的地方财政影响作用存在明显差异，中西部地区财政自给率较低，依靠转移支付程度高。因此，完善我国财政转移支付体系，促进不同区域财政实力协调发展对提高地方财政可持续性具有重要意义。钟辉勇和

陆铭(2015 年)关于进一步完善转移支付体系提出,现阶段专项转移支付大多依靠行政性的分配方式,应逐步规范专项转移支付资金的分配方式,采取竞争性分配方法,促进专项转移支付透明度的提高。杜彤伟等(2019 年)认为要警惕转移支付机制引发的道德风险问题,建议在加强转移支付法治化的基础上,打造规范、科学、透明的转移支付分配体系。储德银和费冒盛(2021 年)认为在构建新型的央地政府间财政关系时,可以提升一般性转移支付占比,并严格把控专项转移支付与税收返还资金的使用。改进分配方式和加强转移支付的法治化,甘行琼和雷正(2022 年)认为地区间经济发展水平的差异也不容忽视,为提高财政可持续性,可以采用差异化的改革措施平衡财政收支两端的长期联动机制。

(三)加强预算绩效管理,提高财政资金绩效

我国财政收入增速趋缓在一定程度上受到减税降费政策的影响,地方政府可以通过加强预算绩效管理、提高财政资金绩效的措施缓解地方政府的财政压力,从而促进地方财政可持续性的提高。刘安长(2019 年)认为,为解决财政可持续性问题,政府可以采取多渠道盘活沉淀资金、提升财政资金使用效率等措施,这对提高财政收入质量和财政支出绩效改善也有所帮助。王乔和黄瑶妮(2019 年)也认为地方政府应进一步盘活各类资产、优化支出结构,从而提高资金的使用效率,减少低效的财政支出。不仅要提高已有资金的使用效率,有学者认为加强预算绩效管理还需从制度层面入手,余红艳和沈坤荣(2021 年)建议重塑我国财政制度激励框架,规范预算调整行为,细化预算与绩效公开条例,加大绩效评价结果的应用。白景明(2022 年)指出,要不断加强部门整体支出绩效管理和深化机构改革相结合,建立提高财政支出绩效的长效机制,完善财政支出标准,加强地方政府债务资金绩效管理,从而为地方财政收支纾困解难。

(四)健全地方税体系,加快培育地方税源

我国"十四五"规划指出,要推进房地产税立法,逐步扩大地方税政管理

权。健全地方税体系，培育并壮大地方税源，对增强我国地方财政实力，提高财政可持续性具有重要意义。已有文献大多从建立新的地方税主体税种和优化地方税体系两方面进行探究。当前我国地方税存在的主体税种缺失、税制体系建设不完善等问题也是地方财政存在较大压力的重要原因。在税种设计上，李俊英（2020 年）主张将房地产税作为县级财政主体税种，将商品销售环节应该征收的增值税改为零售税，并作为省级财政主体税种。在征税环节上，邓力平和邓秋云（2022 年）认为房地产在保有环节征税时，取得的税收收入相较于交易环节将更加稳定，这将有效地增加了地方税源。还有学者从落实税收法定的角度建议扩大地方征税权，如郭健和王静茹（2021 年）认为，应根据地方经济发展水平和资源禀赋等要素，赋予地方政府一定程度的税种开征权和税收优惠的选择权，有助于提高地方政府的财政自主性。

五、研究评述与研究展望

围绕减税降费对地方财政可持续性的影响，本文首先整理了有关减税降费的理论基础，然后从有利影响和不利影响两个方面对已有文献进行了梳理，最后从完善减税降费政策和转移支付体系、提高资金绩效以及健全地方税体系等方面提出了对策建议。《2023 年政府工作报告》指出，完善税费优惠政策，对现行减税降费、退税缓税等措施，该延续的延续，该优化的优化。这表明在我国经济社会进入新发展阶段后，还需要结合时代背景进一步完善我国减税降费政策，这将有力地促进财政政策提质增效，推动国家治理体系和治理能力的进一步提升。笔者在系统梳理现有文献的基础上，围绕减税降费对地方财政可持续性产生的影响的研究进行展望。

从研究内容来看，已有文献大多从不同省份特别是经济发展悬殊的地区入手，主要聚焦于横向空间比较来探究减税降费对地方财政可持续性的作用，鲜有文献讨论减税降费对一个省份或地区财政实力的纵向影响。超万亿元规模的减税降费从 2018 年实施以来已有 5 年多的时间，今后的研究可从时间维度探讨减税降费对特定地区财政的作用机制，这将更加全面地了解我国减税降费对地方财政可持续性的影响。目前学界有关减税降费的理论大多来自西方,而我国经济社会经过改革开放40余年的发展,已具备了诞生本土经济理论的一定基础,加之我国古代便有丰富的轻徭薄赋思想,挖掘并采用更多本土的减税降费理论和财政学说将有助于拓宽研究视野,也有利于增强研究的科学性和合理性。此外,减税降费作为税收政策,还可以结合其他宏观经济政策共同探究对我国地方财政可持续性的影响。这将推动构建现代财税金融体制,促进我国经济高质量发展和共同富裕的实现。

从研究方向看,我国已出台大量减税降费政策,涉及增值税、企业所得税等多个税种,比较各优惠政策对地方财政可持续性的效果,探究在长期视角下减税降费是否能够达到改善地方财政收支的目的,将有利于推动阶段性减税降费政策的制度化,同时也为我国税制改革提出了新的思路。当前,多数文献提到减税降费政策会起到涵养税源的积极作用,但文献对于地方政府面临债务的严峻性却认识得不够充分,倘若财政收入在短时期内下滑过大,减税降费政策所带来的隐性财政支出成本过高,将导致地方政府难以正常运转。因此,今后的研究可进一步衡量减税降费的支出成本,探讨地方财政可接受的减税降费政策的实施程度,从而实现积极财政政策与经济发展实际相匹配的良好效果。

【参考文献】

[1]陈福中:《凯恩斯主义、供给经济学与中国供给侧改革实践》,载《管理学刊》2018年第3期。

[2]杨广莉、孙慧卿:《宏观税负与经济增长关系研究——兼析新冠疫情下的减税降费政策效应》,载《价格理论与实践》2020年第8期。

[3]孙赫璟:《减税降费政策促进经济增长的经济学分析》,载《商展经济》2022年第13期。

[4]方福前:《供给侧结构性改革、供给学派和里根经济学》,载《中国人民大学学报》2020年第3期。

[5]文建东、宋斌:《供给侧结构性改革:经济发展的必然选择》,载《新疆师范大学学报(哲学社会科学版)》2016年第2期。

[6]江虹:《供给侧结构性改革背景下基层税务部门施税着力点初探》,载《经济研究参考》

2016 年第 70 期。
[7]胡怡建、周静虹:《我国大规模、实质性减税降费的历史动因、现实逻辑和未来路径》,载《税务研究》2022 年第 7 期。
[8]白彦锋:《实质性减税降费与经济高质量发展》,载《新疆财经》2020 年第 1 期。
[9]郭矜:《支持高质量发展减税降费效应分析及优化路径》,载《地方财政研究》2021 年第 1 期。
[10]汪晓文、李明:《经济高质量发展视域下减税降费政策的路径选择》,载《现代经济探讨》2019 年第 11 期。
[11]马海涛、朱梦珂:《助力我国经济高质量发展的减税降费政策:演变路径、成因特点与未来走向》,载《国际税收》2022 年第 5 期。
[12]范扎根:《谱写税收服务中国式现代化新篇章的思考》,载《税务研究》2023 年第 3 期。
[13]许光烈:《中国式现代化背景下税收现代化的若干问题》,载《税务研究》2023 年第 2 期。
[14]文峰:《减税降费背景下财政可持续性问题研究》,载《财政监督》2019 年第 18 期。
[15]管治华、李英豪:《减税降费、财政压力与地方政府债务风险:作用路径及影响效应》,载《安徽大学学报(哲学社会科学版)》2023 年第 1 期。
[16]张念明:《新一轮减税降费的实施路径分析》,载《中南财经政法大学学报》2020 年第 1 期。
[17]李水军:《减税降费政策效应:宏观约束和微观主体感受》,载《税务研究》2020 年第 10 期。
[18]邓力平、陈丽:《论减税降费中的财政政策有效性和可持续性》,载《税务研究》2021 年第 7 期。
[19]李昊楠、郭彦男:《小微企业减税、纳税遵从与财政可持续发展》,载《世界经济》2021 年第 10 期。
[20]何代欣、张枫炎:《中国减税降费的作用与关键环节》,载《经济纵横》2019 年第 2 期。
[21]Ghiaie H., Auclair G. & Ntsama J. F. N. N., *Macroeconomic and Welfare Effects of Tax Reforms in Emerging Economies: A Case Study of Morocco*, Journal of Policy Modeling, Vol. 41:4, p. 666 – 699(2019).
[22]庞凤喜、郑铿城:《减税降费:阶段特征、驱动动因与优化路径》,载《税务研究》2022

年第 7 期。

[23]雷正:《减税降费的财政效应及对策建议》,载《财会研究》2021 年第 4 期。

[24]何辉、魏卓凡:《基于减税视角的增值税制度优化探析》,载《税务研究》2022 年第 7 期。

[25]李逸洋:《减税降费背景下的地方财政对策浅谈》,载《中国集体经济》2022 年第 19 期。

[26]Barro R. J. & Furman J. ,*Macroeconomic Effects of the 2017 Tax Reform*,Brookings Papers on Economic Activity,Vol. 2018,p. 257 – 345(2018).

[27]李真、李茂林:《减税降费对企业创新的激励机制与调节效应》,载《上海经济研究》2021 年第 6 期。

[28]薛菁、林莉:《新一轮减税降费影响制造业企业高质量发展路径探析》,载《哈尔滨商业大学学报(社会科学版)》2021 年第 5 期。

[29]武悦:《推进减税降费　促进企业发展》,载《价格理论与实践》2022 年第 11 期。

[30]刘蓉、陈凌庆:《减税降费十年(2012—2022):成就、效应与走向》,载《税收经济研究》2022 年第 6 期。

[31]许多奇:《纳税营商环境优化与税收法治化变革——世界银行纳税营商环境指标不适用性反思》,载《法学家》2022 年第 3 期。

[32]郭庆旺:《减税降费的潜在财政影响与风险防范》,载《管理世界》2019 年第 6 期。

[33]张斌:《减税降费的理论维度、政策框架与现实选择》,载《财政研究》2019 年第 5 期。

[34]李明、龙小燕:《减税降费背景下地方财政压力的现实困境及破解路径》,载《当代经济管理》2020 年第 9 期。

[35]郭月梅、史云瑞:《减税降费背景下中国地方财政压力的测度》,载《广西财经学院学报》2021 年第 5 期。

[36]刘富华、吴近平:《减税降费、财政分权与地方财政可持续性——基于西部 A 地区的实证研究》,载《四川轻化工大学学报(社会科学版)》2020 年第 6 期。

[37]张牧扬、潘妍、范莹莹:《减税政策与地方政府债务——来自增值税税率下调的证据》,载《经济研究》2022 年第 3 期。

[38]胡娟:《减税降费与地方财政压力问题研究》,载《现代商贸工业》2022 年第 12 期。

[39]席卫群、杨青瑜:《减税降费、经济增长与财政压力》,载《财政科学》2022 年第 6 期。

[40]赵玉洁、武彬:《减税降费背景下地方债务与财政可持续性问题探究》,载《当代经济》2022 年第 2 期。

[41]申珍妮:《减税降费与地方财政可持续性发展研究》,载《财政监督》2020 年第 22 期。
[42]刘建民、薛妍、熊鹰:《减税降费背景下地方财政可持续发展水平测度与时空分异——以湖南省为例》,载《经济地理》2022 年第 12 期。
[43]吕冰洋、李钊:《疫情冲击下财政可持续性与财政应对研究》,载《财贸经济》2020 年第 6 期。
[44]石绍宾、张晓丹:《减税降费的经济效应——基于高质量发展维度的分析》,载《山西大学学报(哲学社会科学版)》2022 年第 5 期。
[45]张凯强:《国家治理体系视角下减税降费政策再优化》,载《商学研究》2022 年第 1 期。
[46]邢丽:《新形势下优化减税降费政策的方向和着力点》,载《财政科学》2023 年第 3 期。
[47]钟辉勇、陆铭:《财政转移支付如何影响了地方政府债务?》,载《金融研究》2015 年第 9 期。
[48]杜彤伟、张屹山、杨成荣:《财政纵向失衡、转移支付与地方财政可持续性》,载《财贸经济》2019 年第 11 期。
[49]储德银、费冒盛:《财政纵向失衡、转移支付与地方政府治理》,载《财贸经济》2021 年第 2 期。
[50]甘行琼、雷正:《减税降费对地方财政收入的影响研究——基于 2008—2019 年中国省际面板数据的分析》,载《财政科学》2022 年第 8 期。
[51]刘安长:《基于减税降费政策的财政可持续性问题研究》,载《学习与实践》2019 年第 4 期。
[52]王乔、黄瑶妮:《减税降费:助力中国经济高质量发展》,载《税务研究》2019 年第 10 期。
[53]余红艳、沈坤荣:《财政制度改革与经济高质量发展——基于全景视野的绩效评估》,载《财政研究》2021 年第 12 期。
[54]白景明:《正确认识当前我国地方财政总体状况》,载《国家治理》2022 年第 13 期。
[55]李俊英:《我国地方税体系的现实困境与制度安排》,载《经济纵横》2020 年第 4 期。
[56]邓力平、邓秋云:《健全地方税体系的分析框架:理论原则与运用实例》,载《东南学术》2022 年第 4 期。
[57]郭健、王静茹:《经济高质量发展视角下健全地方税体系研究》,载《理论学刊》2021 年第 5 期。

碳达峰碳中和目标下的绿色税制优化研究*

蔡　昌　吴奕萱**

摘要：2020年9月22日国家主席习近平指出：中国将提高国家自主贡献力度，采取更加有力的政策和措施，二氧化碳排放力争于2030年前达到峰值，努力争取2060年前实现碳中和。“双碳”目标是我国应对全球气候变化和实现社会主义现代化的巨大挑战，需要财税政策发挥不可替代的推动作用。低碳绿色税制是低碳经济发展的必然要求，我国生态文明建设的推进，要求税收体制向低碳化、环保化转变，以在调整能源结构、优化产业结构、加强环境保护等方面发挥更积极的作用。本文首先对我国绿色税制的立法现状进行分析，概括我国绿色税制的发展现状及存在的问题，并与美国、丹麦、日本等国家的绿色税制进行比较，总结绿色税制改革的国际经验。从经济发展与环境治理关系、绿色税制效益机制两个角度切入，探索低碳绿色经济发展之路，并提出我国发展绿色税制的四大优化方案，基于碳达峰、碳中和目标，针对光伏发电和风电发电等新能源产业税收减免、新能源汽车

* 本文是国家税务总局课题“碳达峰碳中和目标下我国税收制度的优化和完善”、中国国际税收研究会课题“促进碳达峰碳中和目标的绿色税制优化研究”的阶段性成果。

** 蔡昌，中央财经大学税收筹划与法律研究中心主任、教授、博士生导师，北京大数据协会副会长，财税大数据专业委员会会长，会计学博士，经济学博士后。吴奕萱，中国社会科学院大学税务专业硕士，中央财经大学税收学博士，中央财经大学税收筹划与法律研究中心研究助理。

产业财政补贴，以及环境保护、节能节水、资源综合利用领域的税收政策提出具体税收政策建议。

关键词：碳达峰碳中和；绿色税制；新能源产业；税制优化

一、我国绿色税制的现状分析

（一）我国绿色税制发展现状

中华人民共和国成立之初，经济复苏和发展是主要的社会任务，当时环境问题并不是国家治理的重点工作。随着工业化程度的加深，越来越多的人迁移到城市，经济社会发展面临着越来越大的环境压力。我国从 1984 年才开始逐步构建绿色税制，从开征资源税再到开征消费税，绿色税制的发展进程较为缓慢。党的十九大报告指出要建设美丽中国后，我国于 2018 年开征了环境保护税，目的是保护和改善环境，减少污染物排放，推进生态文明建设。虽然环境保护税的许多税制内容是从过去的环保费平移过来的，但却为我国绿色税制的建设奠定了基础。

环境保护税自 2018 年征收以来，一直是有序运行的，如表 1 所示，2019 年环境保护税收入较 2018 年增长 46.10%，绿色税制促进绿色发展的制度效应开始显现。2020 年受到新冠疫情冲击，环境保护税收入略有下降，但占税收总收入的比重变化不大。

表 1　我国环境保护税收入情况

年份	环境保护税收入/万元	占比/%	比上年同期/%	税收总收入/万元
2018	1,513,736	0.0891	—	1,699,587,914
2019	2,211,634	0.1285	46.10	1,721,136,243
2020	2,070,551	0.1247	-6.40	1,659,995,454

数据来源：中国税务年鉴（2019～2021 年）。

2019 年的资源税收入较 2018 年有所增长，但是增速较慢；2020 年资源税收入有所下降，如表 2 所示。2019 年 8 月全国人大常委会发布的《资源税法》

规定,除了地热、石灰岩、砂石等少数矿产品可以从量计征以外,其他绝大多数矿产品都必须实行从价计征。资源税实行比例税率,税额随资源产品价格的上涨而提高,可以充分发挥税收对资源产品使用的调节作用。

表2 我国资源税收入情况

年份	资源税收入/万元	占比/%	比上年同期/%	税收总收入/万元
2018	16,296,301	0.9588	20.43	1,699,587,914
2019	18,213,439	1.0582	11.80	1,721,136,243
2020	17,545,574	1.0570	-3.70	1,659,995,454

数据来源:中国税务年鉴(2019~2021年)。

实际上,我国低碳绿色税制是由多种涉及环境和生态的税种组成的,除了环境保护税以外,还包括消费税、资源税、企业所得税等税种。2014~2015年,我国3次提高汽油等成品油的消费税税率,单位税额由1元/升提高到1.52元/升;从2015年2月1日起,电池和涂料两种对环境污染比较大的产品也被纳入消费税的征收范围。

(二)我国绿色税制目前存在的问题

1. 绿色税制相关税种不完善

目前我国与环境保护有关的主要税种设置不合理,实现2030年前碳达峰、2060年前碳中和的预期目标难度较大。在中国当前的绿色税制体系中,没有针对污染和能源消费的具体环境税和能源税制度,就不能为环境保护提供充分的财政保障。绿色税制体系的主要税种和辅助税种尚未形成,限制了税收在调节资源消耗和环境保护方面的作用。

消费税是以消费品的流转额作为征税对象的各种税收的统称,具有调节性质,在对应税消费品征收增值税的基础上征收消费税,限制对产生高污染和消耗不可再生资源的消费品的消费。但是,现阶段消费税的主要目标是规范和控制过度消费行为,增加财政收入,这只反映消费的内部环境成本,对环境保护的影响并不显著。在增值税和所得税方面,环保产业的范围不明确,应出台环保和节能产品的税收优惠政策，以增强企业在环境保护方面的主动性。

2. 税收征收范围较窄

资源税是我国最早设置的绿色税种。资源税从设立以来，经过多次改革，不断扩大征收范围，且采用从价计征和从量计征模式。直至目前，资源税征收系统尚不完整，征收范围偏窄，仅限于对原油、天然气、煤炭等不可再生资源进行征税，而森林资源、草地资源、野生动植物资源、湿地资源等都不在征收范围内，对取用地表水或者地下水的单位和个人征收水资源税正处于试点阶段，生态环境问题日益严峻。资源税的定位与税基存在些许出入，对环境保护的作用不是很明显，使得资源得不到有效保护。因此，资源税的征收范围有待进一步扩大。

目前我国的绿色税制以环境保护税为主，但是环境保护税的本质是对已经造成环境污染的行为结果进行征税，其征收范围小且征收力度弱。环境保护税法中主要规定对大气污染物、水污染物、固体废物以及噪声四类污染征税，还有许多领域尚未涉及，如光污染、二氧化碳等温室气体排放量、不可降解塑料制品所产生的垃圾等还均未纳入征税范围。我国针对碳减排的税目较少，环保税目中不包含二氧化碳不符合中国低碳绿色发展的要求，较难实现“双碳”目标。针对合理利用资源、发展环境科学技术和减少污染，也很少有关于促进循环经济、资源消耗、自然资源免费使用的税收政策。

3. 税收征管制度存在缺陷

我国环境保护税的征管体系并不完善，还存在一些问题，如环境保护税的征管体系存在缺陷、专项使用监管不到位和资金使用不规范，缺乏合理的税收监管体系。环境保护税的申报流程较为复杂，纳税人自主申报比较困难，大多数财务人员对环境保护税的申报流程掌握度不高，不利于税务机关的征收和管理。按照规定，环境保护部门和税务机关之间应该建立信息共享平台，环境保护部门负责监测数据并汇总移交给税务机关，但是目前税收管理工作的信息化建设、共享功能不完善，无法实现信息的统一管理，导致征收系统信息不全，并不能完全覆盖纳税人的详细信息，降低税务机关工作人员的办事效率。

税收征管制度存在纰漏,某些地方政府或部门为了追求地方利益或部门利益最大化,不能很好地配合对环境保护税的征收,干扰绿色税收的有效实施。而且现阶段我国不能明确将环境保护部门和税务机关之间的职权分开,让各部门充分发挥职能,两部门之间的协调合作困难,很难达成共识,对绿色税制作用的有效发挥产生了障碍。环境保护税的纳税主体划分不清晰,加大了企业和个人逃避税收的可能性。另外,如何分配中央与地方的绿色税收收入,以及如何使用该笔收入,是否能做到专款专用,诸如此类的问题还需要进一步探讨。

4. 税率设置不合理

由于各省可以对大气污染物浮动设置税额,导致地区间的税额设置存在差异,会出现税额高的地区将企业迁往税额低的地区的情况,不利于高污染地区的节能减排效率,同时不利于全国低碳经济的发展。

目前我国的环境保护税税率明显偏低,当企业的环境治理成本高于环境保护税税负时,企业会选择放弃环境治理,导致环境保护税的征收对企业的约束作用不明显,不利于提高企业及个人的治理主动性,不利于生态环境保护。除此之外,资源税和消费税某些税目的税率也普遍偏低,如塑料包装品、一次性木筷等,当下居民消费价格指数不断上涨,消费税税率较低无法对消费者产生有效影响和刺激,发挥的保护环境的作用有限。

5. 税收优惠政策不科学

我国绿色税收优惠政策设置不科学,导致缺少激励性和对节能环保的政策支持,大部分的税收优惠政策在期限内无法形成有效激励,且部分税收优惠政策以税收减免为主,对中小企业发展的扶持力度小;补贴政策包含的产业类型比较单一,主要针对节能服务企业、风电企业、光伏发电企业等产业,对环保企业、传统产能企业等产业的激励性不足。传统产能企业在缺乏资金的情况下,很难对自身技术设备进行升级改造,如果缺少相应的资金支持,将会阻碍企业技术升级、新设备投入和新技术研发,不仅不利于传统产能企业向环保型企业转型,还会造成传统产能企业的生产率不达标。

6. 缺乏完善的税制评价模式

低碳绿色税制的评估是完善绿色税制体系改革的重要决策参考，但我国仍缺乏符合新时代中国特色社会主义要求的低碳绿色税制及其绿色化评估理论体系。当下我国低碳绿色税制没有针对企业的不同情况进行完整的评估，导致企业在征收环节适用统一制度，不能根据企业的实际排污情况设定差异化的标准，无法有效地调整企业的经济模式。[①] 因低碳绿色税制实施的时间较短，对绿色税收收入的使用和相关预算支出也缺少合理的评价模式，不利于传统产业向绿色产业转型。

（三）国外绿色税制的比较分析与借鉴

1. 美国

由于美国联邦和州两级政府分别开征绿色税收，所以与环境保护相关的税收种类较多、覆盖面广，优惠政策各有不同，绿色税收体系较为完备。表 3 展示了美国绿色税制的主要税收政策。

表 3　美国绿色税制的主要税收政策

税收政策	主要内容
对燃料征税	汽油税、柴油税，高耗油车税等
对能源征税	开采税、煤炭税
对环境污染征税	垃圾税、一次性剃刀和旧轮胎税等
对危害臭氧层的化学品征税	消费税
税收优惠政策	投资税收抵免、税收减免、加速折旧等

对汽油征税可以鼓励企业推广节能车，从而减少污染排放。自美国对危害臭氧层的化学品征收消费税开始，人们对碳氟化物的使用大大减少，也对企业产生刺激，倒逼企业寻找开发新的替代品。环境税的征收提高了部分能源、资

① 参见张鹭鹭：《完善我国绿色税制对区域经济协调发展的影响研究》，载《中小企业管理与科技（中旬刊）》2021 年第 11 期。

源和燃料的价格,激励企业进行技术革新,提高自身竞争力,进而促进经济的绿色转型。目前,美国正逐步引进水和空气污染、噪声和环境污染的税收政策,一直对环境税收政策进行改进。

2. 丹麦

丹麦的绿色税收改革以可行性为导向,一直处于世界领先地位。丹麦在最开始时只针对污染排放物和能源开征普通能源税和污染排放税(二氧化碳税、二氧化硫税),具体如表 4 所示。

表 4 丹麦绿色税制

税收政策	主要内容
能源税制	普通能源税、二氧化碳税、二氧化硫税等
其他环境保护税	垃圾税、车用燃油税、自来水税、特定零售商品包装税、一次性使用餐具税、氯化溶剂税、杀虫剂税、生长促进剂税、镍镉电池税等

经过不断发展,为了让涉税企业顺利度过过渡期,丹麦政府对节能项目加大资金投入,让丹麦企业对相关设备进行升级改造,让设备趋于节能化。丹麦政府更倾向于对环境污染产生较小影响的企业进行投资,这不仅能够逼迫企业生产环保型产品,还会改变消费者的观念。为了增加企业竞争力,丹麦实行对绿色收入的返还政策,主要方式是通过减少企业的其他税收,如与劳动相关的税收以及补贴企业的环境保护项目和能源领域。

3. 荷兰

1960 年荷兰开始建立绿色税制,并于 1969 年率先对地表水污染征税。荷兰有专门的绿色委员会,负责制订实施荷兰的绿色税收制度,荷兰也有很多种绿色税收种类,制度规定清晰明了,内容严谨详细,已有一套成熟且完备的绿色税收体系。荷兰为了节约资源和保护环境,实行比较复杂但行之有效的税收体系,与环境相关的税种主要包括能源税、碳税、燃料税、噪声税、水污染税、石油产品税和垃圾税等税种。由于绿色税收种类很多,收取的税收收入数额巨大,荷兰政府将这些资金专款专用,比如收取的水污染税就会被用于污水治理,并跟踪监测资金去向,监督管理未及时缴纳排污费的企业,对此类企业进行调查督促。并且荷兰还对能源税实施差别税率,对于与环境保护相关的机械和设备,引入了各种税收优惠,以鼓励各企业保护环境。

4. 瑞典

瑞典作为世界上最早征收环境税的国家之一,最初就废除了不利于环境保护的税种,为其他国家作出了表率,也为以后的绿色税制建设奠定坚实的基础。瑞典绿色税制的特点是,征收力度大,税种繁多但是集中,征管制度完善。瑞典绿色税制目前主要是以环境税和能源税为主,主要针对能源的使用和破坏环境的行为。

瑞典曾进行绿色税制改革,目的是鼓励绿色生产和刺激绿色消费,如表5所示。瑞典对飞机票和焚烧垃圾征税,同时进行减税和增税,重点是减少环境污染和促进能源使用。瑞典还降低就业和劳动所得税,增加能源税和环境税,并且大量提高垃圾填埋税和车辆税,少量提高居民用电税收。为了减轻绿色税收对企业和居民的经济负担,瑞典还提高了所得税起征点,并降低了新雇员的相应雇主税,以抵消绿色税制增加的税收负担。

表5 瑞典绿色税收简要内容

税收政策	主要内容
与能源相关的税收	对燃料和电力征收的能源税、对能源征收的增值税、汽油和甲醇税、二氧化碳税、机动车税等
与环境相关的税收	二氧化氮税,二氧化硫税,对焚烧垃圾、农药、化肥和电池的征税

5. 日本

日本在"绿色税制"和"碳排放交易制度"等方面,采取了许多创新措施,积累了较为系统的绿色税制经验。日本开始绿色税制改革最初的重点体现在促进车辆低害化方面,主要措施是提高车辆购置税税率,扩大税收优惠范围以及对购买低能耗设备提供税收返还。为解决环境问题开征环境税,并将天然气叉车列入享受税收返还优惠的低公害车范围。为推动能源绿色化改革,实施氢气充电站固定资产及土地特别持有税、屋顶绿化设施固定资产税、再生能源发电设备相关固定资产税税收优惠政策,提高对环境性能优良的住宅的所得税应税扣除额。日本还征收绿色赠与税,对绿色资产代际转移相关的税免征。此外,日本充分评估征收碳税对日本经济和社会民众的影响,将碳税作为石油煤炭税的附加税,在实行差别税率的基础上,逐步提高碳税税率,将碳税收入专款专用,主要用于节能减排、可再生能源和清洁能源等利于减少碳排放的项目。

二、绿色税制的环境效益与经济效益分析

(一)绿色税制的环境效益分析

绿色税种的征收可以有效地保护环境、节约资源,遵循"污染者付费"的原则,符合外部性理论,它的本质就是一种经济调控手段,将环境与资源的负外部性成本内部化。企业在缴纳资源税时,承担环境治理成本,增加企业内部成本,从而会提高产品价格。企业不愿意为自己破坏环境的行为承担高额税负,尤其是在税负高于治理环境的资金投入的情况下,企业就会自觉减少污染行为,以此来减轻税负。

表 6 表明了税收对环境的调控关系。在消费环节征税,对会产生污染的消费品和成品油征收消费税,会造成这些产品的价格增长。为了避免购买这些产品,消费者将选择绿色环保产品,减轻税收负担。

表 6　税收对环境的调控

征收环节	征收税种
开采环节	资源税、城镇土地使用税、耕地占用税
生产环节	城市维护建设税
排放环节	环境保护税(排污费)
消费环节	消费税、车船税、车辆购置税

实施低碳绿色税制不仅有反向约束作用,还有正向激励作用,税收优惠政策体现绿色税收制度对市场主体绿色低碳发展的促进和激励作用。支持环境保护,促进节能环保,如排放的应税污染物低于国家标准的 50% 时,可享受环

境保护税减按50%征收的优惠。为落实主要污染物排放减少、环境风险得到有效控制的目的，国家积极支持生态环境保护项目建设，支持企业加大对环境保护设备升级改造的资金投入，加快环境污染第三方的治理进程，促进自然生态环境发展。

（二）绿色税制的经济效益分析

低碳经济是我国转变经济方式的必然选择，建立低碳绿色税制，可以促进经济发展绿色转型，有利于促进经济循环发展，是解决我国资源环境以及生态问题的核心策略。低碳绿色税制的建设，表明了从向劳动征税逐渐转向自然资源征税的过程，通过政府宏观调控，弥补市场缺陷，实现对企业的市场化调节。传统落后的生产方式和消费方式随之改变，遵循环境可持续发展原则，越来越多的绿色环保型产业抓住契机脱颖而出，获得市场份额。更好地引导企业优化产业结构，拉动地区低碳经济发展，以及提供更多的就业机会。

低碳绿色税制的建立和完善对企业的正向激励，可以促进企业向绿色环保方向靠拢，实现低碳经济发展，企业通过购买环境友好型设备，研发新技术，发展绿色科技，有利于环境保护相关产业的兴起。通过低碳绿色税制的调节，将绿色税收收入专款专用，将环境保护资金用来促进公司顺利转型，全面带动绿色产业发展，消除税收带来的负面影响，保证社会长期稳定，引导市场积极健康发展，确保市场公平，促进市场良性循环。

三、绿色税制改革的国际经验借鉴

经济合作与发展组织（OECD）将绿色税收总体划分为机动车辆及交通工具税收、能源税收、资源类税收和环境治理类税收四类。大部分OECD成员都已建立了完备的长期有效的绿色税制体系，通过这些国家的实践表明，只有建立和完善绿色税收制度才可以有效解决环境问题，促进经济、环境与社会和谐发展。

(一)实施多样化绿色税种

西方一些国家在制定绿色税收制度时,倾向以能源税为征税主体,能源税的课税对象主要涵盖柴油、天然气和液化石油气等原材料。除征收能源税外,西方一些国家还征收环境税。环境税,是指任何可以影响环境损害产品价格或行为成本的税种。环境税的新定义是以已经被证实对环境具有特定负向影响的某种物质或行为的物理单位为税基的税种。大部分国家建立以能源税和环境税为主的绿色税制体系,种类繁多,在许多发达国家,与环境保护相关的税种就有十几种,税收范围广,效果显著。比如噪声税、废物税和土壤税等。大部分国家不仅税种多样,征收范围也比较大,比如许多国家将收获生物资源(如林场、狩猎和渔业捕捞)以及景观变化和砍伐树木(如改变地貌和伐木)列入资源税的征收范围。绿色税种的丰富、发展和完善是一个动态和长期的过程,目前很多国家一直在引入新税种,目的就是促进绿色经济发展,从针对收入征税逐渐转变为对破坏环境的行为征税。

(二)体现正向激励

实施合适的优惠政策,以正向减免激励为主、审慎加征为辅。大部分国家普遍实施对与环保相关的投资税收减免、返抵优惠政策,对环保企业实行加速折旧等政策,对能源消费税实施差别税率等,促进企业向节能环保领域转型。很显然不能只依靠增加新税种来完善绿色税收体系,很多国家都非常重视绿色税收配套的执行制度和激励措施,目的就是通过对绿色税收的激励或惩罚,引导公司实现环境目标。对从事废弃物回收利用、绿色产品开发、环境治理技术开发等企业给予税收减免和优惠,比如美国绿色税制的优惠政策主要为直接税收减免、投资税收抵免、加速折旧等。

(三)建立健全税收征管制度

大部分国家为了提高税收征收的工作效率和管理水平,会运用多种监督与管理手段相结合的办法解决问题，如行政手段、经济手段、法律手段，兼具信息化和法治化，国家与地区的税务机关相结合，促进资源共享的实现。还可以通过制定税收的相关法律，梳理与税收种类相关的管理政策，对企业经济公开透明管理，利用法律进行约束。参考他国经验，设立专项基金由专门的管理委员会对大型环境污染治理项目进行专项使用或者作为中小企业采用环保设备的扶持基金。

（四）根据国情选择改革模式

不同国家在不同时期会根据自身国情，对绿色税制的改革使用不同的方法，比较成功的改革主要体现在，针对现有税制不完善的地方进行改革创新，以及根据保护环境和节约资源的需求来进行结构性改革。进行税制改革，要从自身国情出发，不仅要借鉴成功经验，还要综合考虑实际情况；精准税制改革，不仅要起到保护环境的作用，还要将经济发展考虑其中。只有设置合理的绿色税收结构，才能起到有效的税收调节作用。

（五）实现协同效应

为了发挥政策的协同效应，促进经济的可持续发展。建立完善的政策体系，使环境保护取得明显成效。注重税收执法手段与其他政策、法律的相互配合。比如，日本通过实行绿色税制改革与碳排放交易制度并行，取长补短，加快促进低碳转型。《再生能源法》《节约能源法》《环境保护法》等相关法律的制定与完善是建立绿色税收体系的重要法律依据和保障，绿色税制的构建需要与其他法律互相配合。注重主体税种与多项辅助绿色税种相互配合，协调统一，发挥保护环境的最大效应。

（六）调动中央和地方的积极性

OECD 成员的经验表明，由于环境问题有全国性、区域性和地区性之分，在环境保护问题上,中央政府、地方政府应各负其责。① 明确界定中央和地方的责任和职权,厘清各自的利益关系,中央拥有立法权,地方政府拥有征管权和收益权,积极调动中央和地方的积极性,深化财税体制改革,明确在环境保护方面的职责,早日实现"双碳"目标。

四、我国促进碳达峰碳中和的绿色税制优化方案

(一)推动"双碳"目标实现的财税政策手段

2020 年 12 月 12 日,国家主席习近平在气候雄心峰会上提出:"到 2030 年,中国单位国内生产总值二氧化碳排放将比 2005 年下降 65% 以上。"在预测 2030 年 GDP 增速的基础上,依据 2005 年的能耗数据推算出 2030 年的能耗约为 108 亿吨,即我国需要在 30 年的时间里实现碳排放量从 2030 年的 108 亿吨到 2060 年 0 吨的这一经济社会系统性变革。与世界其他国家相比(详见表 7),我国制定的"双碳"目标时间紧、任务重,面临巨大的挑战,需经历剧烈的经济社会系统性变革,在制度、政策、技术、产业、生活习惯等多维层面都要经历变化的阵痛。近期部分地区受到"能耗双控"指标的压力,出现了如拉闸限电、强制关停企业等不合理的行政手段,反映出政府直接调控能源消耗强度、能源消费总量做法的欠缺之处,同时反映出依靠行政命令式减排的降耗、节能难度越来越大。因此,不能单纯靠行政力量,更需要财税政策的支持,将财税政策作为助力碳达峰、碳中和愿景实现的重要推动器。

表 7 中国、美国、欧盟有关碳达峰、碳中和的相关数据比较

主体	碳排放峰值/亿吨	碳达峰时间	碳中和时间	时间间隔/年
中国	108[1]	2030 年	2060 年	30
美国	61	2007 年	2050 年	43

① 参见中国国际税收研究会等:《推动"绿色税制"建设的国际借鉴研究》,载《国际税收》2018 年第 1 期。

续表

主体	碳排放峰值/亿吨	碳达峰时间	碳中和时间	时间间隔/年
欧盟	48.54	1990 年	2050 年	60

[1]中国的碳排放峰值为推算数。

优化推动碳达峰、碳中和目标的财税政策思路，需要从制度、政策、技术、产业等多个维度出发，在分析现行财税政策效果的基础上，明确财税政策的发力空间。根据实现碳达峰、碳中和的不同阶段，设计出具体的减碳路径，从现在至 2030 年实现碳达峰的第一阶段，我国需要依靠绿色导向型的财税政策，推动产业结构转型升级，推动能源结构调整。具体可通过财政支出和税收优惠政策，在保持企业生产经营正常进行的情况下，用财税的经济手段引导企业减少碳排放，如对企业积极使用清洁能源、改进节能环保技术的行为给予税收减免、即征即退等优惠。2030～2060 年实现碳中和的第二阶段，首先我国需要健全低碳绿色税制，如开征碳税、完善环境保护税等；其次针对碳节点行业制定税收政策、产业政策，并建立起长远的低碳经济运行保障机制；最后运用财税手段支持低碳经济所依托的相关技术发展，包括支持低碳技术、零碳技术、负碳技术等高新技术的研发、推广、应用等，①以提高财税政策效力，推动双碳目标的顺利实现。

(二)发挥财税手段对低碳技术、低碳产业的引导作用

我国的低碳技术发展相对滞后，自主创新能力亟待提高，其中碳捕集利用与封存(CCUS)技术，作为实现减排目标的关键技术，在我国研发进度迟缓，仍处于研发与示范阶段，应用程度浅且应用范围窄、项目规模较小，主要应用于煤电减排方面，且减排贡献较低。从推进低碳产业发展角度分析，要找准在国民经济体系里处于关键位置的碳节点行业，按照“双碳”目标重新塑造产业结构、

① 参见马海涛:《推动实现碳达峰碳中和目标的财税政策优化路径》，载《中国机关后勤》2021 年第 11 期。

行业战略,通过碳节点行业的产业政策变化、技术变革,推动产业结构转型升级,优化产能布局。为加强低碳技术、低碳产业的引导作用,必须加大对低碳技术的财税支持力度。虽然碳捕集利用与封存技术目前已经纳入《环境保护、节能节水项目企业所得税优惠目录》,但很多其他低碳技术并未纳入税收优惠目录,无法享受税收激励政策。

1. 发挥财税手段引导低碳技术发展

目前税收优惠政策对低碳技术支持效果欠佳,从税收优惠的角度入手,可提高企业所得税和增值税在环保专用设备购置、研发投入加计扣除、重大技术装备进口等方面的优惠力度,加大对低碳技术、零碳技术、负碳技术等技术研发与应用的税收优惠,如通过税收减免、加速折旧、投资抵免、再投资退税、即征即退等政策,降低研发与应用相关的成本,加速超低排技术、低排产品研发进程。

目前我国对支持低碳技术发展的财政投入,缺乏长远性事前规划,制约了财政补贴的边际刺激效果。从财政支出的角度入手,首先要及时清理低效的财政补贴,优化财政投入;其次在专项资金安排方面,除设置可再生能源、节能减排等常规专项资金,还应设置与碳权交易关联的“碳基金”。此外,可设立专项扶持资金,增强对碳捕集利用与封存技术的专项财税激励,尤其对生物质能碳捕集与封存(BECCS)和直接空气碳捕集与封存(DACCS)等负碳技术实施如税收减免、差异化补贴等创新性激励政策。

2. 发挥财税手段促进低碳产业发展

通过财税手段加快新技术研发转化、高耗能行业集约整合的步伐,在重点地区、重点行业率先创新突破,为全国绿色低碳发展提供示范与推动力。要强化绿色税收的反向约束和正向激励作用:一是与生态环境部门构建企业申报、税务征收、环保监测、协同共治的治理模式,优化财政奖补政策,实行鼓励低碳技术、资源循环利用的财政补贴和税收优惠政策。二是优化产能空间布局,因地制宜地制定特色化财税政策支持方案,各地区协同推进碳减排进程。三是推动针对性税收优惠政策落地,如针对受让绿色低碳相关技术的企业,可考虑其增值税允许加速摊销或一次性摊销等。

（三）完善低碳税种结构，构建绿色税制体系

我国现行的绿色税收体系虽已在环境保护、节能减排等方面对市场主体发挥了促进和激励作用，但若要实现碳达峰、碳中和目标，还需改革现有的低碳经济相关税种，对我国的绿色税收体系进一步完善。从碳排放的角度看，最直接有效的环境保护税没有将碳排放纳入征收范围，节能减排的调节力度仍偏弱，其他税种不论是资源税、消费税还是车船税等，也未能针对碳排放量征税，使税收难以针对碳排放量的发挥调控作用。

1. 加强环境保护税的绿色环保效应

第一，在环境保护税征收后，我国同时停征了挥发性有机物的排污收费，可考虑将挥发性有机化合物（VOCs）纳入环境保护税的税目中，以减少大气污染。初始税额不宜过高，可参照现行税目中甲醛 0.09 元/污染当量、乙醛 0.45 元/污染当量的税额，设置 VOCs 的税额为 0.3 元/污染当量。第二，将环境保护税的定位由治污扩展至减碳，将二氧化碳纳入环境保护税的范围，引导企业减排优能，降低对化石燃料的使用，增强环境保护税对碳减排的作用。第三，将排放应税大气污染物或者水污染物的浓度值低于排放标准的 30%/50% 时，减按 75%/50% 征收环境保护税的优惠梯度放缓，修改为“减按 80%/60% 征收环境保护税”；同时可新增低于排放标准的 75% 时的优惠政策，对应“减按 40% 征收环境保护税”。第四，浮动税率改为固定税率，由于浮动税率下各省市的执行标准不同，企业更倾向于将经营地定在税收洼地以减少税收负担，改为固定税率可堵塞此避税途径，促使企业向绿色环保生产转型。

2. 为资源税增添绿色税制要素

第一，进一步优化资源税税制体系，将人均水资源量较少的上海、江苏纳入水资源税试点范围，为全面推开水资源税制度积累经验，要做到尽量不增加居民正常生产生活用水负担，先对洗车、洗浴等特种行业从高征税，同时适当赋予地方政府管理权，提倡因地制宜制定政策。第二，当前资源税征税范围较窄，除可将征税范围扩大至其他不可再生资源外，还可将森林、草原等自然资源纳入

征收范围,并将对森林、草原等自然碳汇资源征收资源税的权力,下放至省级政府,调动地方政府保护自然碳汇资源的积极性,提高碳汇储存能力。第三,煤炭资源税作为我国最主要的碳源,税率幅度仅为2% ~10%,最低幅度税率过低,致使抑制煤炭资源使用的政策意图不够明显,可将原油、天然气、页岩气的税率作为煤炭资源税的最低税率,将煤炭资源税调整为6% ~10%。第四,落实资源税的清费立税,减轻企业总体税负,助力企业节能减碳。

3. 对消费税进行绿色改革

第一,未来要明晰税目税率差异化划分,对多个税目的征税范围进行优化,减少成品油消费税的征收管理中由于征收方式粗放、监管力度不足而产生的偷逃税行为,发挥消费税调整产品结构、引导消费方向的本来目的,引导环保行为、降低能源消耗。第二,进一步扩大消费税的征收范围,将化肥、塑料等污染性产品,存在碳排放的煤炭等化石能源,飞机、大型机动车等机动工具囊括进来。第三,现行消费税税制中以机动交通工具的排气量大小作为征税标准,不能完全反映其污染水平,缺乏对环保因素的考虑,很难对减排行为产生有效引导。应遵循"碳排放系数越高,税率越高"的税率设计原则,依据每百公里的碳排放水平设计累进税率,"多排多征、少排少征、不排不征",同时可对碳排放量低于规定水平的低碳机动工具免征消费税。第四,在短期内无法立即根据碳排放量对机动交通工具征收消费税的情况下,出于推进改革的角度考虑,可先针对不同排量的中轻型商用客车设计差别税率,抑制对大排量客车的消费。第五,构建化石能源产品消费税税率定期调整机制,逐步提高能源产品的消费税税率。①

4. 绿化其他相关税种,健全低碳税收政策体系

第一,将车船税同消费税中规定的机动交通工具一样,按照百公里碳排放水平设计差别税率,并对低碳排放的免征车船税。第二,针对车辆购置税进行改革:首先,从简化税制的角度考虑,可将其与消费税进行合并,使现行具有机

---

① 参见龚辉文:《碳达峰、碳中和背景下应对气候变化的税收政策框架与建议》,载《国际税收》2021年第12期。

动车消费税性质的车辆购置税并入消费税;其次,可根据车辆排量的不同,仿照消费税税率,设计累进的车辆购置税。第三,适时将挥发性有机物纳入环境保护税的征收范围,加强与环保部门的合作监测。第四,对植树造林、退耕还林还草等保护自然资源的行为相应所得减免所得税,对相关投资给予特别的投资扣除或税收抵免。第五,研究出台保护植被、提高碳汇能力的税收政策。

(四)开征碳税与碳交易试点的政策融合

中国自2011年起,就在北京、上海、广州、深圳等城市开展碳交易试点;2021年7月,全国碳交易市场正式启动,中国成为全球最大的碳市场。在碳交易市场中,各国按照《京都议定书》的要求,对碳排放总量进行人为限额,将二氧化碳(环境污染)作为一种私人商品通过价格机制进行交易,企业多排放二氧化碳则需多购买碳权、多支付排放成本。碳交易市场相当于将全球"庇古税"市场化,各国政府确定排放额度,相当于打包收取排放税,然后由市场自由交易排放权。

碳税与以总量控制、排放贸易等市场竞争为基础的碳市场减排机制不同,是通过对含碳燃料(如煤炭和石油下游的天然气、汽油、柴油、航空燃油等化石燃料产品)的生产者或使用者,按排放碳含量的比例征税,从而引导减少化石燃料消耗和二氧化碳排放。碳税的实施成本较低,且作为环境保护性质的税种,具有"双重红利":在绿色红利中,碳税能提高传统化石能源的价格,促使企业降低传统化石能源的使用量,从而推广新能源使用、提高单位能源利用效能,达到减少二氧化碳排放量、保护环境的目的;在蓝色红利中,政府在开征碳税后,会在其他方面减税或增加对居民和企业的转移支付,以使总税负水平保持稳定,即开征碳税不仅不会增加税收负担,而且还会在碳减排等应对气候变化的社会福利方面得到显著提升。

1. 完善碳交易的市场机制,鼓励市场主体参与碳交易

随着全国碳排放权的交易范围逐步从发电扩大到建材、有色金属、钢铁、石化等行业,有更多的企业开始关注碳排放权交易的税收优惠政策。为鼓励市场

主体参与碳交易,一是可对参与碳交易的企业,给予如购买碳汇的支出可按比例在企业所得税税前扣除等的税收优惠;二是可将碳排放权的出售参照销售金融商品进行差额纳税,明确转让碳排放权是否应缴纳增值税以及按何种项目缴纳增值税;三是在通过交易中心外购碳排放权无法取得合规增值税发票的情况下,应明确外购碳排放权的所得税税前扣除凭证和增值税进项税额抵扣凭证;四是允许注销碳排放权配额时会计上确认的营业外支出作为资产损失税前扣除,即允许使用或注销外购的碳排放权在企业所得税税前扣除;五是针对企业出售结余的碳排放权取得的所得考虑给予一定的税收减免。

2. 适时开征碳税,合理设定税率

结合我国应对气候变化的政策方向,以及我国化石能源相关税制的改革进程,政府应选择在"十四五"中后期或者"十五五"初期,择机开征碳税。

首先,碳税在设立时可以单独作为针对碳排放量开征的新税种;其次,在资源税和消费税基础上,以化石燃料的含碳量作为计税依据进行加征碳税;最后,根据"宽税基、简税制"的税制改革原则,将碳排放量作为现行环境保护税的一个税目纳入其征收范围。在未来对环境税收体系的优化和对化石燃料征收的相关税种整合时,可考虑将现有对化石燃料征收的税种全面改革为碳税。

开征碳税时首先要考虑的是与现有化石能源相关税种之间的协调问题,需在全面考虑碳排放系数的基础上,合理设定税率,开征初期可先设定为 10 元/吨,后期再逐步提高。同时建立起碳税税负的动态调整机制(包括预告税率提高),保持税负水平总体稳定,避免出现综合税率过高和重复征税问题。

3. 推进碳交易、碳税两种碳定价机制的协作与配合

在完全竞争市场的情况下,碳交易及碳税最终都会将碳排放的外部成本内部化,使碳排放的私人边际成本等于社会边际成本。[①] 碳税与碳交易之间各有优劣,两者具有较强的互补性。征收碳税只需要额外增加非常少的管理成本就可以实现;而碳排放量很难在线监测,需要专业机构核查,只适用于排放点固

---

① 参见邓力平、陈斌:《"碳达峰、碳中和"目标与绿色税收体系构建》,载《税收经济研究》2022 年第 1 期。

定、排放量较大且易于监管的企业,导致碳交易的运行成本偏高。碳税的征收对象适用于所有市场主体,对所有纳税主体都将产生碳减排推动效应,具有普遍性与公平性;而碳交易由于存在门槛准入设置,导致市场中的企业主体基本上是年综合能耗在1万吨标准煤以上的火力发电企业,碳交易市场无法吸纳中小企业,减排促进作用具有局限性。而且碳税缺乏对企业减排的硬性要求,减排效果存在较大不确定性,而碳交易是将碳排放总量分割后进行配额约束,减排效果明确。

目前加拿大、日本、英国等国家已推行了碳税与碳交易相互配合的双轮驱动机制,未来我国可以考虑适时引入碳税制度,构建碳税和碳交易的双轮驱动机制,共同控制碳排放,强化碳减排政策效果。通过两种碳定价机制的协作与配合,在覆盖范围和价格机制两方面优势互补,共同推进碳达峰碳中和目标的实现。

五、我国绿色税制优化的具体政策建议

(一)对光伏发电和风电发电企业给予税收减免,鼓励新能源产业持续发展

全国新能源消纳监测预警中心发布的数据显示,2021年我国的光伏发电利用率达到了98%,风电利用率达到了96.9%,弃风率、弃光率均达到了设定的目标。但目前我国对光伏发电、风力发电的支撑力度略显不足,一方面是光电、风电发展缺乏基于碳中和目标的长远性规划,缺乏长效、系统的体制机制;另一方面是配套政策不足,随着2021年新增集中式光伏发电站、工商业分布式光伏项目和陆上风电项目实现平价上网,及中央政府对光电、风电行业电价补贴的彻底退出,税收优惠政策成为推动光伏发电、风电发电行业的重要杠杆,但现有税收政策在企业融资、储能技术研发、土地利用、所得税减免等方面的支持力度不足,对新能源产业的集约化规模化发展引导力度弱。

对光伏发电和风电发电企业的税收减免可从以下角度入手:首先,由于目前仅风力发电适用增值税即征即退政策,未来可考虑恢复于2018年失效的光

伏发电增值税即征即退50%的税收优惠政策,并将即征即退政策推广至其他清洁能源发电领域。其次,光伏项目自发自用、余电上网分布式的自用部分,基本适用合同能源管理项目暂免征收增值税的政策,针对合同能源管理项目,可考虑降低优惠门槛,并考虑以即征即退政策代替目前的免税政策,从而允许用能单位计算抵扣部分进项税额,提高其参与合同能源管理的积极性。再次,提高税收政策对光伏发电、风电发电行业扩大规模和革新技术的支持力度,对企业融资、储能技术研发、土地利用、企业所得税"三免三减半"起始时间等政策加以完善,实施制度性减税政策,实施新的结构性减税举措。最后,加大光伏发电和风力发电在用地用海、财税金融、投融资方面等政策的支持力度,①加强政策协同,优化可再生能源发电补贴政策,共同推动新能源发电高质量发展。

(二)运用财政补贴等手段,支持新能源汽车产业发展

新能源汽车购置补贴政策自2009年开始,补贴力度由小规模示范发展至规模化、全国范围的推广。2022年是新能源汽车补贴的最后一年,补贴标准将在2021年补贴标准的基础上下降30%,2022年后,新能源汽车的补贴将完全退出。目前政府财政补贴的新能源车共有三类车型:纯电动车、插电混动车(含增程式)、燃料电池汽车。国家对消费者购买比较多的纯电动车和插电混动车有着明确的补贴标准,对燃料电池汽车的补贴则转为了以奖代补。

2022年7月召开的国务院常务会议已明确表明,将延续免征新能源汽车购置税的政策,这项刺激性政策的出台,稳定了新能源汽车的消费。要对新能源汽车产业的发展提供有力的税收支持,首先,要研究免征新能源汽车车辆购置税政策本次延期后再次到期的问题,明确税收优惠政策时限,支持新能源汽车产业发展。其次,在增值税方面:第一,可考虑对新能源汽车生产环节的增值税适用即征即退政策,由于汽车制造业的生产链条往往较长,生产环节增值税的即征即退能显著降低企业的生产成本;第二,要明晰现行税法的含混模糊之

---

① 参见徐海龙、陈志:《"十三五"新能源产业政策回顾及未来发展政策建议——以风能和太阳能为例》,载《科技中国》2022年第4期。

处,如明确充电模式和换电模式下的增值税处理,以减少企业税收风险。最后,在企业所得税方面:第一,适度倾斜国家对高新技术企业的政策,放宽新能源汽车企业中高新技术企业的认定门槛,扶持新能源汽车行业发展;第二,可对新能源汽车行业中电池、电机等研发企业单独制定税收优惠政策,提高研发费用加计扣除政策力度。

未来国家还应以财税手段之外的其他方式继续支持新能源车的发展,例如控制电价、引导充电桩运营企业适当下调充电服务费;支持充电桩等基础设施的普及,加快推进加油站、社区、停车场等充电设施建设;对新能源公交车的运营给予补贴;授予优先路权(不限行、不限购)等手段。

(三)加大环境保护、节能节水、资源综合利用领域的税收优惠力度

2021年12月,《环境保护、节能节水项目企业所得税优惠目录》(2021年版)和《资源综合利用企业所得税优惠目录》(2021年版)分别取代了2009年版及2008年版。更新后的目录覆盖了能源改造、建筑节能、碳减排技术等多个绿色环保领域,在涉及行业、包含项目、覆盖产品等方面均有扩大。从事新版目录所列经营活动的企业符合条件的,可享受有关的企业所得税定期减免、减计收入等优惠政策。此次对两项企业所得税优惠目录的调整集中体现了国家通过财税手段助力实现"双碳"目标的政策理念,将鼓励更多企业实施脱碳转型。长期来看,随着监测技术的进步,国家在收到企业绿色低碳转型的良好效应后,可继续降低相关税收优惠政策的门槛。

未来应继续加大环境保护、节能节水、资源综合利用领域的税收优惠力度,从税制领域推动低碳经济的发展。一是可适当提高《环境保护、节能节水项目企业所得税优惠目录》和《资源综合利用企业所得税优惠目录》的更新频率,适时将更多的绿色低碳内容纳入优惠范围,合理降低适用门槛并增加优惠力度。二是可以考虑定期对《节能节水专用设备企业所得税优惠目录》进行更新,"双碳"背景下低碳技术、低碳设备革新较快,可考虑以年为单位定期更新目录,引导企业使用新型节能环保设备。三是继续扩大《资源综合利用企业所得税优

惠目录》的范围,可参考增值税即征即退50%的税收优惠政策,将"以农作物秸秆为原料生产的纸浆、秸秆浆和纸"增添到目录中去,以鼓励综合利用纸张、纸浆,发挥税制在保护森林资源方面的作用,加强碳吸收,推动碳达峰碳中和目标的实现。四是企业所得税中有关环境保护、节能节水项目的减免政策,可考虑将"自项目取得第一笔生产经营收入所属纳税年度起"修改为"自项目获利的纳税年度起"享受优惠政策,对企业环境保护、节能节水给予最大程度的优惠。五是落实环境保护、节能节水、资源综合利用领域的税收优惠政策,对可能享受目录中有关税收优惠的企业,税务机关应督促其关注新旧目录的调整,帮助企业判断优惠政策的适用性,引导企业低碳生产。六是增值税中资源综合利用即征即退优惠目录的更新频率可适度提高,逐步放宽对利用资源适用税收优惠的要求等,以进一步推动资源综合利用和节能减排。

【参考文献】

[1]邓力平、陈斌:《"碳达峰、碳中和"目标与绿色税收体系构建》,载《税收经济研究》2022年第1期。

[2]广西桂林市国际税收研究会课题组等:《推动建立中国"绿色税制"体系的国际借鉴研究》,载《经济研究参考》2017年第35期。

[3]龚辉文:《碳达峰、碳中和背景下应对气候变化的税收政策框架与建议》,载《国际税收》2021年第12期。

[4]贾岚、李子怡、刘鹏飞:《"双碳"目标下完善中国绿色税制体系的路径探究》,载《海峡科技与产业》2022年第6期。

[5]李秋白、张亚平、王圣:《我国电力行业应对碳达峰面临的风险挑战与对策建议》,载《能源研究与利用》2022年第2期。

[6]鲁书伶、白彦锋:《碳税国际实践及其对我国2030年前实现"碳达峰"目标的启示》,载《国际税收》2021年第12期。

[7]马海涛:《推动实现碳达峰碳中和目标的财税政策优化路径》,载《中国机关后勤》2021年第11期。

[8]马海涛、王斐然:《关于"十四五"时期我国税制结构的思考》,载《财经问题研究》2021

年第 11 期。
[9]秦思明:《我国绿色税制建设实践与路径探析》,载《现代商业》2020 年第 27 期。
[10]任高飞、陈瑶瑶:《国际比较视角下我国绿色税制的完善与构建》,载《当代经济》2021 年第 2 期。
[11]王晓庆、刘伟、罗慧慧:《“双碳”目标下中国天然气行业发展机遇与挑战》,载《国际石油经济》2021 年第 6 期。
[12]吴基清:《借鉴国外经验构建我国绿色税制》,载《黑龙江对外经贸》2011 年第 5 期。
[13]张莉、马蔡琛:《碳达峰、碳中和目标下的绿色税制优化研究》,载《税务研究》2021 年第 8 期。
[14]张鹭鹭:《完善我国绿色税制对区域经济协调发展的影响研究》,载《中小企业管理与科技(中旬刊)》2021 年第 11 期。
[15]郑德洁、姚方婷:《日本总体绿色税制的发展脉络与特征梳理及对我国的启示》,载《华北金融》2022 年第 1 期。
[16]中国国际税收研究会等:《推动“绿色税制”建设的国际借鉴研究》,载《国际税收》2018 年第 1 期。
[17]沈君逸:《低碳经济下我国绿色税收制度探析》,载《经济研究导刊》2022 年第 10 期。
[18]崔亚飞、谭雯、焦梦青:《我国税制绿色化评估的困境、借鉴与建议》,载《税务研究》2018 年第 7 期。

绿色原则背景下消费税税制要素优化探析

史正保　刘　宇*

摘要:《民法典》将绿色原则作为基本原则之一,绿色发展已经是我国未来发展的必然要求。近年来消费税改革多注重发挥对资源环境的保护职能,尽可能起到引导消费、矫正外部性的作用。然而消费税的税制要素设计逐渐无法适应我国产业结构的变化和居民消费水平的提升,其保护资源的功能未能得到良好的体现。基于现行税制要素以及经济发展的新要求,探索税制要素的问题及其优化路径,可全面及时地促使其最大化地发挥促进绿色发展的作用。

关键词:绿色原则;消费税;税制要素

引言

党的十九大报告明确表示,我们追求的现代化目标是实现人与自然之间的和谐共生。自2021年起实施的《民法典》把绿色原则列为其核心原则之一,并在多个条款中强调了资源节约和生态保护的重要性。税收作为国家宏观经济调控的关键工具,消费税在推动和指导绿色发展的过程中起到了不容忽视的作

* 史正保,兰州财经大学法学院教授,主要从事财税法、商法学研究。刘宇,兰州财经大学财税与公共管理学院硕士研究生,主要从事税收理论与政策研究。

用。2022年,我国的总税务收入达到了166,614亿元,而消费税的总收入为16,699亿元,这使其成为我国财政收入的第二大来源。① 然而细观我国消费税制度的发展历程,仅对征税范围、税率设计和部分征收环节进行调整,对引导绿色消费的作用仍然有限。税制要素是税收制度中必须载明的、不可缺少的基本内容,是构成税种的基本元素,因此从税制要素角度入手,全面探索在"绿色原则"下优化消费税制度的路径,对我国的绿色化发展具有重要意义。

一、绿色原则下我国消费税功能现状

绿色原则也称为生态保护原则或环境保护原则。现已成为一个严谨且具有逻辑的专业法律术语。② 绿色原则在《民法典》中引入可持续发展的理念,回应了当前我们对清新空气、干净饮水、安全食品、优质环境的迫切需求,实践了绿色发展理念,促进了生态文明建设、人与自然和谐共处。在国际上很多国家采用经济、法律、税收等措施来促进绿色经济的发展。消费税具有选择性课税和差别化计税的特点,通过对消费税税制要素的合理设计来建立惩罚、激励机制,可在促进绿色消费、服务绿色发展方面发挥着重要的作用。我国消费税最初是以筹集财政收入为目的的,随后才逐渐衍生出调节收入分配、引导消费等职能。在绿色原则下,消费税在调节外部性方面发挥着重要的作用。通过对高外部性的、污染环境的消费品征收消费税,让消费者在面对较高的价格时,理性消费,避免不必要的金钱浪费,进而调节消费的结构和功能。消费税作为间接税,使得纳税人可通过提高价格的方式进行税收转嫁,将税收负担转嫁给负税人从而提高消费者消费成本,达到抑制消费部分消费品的作用。对污染和能源消费征收消费税,本质上是提高环境与资源的价格,迫使消费者提高能源的使用效率,从而改善环境。

目前我国消费税共有15个税目,可将其划分为三类:一是污染环境或造成

---

① 数据来源:2022年财政收支情况,载中华人民共和国财政部官网,http://gks.mof.gov.cn/tongjishuju/202301/t20230130_3864368.htm。

② 《民法典》第9条规定,民事主体从事民事活动,应当有利于节约资源、保护生态环境。

资源浪费的特殊消费品,如鞭炮焰火、电池等。二是非生活必需品及高档消费品,如高档化妆品、高尔夫球等。三是会过度影响人类健康的消费品,如烟、酒、涂料等。我国消费税与绿色原则相关的行业主要分布在煤炭行业、石油业、成品油制造业、橡胶和塑料制品业、木材加工业等中。2006 年消费税制度改革,将原有的 11 类消费品扩大至 14 类,2008 年提高了成品油的税率,与环境保护有关的消费税收入占总消费税收入的比例不断上升,这表明消费税促进环境保护的功能越来越凸显。[①] 2008 年我国具有绿色功能的成品油、木材制品类、交通设备三大类税目的消费税的收入仅为 764.83 万元,其收入占我国消费税收入总额的 29.78%,而 2020 年已经达到了近 70%。[②] 因此通过消费税改革来促进经济绿色发展是可行的,应当积极发挥消费税自身的特殊调控职能,响应绿色原则,助力国家绿色发展。然而细观我国消费税的收入构成,烟草、酒类、成品油和小汽车的税收收入是 90% 以上,其他税目的税收收入占比不足 10%。[③] 这也说明我国消费税税目结构比较单一,对引导绿色消费的作用有限。

二、我国消费税制度促进绿色发展的演进历程

我国于 1951 年颁发《特种消费行为税暂行条例》,而后发布《消费税暂行条例》并根据国情的变化进行了多次调整,最终形成了目前的消费税制度。基于绿色原则视角审视消费税制度的发展历程,可以分为以下几个阶段。

(一)我国消费税制度促进绿色发展作用的初步体现

从新中国成立到分税制改革期间,1950 年 1 月我国只针对电影戏剧及娱乐、筵席、旅馆、冷食、演戏征收特种消费行为税,而且 3 年后把这些都并入营业税。1982 年为了加速以煤代油的过程推进,同时减缓油品的供需矛盾,对油品

---

① 参见王爽:《基于环保视角的消费税优化研究》,山东财经大学 2021 年硕士学位论文。

② 数据来源:《中国税务年鉴》(2005~2020 年)。

③ 数据来源:财政部《2020 年财政收支情况》,载中华人民共和国财政部官网,http://gks.mof.gov.cn/tongjishuju/202101/t20210128_3650522.html。

在价外计征烧油特别税，使资源可以更合理的利用。1988 年，随着我国生活水平的逐渐提升，铺张浪费的情况越发普遍，为了推广节约和节俭的社会风尚，国务院发布了《筵席税暂行条例》，该条例明确规定了对在我国境内运营的饭店、酒店、宾馆、招待所以及其他饮食营业场所举办筵席的单位和个人征收筵席税。1989 年，我国市场上对彩色电视和小型轿车等商品的需求超过了供应，为了平衡这种供需关系，政府对这些商品征收了特殊的消费税。在这个时期，消费税已经开始展现出其在调控消费方面的强大功能。1992 年 4 月，对彩电的特殊消费税被正式撤销。

（二）我国消费税制度促进绿色发展作用的加强调整

从分税制改革到“营改增”期间，1993 年前后我国确立了社会主义市场经济体制，国务院及财政部分别颁布了《消费税暂行条例》和《消费税暂行条例实施细则》用以发展市场经济并进行税制改革，这标志着我国消费税制度的正式确立，1994 年对甲类卷烟暂减按 40% 的税率征收消费税，香皂税率由 17% 降为 5%；1995 年将金银首饰消费税的征税环节由生产销售环节改为零售环节；1998 年调整了卷烟的消费税税率，由原来的统一 40% 调整为分类征收，其中一类卷烟 50%，二类、三类卷烟 40%，四类、五类卷烟和雪茄烟 25%，进口卷烟 50%；1999 年对含铅汽油消费税税率由 0.2 元/升提高到 0.28 元/升。2001 年调整酒类产品消费税政策，改为复合征收方式。可以看出我国消费税改革的特点是逐步降低生活用品的税率甚至是取消税目，对于对身体环境有伤害的消费品则提高税率，进而抑制消费。

然而随着我国经济的快速发展，当时纳入税收范围的 11 种应税消费品不能适应发展的新局面。尤其是对一些在生产或消费环节消耗能源过高、带来环境污染的高能耗消费品并没有被纳入征收的范围，消费税的绿色职能发挥得非常微弱。基于此，2006 年 4 月 1 日，我国调整了消费税的征税范围。消费税的税目从原来的 11 个调整为 14 个。其中，扩大了石油制品的消费税征收范围，税目中增加了石脑油、燃料油等子目；为了增强人们的环保意识、引导消费和节约木材资源,增加木制一次性筷子、实木地板税目;消费税调节经济、引导消费、绿色环保的职能进一步增强。[①] 通过这次调整,提高了我国消费税绿色发展水平,使其绿色环保的职能得到进一步体现。

(三)我国消费税制度促进绿色发展作用的进一步完善

自全面营业税改征增值税开始,2016 年我国对卷烟消费税的计税价格核定管理进行了进一步的规范化,强化了成品油消费税的征收和管理,并在环境保护和节能方面提出了新的标准。2019 年 9 月,国务院发布了《实施更大规模减税降费后调整中央与地方收入划分改革推进方案》,为消费税征税环节的后移改革创造了条件。目前,与消费税有关的改革措施已经得到实施,并且立法环境已经相当成熟。2019 年 12 月 3 日,我国的财政部和国家税务总局联合发布了《消费税法(征求意见稿)》。该征求意见稿综合了以往消费税税制的改革和完善内容,详细规定了纳税人、征税对象、税率、应纳税额的计算、计税价格、抵扣政策、税收减免、纳税义务的发生时间以及税收征管等方面的内容,这将有助于进一步完善我国的税收法律体系。

纵观我国消费税制度促进绿色发展的演进过程,大多是在税目、税率等方面进行优化,税目不断增多且划分得更为细致,税率设计相较之前也更为合理,部分应税消费品采取从价从量相结合的征收方式。基于绿色原则视角总体来看,消费税在征税范围上仍有较大的调控空间;在税率设置方面,游艇、木制一次性筷子、实木地板等税目的税率仍然偏低。我国的消费税主要集中在生产环节进行征收,有纳税成本较低、征管效率较高的特点,但也存在一些弊端,如纳税人负税人不一致、收入归属不合理等。促进我国绿色发展,更好地发挥消费税的绿色职能还需从税制要素方面入手,响应"绿色原则",助力国家绿色发展。

---

① 2013 年党的十八届三中全会提出把高耗能、高污染产品及部分高档化妆品纳入征税范围,确立了消费税改革的方向。2014 年到 2016 年,我国连续上调成品油消费税税率,不再对车用轮胎、车用含铅汽油、酒精、气缸容量 250 毫升(不含)以下小排量摩托车等征收消费税,对于卷烟消费税,从价税税率有所上调,还增加了从量税,对涂料、电池开始征收消费税,对超豪华小汽车加征零售环节消费税。

三、绿色原则下我国消费税税制要素存在的问题

税制要素是构成税收制度的基本因素，也是进行税收理论分析和税收设计的基本工具。我国消费税的税制结构与绿色原则的结合还需更紧密，需对各项税制要素存在的问题进行全面的剖析。绿色原则背景下，我国消费税制度仍存在纳税人与负税人不一致、征收范围较窄、计税依据设计不合理、税率结构待优化、征税环节设计不合理、消费税收入归口安排不合理等问题。

(一)纳税人与负税人不一致，引导绿色消费困难

我国消费税税负的最终承担者是消费者，这是由于应税消费品零售环节的纳税人数较大、税源分散。我国消费税一直是简便易行的间接税的形式，纳税人是在我国境内生产、委托加工和进口应税消费品的单位和个人。所以，消费税的纳税人与负税人不一致。一般来说，课税范围越大，税负越容易转嫁；我国消费税的课税范围较大，对于产品的征税易表现在价格涨幅方面，因此最终的负税人是消费者。税负易转嫁，一方面有违现代税法税负公平和量能课税的原则，间接税的设计不仅无法按照纳税人不同的税收负担能力来课征赋税，而且极易造成税负累迟现象；另一方面难以发挥引导绿色消费的作用。比如，一次性筷子等消费品的税款较低，消费者在购买时难以意识到自己承担了相应的税负，并不会影响其自身的消费倾向。消费者不了解国家的消费政策导向，消费税就难以发挥引导消费者绿色消费的目的。

(二)征收范围较窄，不易发挥绿色职能

世界各国自开征消费税以来，征税范围都在逐步扩大。当前我国消费税的税目仅有 15 个，与其他国家相比，征税范围仍较狭窄，绿色职能难以凸显。[①] 具体表现在以下方面：

---

① 参见叶金育、顾德瑞：《消费税法上的“应税消费”——兼论消费税立法中的税目体系构造》，载《地方立法研究》2019 年第 5 期。

第一,未将高污染、高能耗产品纳入征税范围。我国当前的消费税缺乏对输出污染废物的大件商品征收消费税,很多环境污染程度较高的产品都没有被吸纳进来,使得消费税制的绿色环保效应的发挥受到很大的限制。

第二,未将奢侈品纳入征税范围。当前我国并没有将奢侈品作为消费税征税的重点,高档奢侈品会引导消费者的消费风尚,使得我国市场出现了崇尚奢侈品的不良风气,并且高档奢侈品往往制作工序更加复杂,其污染程度也更高,奢侈品在国内市场肆意横行的同时,也危害了生态环境。

第三,未将高档消费服务纳入征收范围。很多高档消费服务因新奇的服务方式、精致的服务流程而广受欢迎,但这背后却是对资源的挥霍和浪费。如果能够实现针对高档服务制定特殊的税收政策,即可有效通过税收杠杆实现引导绿色消费的目的。目前我国消费税狭窄的覆盖面不利于发挥征收消费税的绿色环保效应。

(三)价税合计有悖公开原则且计税依据设计不合理

第一,价税混淆有悖于公开原则。目前我国生产环节和零售环节征收的消费税均为价内税,采用价税合一的税收体现方式,即消费者在购买消费品时看到的价格为含税价格,税款并未标识。[①] 这使消费者无法分辨价格中的价款与税款,难以直观地感受到税款的存在,不利于发挥商品价格和消费税税款各自独特的作用。另外,我国消费税除了少量应税商品在批发和零售环节征收外,多数应税商品的征收环节集中在生产、进口环节,容易造成企业负担的印象,消费者难以感知其税收负担,在一定程度上弱化了消费税的调控职能。这种误区不利于引导消费和落实国家分配政策。

第二,部分消费品采取从价或从量的计税依据不合理。从量定额计征消费税的有啤酒、黄酒以及成品油。从量定额计征消费税便是在计算这些产品消费税的时候,直接使用固定金额乘以产品数量。然而从量征收消费税的啤酒、黄

---

① 参见周波、王健:《我国消费税征收环节后移相关问题研究》,载《税务研究》2021 年第 9 期。

酒,其消费税税负会随着单位价格的上升而下降。这有悖于消费税调节外部性的功能,更不利于其发挥引导消费的职能。

(四)税率设计不科学,绿色导向作用不明显

第一,某些属于绿色税目的商品,其税率依然偏向较低水平。例如,实木地板和木制一次性筷子的消费税税率都是5%。一次性筷子的批发价格范围是0.02~0.1元,而消费税只有5厘钱,这对日常的消费习惯几乎没有太大的影响,对环境保护也几乎没有正面效果;实木地板目前的主要消费者群体是中高收入人群,而5%的税率并不会限制这些群体的消费需求。与我国相比,欧盟国家的汽油平均税率高出大约2.65倍,[①]但我国对于高污染和高能耗的消费品仍未给予足够的关注。吸烟不只是对人的健康造成伤害,二手烟同样对他人的健康构成威胁,并对空气质量带来不良影响。与国际的经验相比,我国的卷烟消费税税率还有进一步提高的潜力。

第二,税率的设计并没有跟上时代的步伐。自2006年白酒消费税实施统一以来,酒类的消费税税率并未发生改变。2009年对卷烟税率调整后,10多年来也没有进行任何调整,高价的高档甲类卷烟和白酒的税率与普通的甲类卷烟和白酒是一致的。

第三,消费税的征税范围不明确。对于其他种类的酒,消费税是统一按照10%的税率来征收的,而价格超过万元的葡萄酒与价格仅为几十元的葡萄酒在消费税负担上是一致的。与此相似的是,高档化妆品、高档手表、游艇等属于奢侈品类别的税目,从其成立之日起,一直采用统一的从价税率。这种消费税税率的设定导致了调节收入分配的税目的累进程度较低,平均税率也偏低,从而削弱了消费税在收入再分配和环保导向方面的作用。

(五)征税环节设计不合理,消费者税收敏感度低

我国消费税税目中只有贵重首饰及珠宝玉石的征税环节在零售环节,其余

① 数据来源:欧盟官网,http://europa.eu/index_en.htm。

均在生产环节征收消费税,这会产生以下影响:

第一,消费税政策的透明度低。在生产环节征收消费税会导致生产者通过提高价格或降低成本等方式进行税负转嫁,让消费者负担税收,但是消费者的税收负担的触感比生产者弱很多,往往会忽视自己承担的税收,对自身的税负认知程度不高。

第二,消费者对于消费税的调整反应变得更为敏感。征收绿色税目的消费税旨在帮助消费者降低对高污染和高能耗产品的依赖,从而增强他们的环境保护意识。在消费税的征收过程中,我国的消费税主要针对的是非生活必需品,这导致消费者对消费税的调整变得不那么敏感,从而影响了他们对国家消费政策的理解,限制了消费税调节和绿色环保功能的实现。

(六)消费税收入全部归中央的安排不合理,加剧了地区财政的不均衡

我国现行的消费税属于中央税,由中央政府统一管理,进行宏观调控。这可以有效预防各地方政府为促进地方经济发展而对本地企业消费品不加以管制的现象发生。然而消费税归属于中央政府,也存在较大的弊端。

第一,收入全部归中央容易导致地方财权与事权不匹配。能源类、小汽车等消费品的使用具有较强的负外部性,污染本地环境,但消费地却无法通过税收收入得到相应的补偿,反而需要资金去治理污染,其财政支出压力较大,地方财权与事权不相匹配,也难以调动地方政府促进节能减排、保护环境的积极性。由消费地分享消费税税源,不仅能增加地方收入,而且能够调动地方政府改善营商环境、优化消费结构等方面的积极性。

第二,易出现环保拨款不公平的现象。中央政府难以完全掌握各省、各地区在环保方面的具体情况,各地环境质量差异较大,中央政府难以精准划拨税款,易出现不公平的现象。且拨款程序烦琐会导致成本增加,消费税的收入先由中央政府统一征收,再根据各地的需求划分给地方的效率也较为低下。

四、绿色原则下优化我国消费税税制要素的建议

(一)将纳税人与负税人统一

中共中央、国务院发布的《关于新时代加快完善社会主义市场经济体制的意见》中提到我国高质量发展阶段税制改革要完善直接税制度并逐步提高其比重。随着我国税收征管水平的不断提高,应将消费税这一间接税改为直接税,使得纳税人与负税人统一。一些发达国家如美国、日本早已选择在销售环节征收消费税,使消费税的征收做到公正透明。公众消费者可以清楚知晓自己所缴的税费,征税所产生的抑制效果更为明显,更易使消费者树立环保意识。

(二)扩大绿色消费税的征税范围

我国应当极大限度地发挥消费税的绿色职能,扩大消费税的征税范围。

第一,将环境污染程度较高的产品纳入征税范围。比如在交通工具方面,应该将私人飞机和私人游艇都加入应税消费品税目,这种高端奢侈品对于资源的利用是极其低效的;对环境污染类税目,应该增加不可降解塑料袋、固体废物、重金属电池等污染物的消费税税目,并按照降低能耗、减少污染的导向,同时加征能源消费税;在废弃物处理方面,还应该对未来会对土壤和大气造成严重污染的产品征税。

第二,将高档奢侈品纳入征税范围。将一些公认的高档红木家具、高档时装、高档真皮包、高档红酒、私人飞机、名人字画、古董等奢侈品归入消费税的税目中,体现消费税的削弱和缓解贫富悬殊以及消费导向的作用。①

第三,将高档服务纳入征税范围中。如将高档旅游、奢华住宿、豪华水疗等高端消费纳入消费税的征收范围内,调节收入分配,引导大众科学消费,营造勤俭节约、绿色环保的社会氛围。

---

① 参见罗昌财、宋生英:《奢侈消费征税:征收理论与改革方向》,载《税务研究》2017年第5期。

(三)实行价外税并调整计税依据

第一,实行价外税。由于我国广泛采取税控收款形式,税务部门在商品销售领域的征管能力会大大提高,可以考虑将消费税由价内税改为价外税,以此增加税收的透明度。由于价内税的设计存在隐蔽性,弱化了消费税的绿色环保职能,消费者在消费时往往忽略其税收负担,不利于消费税对消费者行为的引导。现阶段学界有两种比较被认同的调整计税依据的设计:有学者提出价税分列能够提高税收凸显性,直接传导国家税收政策导向;[①]有学者指出应将消费税改为价外征税的方式,在应税消费品的售价中体现出不含税的价格及消费税税额,可以有效发挥消费税矫正负外部性和调节居民消费行为的作用。[②] 消费税实行价税分列使得消费者能有效分辨消费品的价款与税款,对于税负比重较高的商品,消费者在购买时会衡量自己所支付的高价是因为产品质量优良还是质量一般仅是由于税赋较高造成的,这对于实现国家引导消费、调节消费结构和限制特定商品消费具有积极意义。[③] 更能明确消费政策导向,从而形成消费者的绿色消费观。

第二,调整不同征税消费品的计税标准。对于诸如烟草、酒精、成品油和实木地板等相同种类的应税商品,采用不同的税率。例如,在使用按价值计税的方法时,可以确保高端和低端消费品的价格比例保持稳定,这有助于消费者根据价格作出购买决策。又如,对烟草产品实施基于其有害成分含量的复杂差别税率,结合按价值和按量的计税方式,旨在激励生产商开发烟草替代品,促进技术创新。另外,根据酒精含量的不同,可为不同种类的酒定制不同的计税基准。

(四)优化绿色消费税税率设计

第一,对某些税目的消费税税率进行调整。为了鼓励人们减少对高资源消

---

① 参见李冬妍、陆泽宇:《实行价税分列促进我国消费税调节作用的发挥》,载《税务研究》2021 年第 4 期。

② 参见陈力朋、郑玉洁、徐建斌:《消费税凸显性对居民消费行为的影响——基于情景模拟的一项实证研究》,载《财贸经济》2016 年第 7 期。

③ 参见刘剑文、王桦宇:《两岸税法比较研究》,北京大学出版社 2015 年版。

耗品的依赖并遏制过度消费,我们可以考虑适度提高消费税的税率;与大多数经济合作与发展组织成员相比,我国在烟草、酒品和资源能源消费领域的消费税相对偏低,有必要适度提高这些消费品的税率。现阶段,奢侈品所带来的税务负担相对较轻,这使得高收入群体对于奢侈品的税率调整缺乏足够的敏感性。为了让消费税更好地指导消费行为和收入分配,我们可以考虑适度提高这类消费品的消费税税率。对于清洁能源和节能消费品,我们应当采纳特定的税收减免措施。

第二,针对消费品,采用多种科学方法来制定不同的税率等级。出于节约能源和环境保护的考虑,汽车消费税将在原有排量计算的基础上,将污染物的排放量纳入计税的参考范围内。为了激励汽车产业的持续优化和升级,以及推动绿色技术的进步,我们为污染排放较低的汽车提供了相应的税收减免,并对新能源汽车和新型无污染能源汽车实施免税政策,从而更好地解决负外部性问题;①成品油的税率可以根据油的质量、种类和污染量来进行细化,可以设定不同的税率,甚至可以根据油价的波动来动态调整税率。根据烟草制品中有害物质的含量,按实施差异化的税率对其征税,有助于鼓励生产者寻找更多的烟草替代品,并激励制造商进行技术创新,以降低烟草制品中焦油或尼古丁等有害成分的浓度。另外,高度的酒精对人体健康的危害更为严重,因此可以根据酒精的浓度来设定各种酒类的税收。

(五)调整消费税征税环节,增强消费者的税负触感

在中国,消费税的收取主要是在生产、委托加工和进口几个环节进行的,而金银首饰则是在零售环节中被征收的。除了卷烟和超豪华小汽车会被额外征收一次从价消费税之外,其他所有的征税对象都是一次性的单环节征税,这可能会导致生产商策划避税,损害国家的利益。

第一,将消费税的某些税目的征收环节推迟,增加对零售环节的征收。对

① 参见孙玉霞:《消费税对污染负外部性的矫正》,载《税务研究》2016 年第 6 期。

于如游艇、成品油和私人飞机这类有消费限制的商品,我们可以考虑从多个环节进行征税。在对生产环节征税的基础上,零售环节还可以额外征收消费税,而实木地板、木质一次性筷子和电池等商品则可以在零售环节进行征税。更具体地说,将消费税的征收范围从生产环节扩展到零售环节,这将使税基从消费品的出厂价格变为零售价格,将税基扩大,不仅可以增加财政收入,还能提高消费者对消费税的敏感度。

第二,结合商品的档次用途,细分消费税纳税人群的承受能力,实现量能课税原则。单件销售的具有奢侈品特性的商品可以移至零售环节进行征收,比如高档手表、贵重首饰及珠宝玉石等商品,可以更好地起到调节收入分配的作用。不符合环境保护导向的商品,如鞭炮烟火、木制一次性筷子,通常是通过大规模批发进行销售,可在批发环节统一征收消费税,并在零售时将其所需缴纳的消费税进行标注,增加消费税对消费者日常消费行为的影响。

(六)调整绿色消费税的收入归属

2019 年 10 月国务院下发的《实施更大规模减税降费后调整中央与地方收入划分改革推进方案》便提出在征管可控的前提下,后移消费税的征收环节,同时将增量收入稳步下划地方,提高地方积极性。

第一,按照不同税目细分,将消费税设置为中央地方共享税。从应税消费品的生产发生地角度看,地方政府承担消费税的外部性成本的补偿责任。因此,应该合理划分中央和地方的消费税收入。然而有学者指出消费税不宜直接地方化,可以在未来把部分与地方有密切关系的税目独立出来,形成新的税种并地方化,[①]或者细分税目,并依据其具体情况来划分所得归属中央还是地方。例如,美国消费税分为联邦消费税和州消费税,联邦消费税的征收范围较广,各州则主要针对烟、酒、汽油征收消费税。

第二,增强地方税务的自主能力。允许地方政府根据其自身的实际状况来

---

① 参见洪小东:《消费税收入归属之问:为何不宜地方化》,载《税务与经济》2018 年第 5 期。

分配收入，并允许地方政府根据当地的环境污染状况，将收取的绿色环保消费税专门用于特定目的，以促进环保产业的发展和污染物的多方面利用，实现资源的再利用。此外，这也有助于完善地方的税务制度，从而在某种程度上减轻地方财政的负担，并鼓励地方政府在环境保护基础设施和相关科研领域进行投资和建设；有助于激发地方的工作热情，并强化税收来源的监督；有助于增强地方政府对本地消费实力和环境品质的关注，持续了解本地企业的运营和排放状况，确保绿色环保消费税根据排放量征收，进而推动本地企业实现节能、减少排放和环境保护。

【参考文献】

[1]尹磊、王晓：《我国消费税制度优化探析》，载《税务研究》2023 年第 2 期。

[2]袁景：《基于绿色发展背景的消费税改革研究》，载《中国管理信息化》2022 年第 19 期。

[3]竺效：《论绿色原则的规范解释司法适用》，载《中国法学》2021 年第 4 期。

[4]张莉、马蔡琛：《碳达峰、碳中和目标下的绿色税制优化研究》，载《税务研究》2021 年第 8 期。

[5]佘倩影：《调节性功能视角下的消费税立法检视》，载《税务研究》2021 年第 7 期。

[6]冯汝：《〈民法典〉绿色条款的体系化解读——以公民环境义务为分析视角》，载《华中科技大学学报（社会科学版）》2021 年第 4 期。

[7]吴良志：《我国〈民法典〉“绿色规范”之解释：“绿色原则”类型化及其展开》，载《中国地质大学学报（社会科学版）》2021 年第 3 期。

[8]周迪、罗东权：《绿色税收视角下产业结构变迁对中国碳排放的影响》，载《资源科学》2021 年第 4 期。

骗取出口退税案件的定罪规制探析

程　源*

摘要:出口退税行为会历经国内购销、出口报关和申请退税三个工作环节,与此相应,骗取出口退税案件发端于上述环节,参与主体类型众多,相较其他刑事案件,犯罪行为的多因性和复杂性较为突出。在内外有别的虚假贸易牵连下,一方面,虚开增值税发票、走私、非法买卖外汇、洗钱等行为均可能会和骗取出口退税行为齐聚在某一具体案件中。另一方面,现行《刑法》和司法解释罗列拟制了骗取出口退税罪与虚开增值税发票罪或走私犯罪等多个罪名的竞合,引致判断犯罪嫌疑人是否涉嫌犯罪及如何抉择罪名是不少案件从立案之初到最终判决都要面临的难题,值得进行探讨。

关键词:骗取出口退税;竞合;定罪

刑事司法治理在发挥惩罚教育功能的同时,也在规范和指引人们的行为选择与判断,"刑不可知则威不可测"的时代已随着罪刑法定时代的到来而逐步退出历史舞台,但囿于立法的滞后和现实生活的复杂多变性,时至今日,罪刑的确定性仍是理论界和实务界不懈的追求目标。司法实践中,准确地判断骗取出口退税案件等部分经济违法行为是否涉嫌犯罪以及如何确定罪名并非易事。

---

* 程源,中山大学法律硕士,安徽美林律师事务所律师。

一、问题：案由并行，罪名交叉

为研究我国骗取出口退税案件的刑事司法现状，笔者根据骗取出口退税的案由从威科先行法律信息库调取3063件裁判文书信息，进行归纳和梳理。从总体来看，入罪主体种类复杂，身份各异，基本覆盖了增值税发票开具、退税货物的出口和申请退税等各个链条上可能参与的单位或个人。在3063件案件中，以虚开增值税专用发票、用于骗取出口退税、抵扣税款发票罪立案的案件数量为2947件，占全部案件的比例达96.21%，说明以虚开增值税专用发票、用于骗取出口退税、抵扣税款发票罪立案的情形，在骗取出口退税罪定案的案件中较为常见，也说明这两个罪名在骗取出口退税案件中存在高度竞合和关联，同时部分案件还因涉嫌骗取贷款、票据承兑、金融票证罪，诈骗罪，职务侵占罪等8个罪名而被立案。从表1看，骗取出口退税案件涉嫌的罪名已经相当复杂，但结合国内出口退税的实践，表1并未覆盖该类案件伴生的一些常态犯罪行为，如走私犯罪或违反外汇等金融管制所涉及的犯罪等。

表1　3063件案件涉及的案由及数量

案由	数量/件
骗取出口退税罪	3063
虚开增值税专用发票、用于骗取出口退税、抵扣税款发票罪	2947
骗取贷款、票据承兑、金融票证罪	7
职务侵占罪	3
诈骗罪	2
非法制造、出售非法制造的发票罪	2
单位行贿罪	2
贷款诈骗罪	1
隐匿、故意销毁会计凭证、会计账簿、财务会计报告罪	1
虚开发票罪	1

二、伴生基因:骗取出口退税行为的多因性

出口退税是涉及多环节的综合行为,常态的出口退税行为都要历经国内贸易(含国内收购生产加工)、国际贸易(报关出口)、申请退税三个阶段,国内贸易和报关出口是申请退税的前置程序和条件。在大部分出口退税过程中,进行国内贸易或报关出口是实现退税目的的必要手段,而申请退税以国内贸易和报关出口为申请的事实根据,因此,国内贸易和报关出口与申请出口退税行为之间互为因果。

与一般的出口退税行为相同的是,骗取出口退税行为的违法行为也体现在虚假的国内贸易、虚假的国际贸易或申请骗取出口退税三个阶段的行为中,在司法实践中,三个阶段均存在明显的犯罪行为的案件也时有发生。在虚假的国内贸易中,违法行为主要体现在涉嫌虚开增值税发票方面,虚构或部分虚构购销合同签订、货物履行或运输、货款支付等违法行为往往与虚开增值税发票行为伴生。在虚假的国际贸易中,除具有类似虚构或部分虚构合同签订、履行等事实外,还可能涉及因违法报关而构成走私罪名,或因违法收付外汇而涉嫌套汇逃汇等罪名,实务中还出现按贩卖国家机关证件罪定罪处罚的判例。[①] 在骗取申请出口退税阶段,违法行为主要体现在未取得合法有效出口退税资质而申请退税或出借资质供不具备申请资质的主体骗取出口退税。在以上列举的三个阶段范围中,所有的违法行为均有可能导致骗取出口退税案件的成立,正是由于骗取出口退税案件原因的多样性,特别是各种原因行为可以相对完整、相对独立的存在,为该类案件在骗取出口退税罪和其他临界罪名之间的竞合埋下了种种前因。

三、制度原因:法规竞合

最高人民法院《关于审理骗取出口退税刑事案件具体应用法律若干问题

---

① 参见福建省三明市三元区人民法院刑事判决书,(2016)闽0403刑初176号。

的解释》规定了骗取出口退税罪与虚开增值税专用发票罪的处理机制，现行刑法也规定了骗取出口退税罪与逃税罪竞合的处理规则。出口退税行为本身奠基于国内贸易和出口报关等众多前置行为，单纯因出口退税阶段的违法行为完成骗取出口退税的案件是极为少见的，实践中大部分的骗取出口退税违法案件，都起始于虚假的国内贸易，因此虚开增值税专用发票罪、走私犯罪等罪名与骗取出口退税存在天然的关联。

（一）虚开增值税发票罪与骗取出口退税罪的竞合

最高人民法院《关于办理危害税收征管刑事案件适用法律若干问题的解释》第 16 条规定，实施骗取出口退税犯罪，同时构成虚开增值税专用发票罪等其他犯罪的，依照处罚较重的规定定罪处罚。如果要按"处罚较重"的涉嫌罪名进行立案、起诉或裁判，首先要求司法人员对可能处罚的两种结果进行较为详细的预估和比较，而且必须找到"处罚较重"的那种结果，与一般案件适用的三段论逻辑是不同的，这对实务部门及其工作人员职业素养和道德自律都是很大的挑战。该条文规定的"等"字，为探索骗取退税罪与走私犯罪等其他罪名的竞合预留了更多的想象空间。

申请出口退税，必须先取得用于抵免进项的增值税专用发票或增值税专用缴款书，与出口退税既定的工作流程和必要条件相应，虚开增值税专用发票的行为在大部分骗取出口退税的刑事案件中均有发生，在实务中，先以涉嫌虚开增值税专用发票罪进行侦查、移送起诉，最终由法院按骗取出口退税罪裁判的案件较为常见。有原则必有例外，在部分案件中，开具增值税专用发票的单位仅为赚取开票点数，并非追求骗取退税，这种情况下，开具增值税专用发票的主体往往与骗取出口退税的主体存在一定程度的分离，往往只涉嫌构成虚开增值税专用发票罪。

在上述 3063 件以骗取出口退税罪定罪处罚的案件中，以虚开增值税专用发票罪作为起诉罪名的比例高达 96.21%，该类案件本身的复杂性和竞合规则处置的不确定性，是司法机关之间对具体案件产生分歧的重要原因。

(二)骗取出口退税罪与逃税罪的竞合

如果不是刑法典的拟制,单从语义上区别骗取出口退税罪与逃税罪是不难做到的。从文义角度看,逃税因不申报纳税或不如实申报纳税而构成,因违反税收申报规定而起,骗取出口退税则与之不同,有纳税的事实在先,而后采取骗取手段申请退税。《刑法》第204条第2款规定:纳税人缴纳税款后,采取假报出口或者其他欺骗手段,骗取所缴纳的税款,按逃税罪定罪处罚;骗取税款超过所缴纳的税款部分,按骗取出口退税罪定罪处罚。笔者认为,纳税人一旦纳税,税收款项作为种类物进入中央金库后即为国家所有,再采用申请返还的方式拿回税款的行为已属于骗取出口退税,与逃税罪规定的内涵和外延有天壤之别。即使在以骗取出口退税为目的的情况下,把先缴纳税款作为手段,或是缴纳税款后起意骗取退税,该等行为也不能视同逃税。虽然该条规定因其语义割裂和法律逻辑混乱引起学界的广泛议论和诟病,司法实务部门在实践中也鲜见使用,但从被告辩护的角度看还是有积极意义的,可以尝试为被告争取较为有利的裁判结果。

(三)走私罪名与骗取出口退税罪的竞合

一般情形下,如果出口申报合规,那么出口退税违法就无从谈起,更遑论构成骗取出口退税犯罪。在大多数骗取出口退税的案件中,都交织着走私类的违法犯罪现象,在该类案件的裁判理由中,“虚构已税货物出口事实”较为常见,一方面反映了该类案件一个重要特点——与出口走私有着天然的联系,另一方面也反映了该类案件追诉的重点指向和规律。在骗取出口退税案件定罪处罚的证据体系中,出口申报环节的事实和证据起到了支柱作用,骗取出口退税案件查发的突破和追责的确定,大多源于犯罪嫌疑人在出口环节的违法轨迹,“虚构出口事实”证据的认定始终围绕与出口相关的外贸合同、发票、装箱单、提单、外汇核销单、增值税专用缴款书等报关单证,办案机关从这些事实中发现异常踪迹,可能会作出涉嫌虚假贸易犯罪的推论,结合退税申报事实,就此形成犯罪嫌疑人被追究骗取出口退税责任的可能。现行司法解释把骗取出口退税案件中的走私行为统一按牵连犯处理是失之偏颇的，在一些具体案件中，骗取出口退税可能仅是犯罪主体走私行为当中或之后附带的一种后续行为，或走私犯意在前骗取出口退税主观犯意在后，两犯意产生的时间没有交叉，或走私和骗取出口退税均是犯罪主体的主业或惯常行为，笔者认为按刑法数罪并罚处理更符合刑法的立法目的和价值追求。

（四）自然人犯罪与单位犯罪的竞合

最高人民法院《关于审理单位犯罪案件具体应用法律有关问题的解释》第2条规定："个人为进行违法犯罪活动而设立的公司、企业、事业单位实施犯罪的，或者公司、企业、事业单位设立后，以实施犯罪为主要活动的，不以单位犯罪论处。"在具体实践中，司法机关会对涉嫌犯罪的单位的出口退税事项与公司其他经营事项在业务量、业务收入、税金等方面进行比较，判断设立公司是否存在"以犯罪为业"或"以实施犯罪为主要活动"的情形，而后才确定是按单位犯罪还是按自然人犯罪进行追诉。最高人民法院作为案件终局的裁判者，它制定的规则对侦查部门和公诉部门的办案有指导作用，使得这些部门在追诉的过程中，把本应留待法院决断的证据和事实，过早地进行了筛选和取舍。

根据我国对出口退税的规定，个人名义是无法申请或实施的，只有取得出口退税资格的单位才具备准入的身份，作为申请主体和申请责任主体向税局申请退税。在出口退税实务中，只有出口退税申请单位可以独立完成出口退税的全部行为，出口退税申请单位之外的其他主体，如果没有出口退税申请单位的实际参与，是无法完成出口退税的申报及骗取国家退税款的。因此，在出口退税申请单位不属于法律意义消亡的情形下，骗取出口退税的刑事案件作为个人犯罪的确有违刑法有关罪责刑相适应的内核机理。在实践中，把应以单位犯罪追诉的案件最终按自然人犯罪案件起诉除有立法设计的原因外，对犯罪案件从重打击的传统观念也是不可忽视的社会动因，这种情形在骗取出口退税案件的处理上有一定程度的体现，现行立法对自然人定罪处罚的起刑点要明显低于单位,这就造成一些职能部门为追求直接打击犯罪行为的个案成效,把部分单位犯罪转按个人犯罪处理,变相加重了有关个人的刑事责任。

四、余论

从侦查、起诉或裁判的思维要求和办案规律看,都要经历从事实提炼到罪名确定的逻辑过程,在大部分案件中,具体事实会较为直接地指向某一具体罪名,而且在同类案件中不会出现罪名或此或彼的两难选择。出口退税行为的多因性,导致了骗取出口退税案件本身天然地涉及多样化的犯罪行为,涉嫌犯罪的主体一旦存在骗取出口退税的罪行,就往往无法回避与其他违法犯罪行为的交织特征。从骗取出口退税案件侵害的具体法益来看,有以退税款为代表的国家税收管理秩序,也有以虚假贸易为中心的出口管理秩序,包括外汇及人民币的进出境管制,还有国内正常的生产购销及相应的税收管理等,一个完整的骗取出口退税行为可能同时会触犯多个罪名,因此,实践中出现问题也不能归咎或苛责于立法者和执法者。不可否认的客观事实是,法律的拟制虽然是案件办理的内在需求,但拟制规则的不确定性为案件的辩护打开了多样的角度和空间。

"对刑罚的无知和刑罚的捉摸不定,无疑会帮助欲望强词夺理"①。刑法的确定性有助于引导行为人对行为预期的判定,消弭司法的争议和差异。及时地完善出口退税的各种前提行为规范的权利义务,适时调整与出口退税有关的国内贸易管理规范、出口报关规范和外汇收付规范,为科学界定刑法溯及建构规范。虽然实践中骗取出口退税行为涉及刑民交叉、刑行交叉的现象较为常见,但这不足以成为刑事积极介入社会治理的理由和根据。实践中,单纯因申请退税阶段的违法行为而触犯刑法的案件并不多见,认定骗取出口退税罪成立的主要事实依据,大都是因为出口走私违法犯罪行为所致,但从现实的管理看,海关部门以走私违规介入管理的并不多见,这是该类案件的特有矛盾现象,从一定

① [意]贝卡利亚:《论犯罪与刑罚》,黄风译,中国大百科全书出版社1993年版,第15页。

程度上也说明地方公检法裁判成立骗取出口退税罪的大部分涉案行为中，海关部门并不认为这些行为构成走私犯罪。刑事法律规范应建构于行政违法基础之上，如果因行政法律规范缺乏或滞后，或并不认为涉嫌严重违法的情形下，刑事法律规范的积极介入确有越位之嫌，也会在一定程度上扭曲了相对安定的经济秩序。

2018 年，全国出口总值达 16.42 万亿元人民币，出口退税总额达 15,014 亿元，出口退税在促进出口的同时，也成为犯罪分子觊觎的目标，甚至成为区域性、行业性违法犯罪的重大隐忧，一旦触雷，将会在某些行业、地区形成塌方式的灾难。刑期于无刑，刑罚从来不是现代社会追求的目标，刑事处罚作为一种社会治理手段，是一种不得已而为之的必要措施。在处理骗取出口退税这样的复杂犯罪行为中，如何保持克制和理性，发挥刑事法律的规范指引作用，既守卫社会的底线，又不伤及市场的活力，将是长久值得关注的课题。

【参考文献】

[1]3063 份裁判文书，载威科先行法律信息库，http://new.yingkelawyer.com/Index.aspx?menu=WeiKeManager&main=Index。

[2][意]贝卡利亚：《论犯罪与刑罚》，黄风译，中国大百科全书出版社 1993 年版。

股权代持中适用实质课税原则的可操作性分析

韩　睿*

摘要：随着商事行为的日益成熟，股权代持作为资本市场的衍生制度快速发展，加之我国公司法对代持行为合法性的认定，股权代持群体越来越大，但是配套的体制机制还未完全予以匹配。因此，本文基于目前资本市场股权代持的情境，研究在税收实践中适用不同课税原则对确定纳税主体的影响，聚焦实践中出现的问题以及政策制定层面存在的不足，进行理论结合实际的分析探讨，最后再提出有针对性的解决思路以及对策建议。

关键词：股权代持；课税原则；经济实质；纳税主体

中国加入世界贸易组织20余载，投资者选择投资的方式也日益趋于多样化，股权代持亦是一种特殊的股权或股份处置方式，是实际出资人与显名股东之间达成的合意：一方实际出资，而另一方成为工商登记的名义股东对股权进行处置。股权代持在当今经济社会中作为一种商事交易模式是普遍的，但是我国法律法规对于股权代持中的税收相关问题缺乏明确的认定，在实践中对所得税的处理相对复杂，易给投资人带来较大涉税风险，故由此产生的纠纷也在随之增加。司法实践中针对这类案件的审理，常见的争议主要包括：股权转让中

* 韩睿，北京市盈科（兰州）律师事务所律师。

纳税主体的认定、案涉股权归属、增值利益分配等问题。最高人民法院在2011年发布《关于适用〈中华人民共和国公司法〉若干问题的规定(三)》(以下简称《公司法司法解释(三)》),对股权代持的效力作出了合法性认定,也为后续股权代持中纳税主体的认定等税收环节奠定了法律基础。

本文通过分析几个股权代持所得税纳税主体认定的典型案例,以及当前涉税法律背景下学界、实务界对于股权代持所遵循的课税原则的不同态度,旨在探寻将实质课税原则适用于税收立法的可操作性,以期增强税法的稳定性、确定性、可预测性,进一步防范税务执法风险和提高纳税遵从度。

一、典型案例

(一)2015年内蒙古自治区鄂托克前旗人民法院对代持股权转让纳税主体的认定

2015年,内蒙古自治区鄂托克前旗人民法院对一起涉及个税的代持股权转让案件进行了审理。鄂托克前旗人民检察院指控犯罪嫌疑人陈某犯逃税罪,人民法院依法进行了审理。经审理查明,陈某于2004年在鄂托克前旗工商局注册成立了正泰商贸有限责任公司,因注册该公司需要2名以上股东,故陈某让其朋友王某挂名担任公司股东,其中陈某持有公司90.91%的股份,王某持有公司9.09%的股份,公司实际由陈某出资并管理,王某未出资、未参与经营管理,也未从该公司获取任何利益。陈某于2007年12月14日将正泰商贸有限责任公司股权转让给新矿内蒙古能源有限责任公司,共获取股权转让费72,000,000元。鄂托克前旗地方税务局在对其公司股权转让检查时,发现陈某在获得转让费之后,一直未申报缴纳税款,陈某名下应缴纳税额6,778,247.60元(其中包含个人所得税6,545,520.00元、印花税32,727.60元、滞纳金200,000元);王某名下应缴税额657,752.40元,合计应缴税额及滞纳金7,436,000元。经税务机关下达限期缴纳税款通知书后,陈某到鄂托克前旗公安局投案自首。人民法院判决,被告人陈某犯逃税罪,判处有期徒刑2年6个月,缓刑3年,并处罚金5万元。从该判决书可以看出,人民法院只对实际出资人陈某进行了处理,认定陈某的行为违反法律规定,对代持人王某未做任何处理,并且最后税款也由实际出资人缴纳。通过本案的裁判观点可以看出,人民法院在认定代持关系中的纳税主体时,采取了"纳税人的经济实质",即实际出资人为纳税人。

(二)2020年国家税务总局广西壮族自治区税务局第一稽查局对代持股权的纳税主体的认定

广西天盛矿业有限公司(以下简称天盛公司)与深圳市宝源升贸易有限公司(以下简称宝源升公司)签订了《股权收购协议》,约定股权转让金额为5300万元。天盛公司原股东陈某、唐某将所持有的天盛公司股权转让给宝源升公司及其指定方杨某,其中陈某持股60%、唐某持股40%。经向陈某核实:陈某实际持股30%,代李某持股30%,罗某40%股权由唐某代持。

本案中,陈某及唐某均为股权代持人,李某及罗某均为持有该股权的实际出资人。广西税务局作出的处理决定对于股权转让的纳税人是谁、是名义股东还是实际出资人以及税务机关应对谁课税等问题进行了明晰:纳税人为实际出资人,股权转让产生的个人所得税由实际出资人缴纳,并对实际出资人下达了税务处理决定书。

税务机关给罗某的税务处理决定书如下:根据《个人所得税法》第2条第1款第8项、第3条第3项、第6条第1款第5项,《股权转让所得个人所得税管理办法》(国家税务总局公告2014年第67号,以下简称67号公告)第3条第1项、第4条、第5条、第15条、第19条、第20条的规定,罗某转让天盛公司股权给宝源升公司及杨某,宝源升公司向罗某支付了部分股权转让款,并完成了工商的股权变更登记,罗某作为股权实际转让方,是个人所得税的纳税人,应按"财产转让所得"申报缴纳个人所得税,罗某应向国家税务总局南宁青秀山风景区税务局申报缴纳个人所得税。[①]

---

① 参见杨玉宁:《股权代持涉税问题探析》,载《注册税务师》2021年第6期。

（三）2020年国家税务总局厦门市税务局对股权代持双重征税的税收法律问题的认定

2020年，国家税务总局厦门市税务局《关于市十三届政协四次会议第1112号提案办理情况答复的函》，解释了关于股权代持双重征税的税收法律认定问题，函中第2条第2项、第3项这样表述："（二）关于隐名股东纳税义务的认定 1. 隐名股东为自然人的情形。《中华人民共和国个人所得税法》第二条，明确了应当缴纳个人所得税的九种所得，显名股东将取得的税后股息红利所得、股权转让所得，转付给隐名股东（自然人），不属于法律规定应当缴纳个人所得税的所得。2. 隐名股东为企业的情形。《中华人民共和国企业所得税法》第六条规定，企业以货币形式和非货币形式从各种来源取得的收入，为收入总额，包括其他收入；第七条、第二十六条，分别列明了法定的不征税收入和免税收入。据此，隐名股东（企业）从显名股东取得基于代持合同关系产生的所得，不属于法定的不征税收入和免税收入，应当按照企业所得税法规定缴纳企业所得税。（三）其他　关于显名股东（企业）取得股息红利后，转付给隐名股东（企业），隐名股东（企业）是否能够适用'符合条件的居民企业之间的股息、红利等权益性投资收益为免税收入'的问题，由于隐名股东（企业）和显名股东（企业）之间并未构成股权投资关系，隐名股东（企业）从显名股东（企业）取得的收入不符合股息、红利所得的定义，税法也未规定可以'穿透'作为隐名股东（企业）取得权益性投资收益对其免税。"

二、争议焦点

（一）实践层面的争议

从以上三个案例中，可以看出当前我国税务、司法机关对于股权代持情况下纳税主体的认定标准选择适用"实质课税原则"还是"形式课税原则"有所不同。广西税务局与厦门市税务局在"股权转让时纳税主体的认定"问题上持有不同观点，代表了目前税务实践领域中对相关税收规则的适用也存在不同。广西税务局在认定股权转让中的纳税主体时采用的是实质课税原则观点,厦门市税务局则采用的是形式课税原则观点。形式课税的优点在于便于税务机关的税收征管,能够提高执法效率,无须考虑股权代持协议的真假,缺点是可能会导致纳税人重复纳税或多缴税款,难免会忽视纳税人的经济实质。[①] 实质课税原则于19世纪末20世纪初在德国确立,亦称经济实质原则或经济观察法(Wirtschaftliche Betrachtungsweise),因在税法解释方面发挥重要作用而逐渐成为税法的解释原则。该原则强调当行为的法律形式与经济实质不一致时应当抛开法律形式的束缚直接针对经济实质课税。[②] 实质课税的特点更符合"由实际受益人纳税"的经济实质,不会导致多征税款和重复纳税,但是在实际操作层面较为复杂,对税收征管及风险防范存在巨大挑战。

各地税务机关对股权代持纳税主体的认定标准也不尽相同,有些地区的税务机关在实践中采用的是形式原则的标准,有些则采取的是实质原则的标准,对纳税主体认定标准不统一不仅会对代持行为的稳定性产生负面影响,也在一定程度上破坏税法的稳定性和可预测性。在税法规范中,税收债权或税收债务的发生难以通过税务机关和纳税义务人相互约定的方式来进行确定,而应通过涉税法律法规中的相关规定进行确认。这种形式上的理性使得涉税法律具备了稳定和可预期性,也使税务机关的征税权限制在了法条文义的范围之内。然而,有限的税法条文并不能促成税法实质正义的实现,反而会导致纳税人以"法无禁止即可为"的思维寻求避税路径。于是,实质课税原则应运而生。[③]

(二)理论层面的争议

理论界一直以来对于课税环节适用实质课税还是形式课税原则有较大争议,但随着实践中形式课税原则弊端的逐渐暴露,理论界支持适用实质课税原

---

① 参见杨玉宁:《股权代持涉税问题探析》,载《注册税务师》2021年第6期。

② 参见叶姗:《实质课税主义的理论价值确证》,载《学术论坛》2006年第2期。

③ 参见赵世杰:《论实质课税原则在我国税收征管中的适用》,中国政法大学2020年硕士学位论文。

则的声音越来越多，尤其在大陆法系中，适用实质课税原则更有利于纳税主体的观点被越来越多的法律界人士接受。张守文教授在《税法原理》一书中指出："实质课税原则是指对于某种情况不能仅根据其外观和形式确定是否应予课税，而应根据实际情况，尤其应当注意根据其经济目的和经济生活的实质，判断是否符合课税要素，以求公平、合理和有效地进行课税。"叶姗教授认为，"相较于形式课税，实质课税更契合宪法的精神。税务机关作为国家公权力机关行使征税权，国民负有税法规定的纳税义务以及享有宪法保护的财产权，税收法律关系将代表国家公权力的税务机关和国民连接在了一起，如何取得国家征税权与国民财产权之间的动态平衡是税法必须面对的问题"①，也赞同实质课税主义符合税法所追求的实质公平的社会法理念。实质课税主义强调适用税法时必须依照实体或实质认定课税要件事实。法律实质主义是法律的普遍做法，强调当形式与实质不一致时必须依据与实质相对应的法律关系判断其是否符合课税要件；税收实际不能脱离真实的法律关系而直接按照经济上的效果或目的来判断课税要件存在与否。② 葛克昌教授也认为，税收法定原则是形式理性导出的必然，而实质课税主义则是实质理性思考的结果。人们运用形式理性还是实质理性决定在特定情势下如何行动才算正当，这是迥异的思考出发点，但二者其实并不矛盾。实质课税主义的限制是实现其理论价值的必要，是纳税人权利至上主张的体现。纳税人的自我保护能力弱得多要达致国家征税权与纳税人权利的平衡必须突出保护纳税人。人们纳税所依之法须受法律优位与法律保留原则的形式审查、须与宪法的价值观保持一致，征税权因此应受宪法限制而且须有课税正当理由。③

尽管当前理论界更加偏向实质课税原则的适用，然而在我国的税收征收实践中，因实质课税原则适用的合法性与合理性未有法律法规对其明确规定，因此实践中适用哪种课税原则仍然存在较大争议，其具体表现为实质课税原则在

---

① 参见叶姗：《实质课税主义的理论价值确证》，载《学术论坛》2006 年第 2 期。

② 参见刘剑文、熊伟：《税法基础理论》，北京大学出版社 2004 年版。

③ 参见葛克昌：《所得税与宪法》，北京大学出版社 2004 年版。

具体课税环节的适用条件模糊、实质课税原则适用的事实认定不清等。司法实践中,法院在处理股权代持的所得税纳税主体等争议问题时也没有统一的认定标准,不仅可能出现“同案不同判”的情形,还降低了税收的效率,更为重要的是不利于纳税人的权益保障。

实质课税原则并非与其他课税基本原则完全对立,实践中运用实质课税原则可以弥补税收法定原则的形式正义本身所具有的缺陷,同时增强税法在实际运用时的可操作性。同时,实质课税原则对于我国目前反避税措施的提出和应用意义重大,该原则在对避税行为的认定上发挥至关重要的作用。结合典型案例及我国具体实践,实质课税原则是按照经济实质进行课税,即取得不同经济收益的经济主体应当承担不同的纳税义务,但在此过程中税法的稳定性难以保障,因此在适用时需要事前制定相应的规范,避免造成税款流失、税务执法人员涉刑等后果。并且实质课税原则在我国税法领域的适用尚处于起步阶段,相关税法条文规定以及制度尚未完善,其对实践中的税收规则的适用可操作性不强。

三、政策完善及相关建议

通过结合以上案例并从实践、理论层面剖析当前税收政策与不同课税原则适用的优缺点可知,实质课税原则对于股权代持涉税环节而言更有利于保护商事行为,进一步挖掘实质课税原则在实践中存在的缺陷及不足,发现实质课税原则理论中认定的概念、内涵模糊,实质课税原则的具体制度存在效力位阶较低、实质课税原则的适用范围不明确等现象以及相关制度缺乏明确性和可预测性、相关反避税规则与配套规则存在冲突矛盾等问题。尤其是在股权代持的情况下,因代持特性等原因,税务机关无法明确掌握代持双方的具体情况,仅能根据法定的征税规则对纳税主体进行课征,在股权代持这种具有特殊性的民商事行为下,仅根据法定规则计征可能会引发重复征税、多征税及损害纳税人的利益等问题。因此,在股权代持涉税环节中引入实质课税原则,通过经济实质来决定纳税主体,并设置股权代持税务登记备案等制度来精准化、流程化股权代持中的税收执法，以防产生投资主体通过虚构股权代持关系进行避税的税收漏洞。[①]

聚焦实践中出现的问题以及政策制定层面存在的不足，为了有效解决实质课税原则在实践中存在的问题，本文将从理论和制度两方面对实质课税原则进行分析和重构。

（一）将实质课税原则实体法化

实质课税原则本质上适用于税法自身调整对象所具有的特殊性，因此其应成为征税的一般原则。在理论方面，应当明确实质课税原则的内涵和概念、实质课税原则具体制度的效力位阶、实质课税原则与税收法定原则的关系等问题，从而充实实质课税原则的理论。如前所述，实质课税原则和税收法定原则本身具有一定的互补关系，是量能课税原则和税收公平原则的体现。在税收课征领域中，实质课税原则一直发挥着法律原则应有的引导功能。[②] 因此，可借助《税收征收管理法》修订以及增值税、土地增值税等税种立法的契机，将实质课税原则引入法律法规，以法律明文规定的形式将实质课税原则实体法化，以此为引导税务行政执法和税务行政立法活动奠定理论基础。

（二）设立股权代持协议备案登记制度

基于股权代持的主观原因多样，且股权代持协议通常具有私密性。如果要求主管税务机关在税务执法过程中对股权代持协议进行调查认定，不仅会降低执法效率，增加行政成本，也会对商事领域所特有的商业机密制度造成冲击。但若一律按照形式课税原则进行征税，虽然对于税务执法人员更为便利，但对纳税主体可能有失公允。股权代持制度作为一种商事投资形式，有其存在的必

---

① 参见翟继光：《2020 年度税收法治研究综述》，载《税务研究》2021 年第 4 期。

② 参见高金平、钱蓓蓓：《实质课税原则在税务领域的适用研究》，载《国际税收》2023 年第 6 期。

要性和合理性。[①] 在制度方面,应当提升实质课税原则所涉及的制度的效力位阶、明确实质课税原则的立法规定以及完善相关商事环节的反避税规定,进一步完善实质课税原则在规范股权代持中的相关课征制度。因此,认定股权代持主体对于代持的目的是否具有主观故意,即代持协议是否真的基于股权代持而存在十分重要。股权代持必然同公司创设或者股权变动同时发生,没有一种代持能在无股权变动的情况下实现。为了防止虚构股权代持关系,可以利用"代持势必产生股权变动"这一逻辑,构建一套股权代持税收备案登记制度。具体而言,在显名股东取得股权后的法定时限内,代持关系的双方当事人必须向有权管辖的主管税务机关进行股权代持备案登记。在进行备案登记后,由隐名股东作为纳税义务人,并按照法律对该主体所规定的税率和税收优惠进行税收征缴,无论是股权对外转让、隐名股东显名或者股息红利分配,都依照备案的法律关系进行征缴。[②]

同时,备案登记制度随之而来的就是商事主体对于商事机密泄露造成巨额损失及赔偿的担心。但其实我国目前的政策对于商业机密的保护已有较为完善的规定,实践中也可尝试建立相关的税收制度保障商事交易的顺利进行。一方面,主管税务机关对代持协议负有保密的义务。根据《税收征收管理法》第8条的规定,纳税人、扣缴义务人有权要求税务机关为纳税人、扣缴义务人的情况保密。税务机关应当依法为纳税人、扣缴义务人的情况保密。代持双方进行登记备案后,除法律法规另有规定,税务机关不得将相关信息提供给第三方,以保护纳税人的经营信息与商业秘密。另一方面,可构建、完善相应的税收制度以保证股权代持关系的私密性。例如,目前税收征管实践中由扣缴义务人代扣代缴股息红利,但扣缴义务人扣缴时是依照显名股东的课税依据进行扣缴的,在股权代持的情况下,会发生隐名股东应缴的所得税与其实际缴纳的所得税可能

---

① 参见戴嘉锋:《股权代持中的所得税问题探析——论实质课税原则在股权代持中的适用与完善》,载《山西财政税务专科学校学报》2020年第3期。

② 参见戴嘉锋:《股权代持中的所得税问题探析——论实质课税原则在股权代持中的适用与完善》,载《山西财政税务专科学校学报》2020年第3期。

会产生偏差。此时,若隐名股东实际扣缴的所得税大于应缴,那么隐名股东可以依据备案登记的代持协议,要求主管税务机关对多缴的部分进行退税;若隐名股东应缴所得税多于其实际扣缴的所得税,主管税务机关也可要求隐名股东补缴差额。通过备案登记制度,税务机关能够大大降低税收执法成本和风险,纳税义务人也可以防范因代持股产生涉税行政甚至刑事责任。

此外,股权代持协议备案登记制度还可以在一定程度上遏制以非法目的进行的代持。若采取股权代持协议备案登记制度,对于合法的代持,主管税务机关自然需要保守纳税人的个人隐私和商业秘密,但对于违法代持,主管税务机关需要积极配合侦查机关提供相应证据,从多角度、全方位打击经济犯罪。根据《税收征收管理法实施细则》第5条的规定,"税收征管法第八条所称为纳税人、扣缴义务人保密的情况,是指纳税人、扣缴义务人的商业秘密及个人隐私。纳税人、扣缴义务人的税收违法行为不属于保密范围",即税务机关应当依法为纳税人、扣缴义务人的情况保密,但纳税人、扣缴义务人的税收违法行为不在保密范围之内。因此,违法代持必然不敢贸然进行股权代持协议备案登记。对于未经备案登记的代持关系,可以按照其法律形式进行课税,使违法代持无法享受到实质课税原则的优惠,而必须承担较重的税负,相对而言提高了利用股权代持进行法律规避的成本,且有利于抑制此类代持行为的发生。

股权代持所具有的隐蔽性使得商事主体之间、纳税主体和税收征管部门之间的法律关系愈加复杂,若完全按照显名股东的课税要素进行征税,则极有可能发生重复征税或少征税等情况,难以实现税收公平。在股权代持中引入实质课税原则可以在一定程度上化解该难题,通过透视其法律形式下的经济本质,实质课税原则可以实现税收上的实质正义。然而,实质课税原则本身也容易被当作避税通道,因此,在适用实质课税原则时需要进一步完善配套制度设计。完善现有法律制度,在股权代持纳税主体的认定中平衡商事主体的各方利益,构建、完善我国现有各项制度条例,促使我国商事行为更加稳健活跃地发展。

【参考文献】

[1]杨玉宁:《股权代持涉税问题探析》,载《注册税务师》2021年第6期。

[2]王瑞:《关于股权代持法律问题之讨论》,载《法制博览》2021 年第 20 期。
[3]刘迎霜:《股权代持协议的性质与法律效力》,载《法学家》2021 年第 3 期。
[4]叶姗:《实质课税主义的理论价值确证》,载《学术论坛》2006 年第 2 期。
[5]林四季:《股权代持僵局困境的法律分析》,载《法制博览》2021 年第 11 期。
[6]汤洁茵:《形式与实质之争:税法视域的检讨》,载《中国法学》2018 年第 2 期。
[7]戴嘉锋:《股权代持中的所得税问题探析——论实质课税原则在股权代持中的适用与完善》,载《山西财政税务专科学校学报》2020 年第 3 期。
[8]高金平、钱蓓蓓:《实质课税原则在税务领域的适用研究》,载《国际税收》2023 年第 6 期。
[9]翟继光:《2020 年度税收法治研究综述》,载《税务研究》2021 年第 4 期。
[10]徐佳咏:《上市公司股权代持及其纠纷之处理》,载《中国政法大学学报》2019 年第 3 期。
[11]赵世杰:《论实质课税原则在我国税收征管中的适用》,中国政法大学 2020 年硕士学位论文。
[12]陈燕:《有限责任公司股权代持法律问题研究》,华东政法大学 2021 年硕士学位论文。

“一带一路”建设中我国企业“走出去”的税法风险

吕志合*

摘要:“一带一路”倡议的实施让越来越多的企业在跨国投资和国际贸易中受益,也使得我国的对外投资额加速增长。由于“一带一路”共建国家的经济环境与税法制度都有差异,我国与各国之间的双边税收协定还有待完善,在国际反避税的浪潮之下,我国企业在“走出去”的过程中不可避免地会面临各种各样的税法风险。本文从“一带一路”的建设与我国企业对外投资的现状出发,探讨我国企业“走出去”所面临的东道国税制差异风险、税收协定风险与一般反避税规则风险,试图寻找规避以上税法风险的方式并提出建议。

关键词:“一带一路”;跨国投资;税收协定;国际税法风险

一、“一带一路”企业投资的背景与现状

(一)“一带一路”的提出与发展

2013 年 9 月 7 日,国家主席习近平在哈萨克斯坦纳扎尔巴耶夫大学发表演讲时提出了共同建设“丝绸之路经济带”的倡议,同年 10 月 3 日在印度尼西

---

* 吕志合,北京市康达(深圳)律师事务所合伙人,深圳市律师协会税法专业委员会主任。

亚国会发表演讲上提出了共同建设"21 世纪海上丝绸之路"的倡议。这是习近平主席首次提出共建"丝绸之路经济带"的倡议。2015 年 3 月,国家发展和改革委员会、外交部、商务部经国务院联合发布了《推动共建丝绸之路经济带和 21 世纪海上丝绸之路的愿景与行动》,这标志着"一带一路"倡议的正式启动。

"一带一路"倡议是基于国际和国内两方面原因而提出的。从国际环境来看,当时经济全球化、文化多元化、社会信息化的整体趋势,区域经济得到了进一步的深化和发展,中国必须加快构建以我国为主的跨国产业体系。"一带一路"倡议不同于跨太平洋伙伴关系协定(TTP)和跨大西洋贸易与投资伙伴协议(TTIP)等合作机制,后者是相对封闭的自由贸易协定,而"一带一路"倡议是为了维护全球自由贸易体系并打造具有开放、包容、均衡、普惠等特点的区域经济合作框架,推动经济要素在各国之间能够自由有序流动,资源能够得到高效配置和市场能够得到高度融合。同时,"一带一路"的发展将促进新的区域合作模式的形成,提升中国在国际上的地位。从国内的发展需求来看,国内经济为了寻求新常态下可持续发展的新动力,平衡国内对外开放的区域格局,需要建立更加开放的经济体制,促进中西部地区经济跨越式发展,拉近中西部地区与东部地区的差距。

截至 2019 年 1 月 14 日,我国已经与全球 129 个国家和 29 个国际组织签署了"一带一路"合作文件,使"一带一路"成为具有广泛影响的国际新平台。2019 年 4 月 25 日至 27 日,第二届"一带一路"国际合作高峰论坛在北京召开,论坛成为"一带一路"发展过程中的重要里程碑,39 位外方领导人、150 个国家、92 个国际组织、6000 多位外宾参加,其间各方形成了 283 项成果清单和总额超过 640 多亿美元的合作协议。① "一带一路"倡议促进了我国企业"走出去",扩大了各个领域的合作与发展,未来不仅能够释放中国在制造业和基础建设领域的优势,也能为信息技术、能源、环保、城市规划、文化教育等领域提供更大的动力。

---

① 转引自《5 次出访、足迹遍布亚欧 8 国,上半年元首外交"一带一路"成果丰硕》,载中国一带一路网 2019 年 8 月 5 日,https://www.yidaiyilu.gov.cn/xwzx/xgcdt/99102.htm。

(二)沿线国家投资税法环境

"一带一路"倡议所覆盖的主权国家有64个,国土总面积达4135.2万平方公里,人口约33.16亿人,占全球人口比重的43.6%。[1] 参与"一带一路"建设的国家更是多达129个,更有29个国际组织参与其中,"一带一路"朋友圈遍布亚洲、非洲、欧洲、大洋洲、拉丁美洲。[2] 但是,各国之间的经济差距很大,既有波兰、新加坡等高收入国家,也有柬埔寨、尼泊尔等低收入国家,其中还有被联合国认定的最不发达国家,如阿富汗、缅甸、老挝等。各国的政治经济环境以及法律体系、税法制度都存在差异,这些差异是我国企业"走出去"不得不面对的问题。在跨国投资贸易交往中,税收是企业在投资、经营中所要考虑的重要因素之一,只有对国际税收环境、我国与沿线各国的税收协定以及各国国内的税收政策有了充分的了解与研究,才能有效防范税收风险、使企业集团的税收利益最大化。

1. 全球反避税与BEPS行动

随着世界经济的联系日益紧密,国际贸易往来中的税务筹划也越来越常见。各国国内税制的差异,使得大量的跨国企业利用税务筹划在交易往来中进行国际税收套利。这一方面造成了一些国家的税基侵蚀和利润转移,另一方面也扭曲了国际竞争、影响公平交易,影响了国际资源配置。因此,近年来,世界经济合作与发展组织(OECD)开展了一系列针对税基侵蚀与利润转移(BEPS)的研究,并形成了一些具体行动计划,目的在于打击跨国避税行为,这些行动计划包括转让定价、受控外国公司规则以及资本弱化规则等,对各国制定反避税政策文件工作给出了较为明确的指引。

目前包括我国在内的很多国家都在国内税法中引入了OECD所制定的反避税规则。但是,纵观"一带一路"沿线各国的国内税法,只有少数的几个经济

---

[1] 转引自世界银行WDI数据库。

[2] 转引自《数说"一带一路"成绩单》,载中国一带一路网2019年2月18日,https://www.yidaiyilu.gov.cn/jcsj/dsjkydyl/79860.htm。

较为发达的国家有一定的反避税政策。从我国主要投资的几个国家来看,新加坡针对反避税制定了一般反避税条款和转让定价指南,但没有资本弱化、受控外国监管以及相关的披露要求;印度和泰国制定了转让定价指南,也允许纳税人进行预约定价安排,但是在资本弱化和受控外国公司上均无相关的规定和要求;马来西亚制定了反避税通则以及转让定价指南,对资本弱化暂无相关规定;巴基斯坦对于转让定价规则和独立交易原则有明确的规定,在资本弱化方面也明确规定了 3:1 的债资比率,在一般反避税规则上还确立了合理商业目的原则,但是也没有受控外国公司规则。

从以上情况来看,我国企业的主要投资国家均有一定的反避税规定,但是还远远没有达到 OECD 和 BEPS 行动所要求的程度。而其他一些沿线国家,由于经济水平不高或者国内的主要经济来源不是税收等原因,几乎没有制定反避税规则,比如缅甸就没有制定任何反避税规则。但是,不排除未来随着各国经济社会的不断发展,各国会不断建立或完善本国针对税基侵蚀和利润转移的国内税法规范。

2. 目前我国与"一带一路"共建国家签订双方税收协定的情况

签订双边税收协定是解决国与国之间税收冲突最主要的方式,截至 2023 年 12 月底,我国与 111 个国家(地区)正式签署了避免双重征税税收协定,有 105 个已经生效。在"一带一路"共建国家中,我国已经与其中 54 个国家签订了税收协定,与另外 10 余个国家还没有签署税收协定,比如缅甸。虽然未签署双边税收协定的国家尚属少数,但是因为沿线经济的联动性和紧密型,我国企业在投资过程中容易遭受税收冲突或其他税收问题。

另外,我国签订的 107 个避免双重征税税收协定中,很多签署于 20 世纪 90 年代,甚至还有在 20 世纪 80 年代签署的,当时签署这些税收协定的背景是我国属于资本输入型国家,税收协定更关注"引进来"时我国的税收利益,但随着经济社会的不断发展,新的经济形态、新的交易模式不断出现,特别是在新时期我国已经完成了由资本输入国到资本输出国的转变,这些税收协定有些已不能适应当前的情况。当前,我国在签订税收协定时应该更加关注我国在对外投资过程中的利益，这样才能更好地适应“一带一路”的建设发展，保障我国企业“走出去”的税收利益。

3. 共建各国的国内税法环境

“一带一路”共建各国地处亚洲、欧洲、非洲、大洋洲等不同地区，政治、经济、文化环境各不相同，法律体系也有很大差异，在不同的法律体系下，税法制度也各不相同。我国企业在这些国家投资，不得不考虑当地的税法规定，其中会涉及的最主要的税种就是企业所得税和增值税，因此下文将从这两个税种的比较来说明沿线各国的税法环境。

（1）企业所得税

企业所得税在一些国家又称为公司所得税或者利得税，由于“一带一路”共建各国的法律体系不同，税法规定的表现也不同。在英美法系的国家，比如新加坡、马来西亚、印度等国家，企业所得税以法案的形式存在；而大陆法系以及伊斯兰法系的国家的企业所得税以法典、法律的形式存在。

从企业所得税征税的类型来看，大部分国家采取的是对公司和公司股东都征税的形式，对公司的利润征所得税，公司向股东分红时向股东再征一次所得税。但是，有一部分国家为了避免双重征税，对于股东分红的个人所得税可能会降低税负，比如亚美尼亚采取归集抵免制，个人股东就其取得股息所得应缴纳的个人所得税，可以对之前所缴纳的公司所得税进行抵免。马来西亚、新加坡、缅甸在2008年前后实行单一公司所得税制，对所有股东取得的股息不再征税。① 从税率来看，大部分国家的企业所得税采取比例税率，蒙古国、阿联酋、埃及、巴勒斯坦、叙利亚、匈牙利6个国家采用的是累进税率。②

（2）增值税

从增值税来看，我国将增值税纳税人分为小规模纳税人和一般纳税人，且

---

① 参见王文静：《“一带一路”战略下的跨境税收问题初探——基于公司所得税法和国际税收协定的比较》，载《财经法学》2016年第2期。

② 参见王文静：《“一带一路”战略下的跨境税收问题初探——基于公司所得税法和国际税收协定的比较》，载《财经法学》2016年第2期。

适用多级税率。而“一带一路”共建国家有的没有开征增值税,如缅甸仍然征收产品性质的“商务税”,一般税率在3% ~15%不等,特定项目的税率高达120%,其中部分具有特别消费税的性质,很不规范,重复征税是不可避免的。①开征增值税的国家,比如新加坡的商品和服务税(实质上与我国的增值税相同)没有区分一般纳税人和小规模纳税人,并且采用统一的7%税率,②马来西亚2015年4月1日才开征增值税性质的货物劳务税,代替原来的销售税和服务税。③

(三)我国企业“走出去”的现状

根据商务部2018年12月发布的《中国对外投资发展报告》,2017年我国企业对外投资呈现出对外直接投资行业结构持续优化、双向直接投资继续保持净输出、“一带一路”成为投资重点、西部地区对外投资表现突出、境外经贸合作区建设步伐加快等新亮点。2017年中国对外直接投资和中国实际利用外资金额分别为1582.9亿美元和1310.4亿美元,双向直接投资项下资本净输出272.5亿美元,延续2015年和2016年双向直接投资项下的资本净输出态势。

2017年中国对外直接投资涉及国民经济的18个行业大类,流量超过百亿美元的包括租赁和商务服务业、制造业、批发和零售业、金融业等4个行业,相比2016年,减少了房地产业、信息传输/软件和信息技术服务业。制造业对外直接投资流量295.1亿美元,同比增长1.6%,占当年流量总额的18.6%,较上年提升了3.8个百分点,主要流向化学原料和化学制品制造、汽车制造、计算机/通信及其他电子设备制造、医药制造、铁路/船舶、航空航天和其他运输设备制造等领域,实体经济和新兴产业对外投资表现进一步突出。

---

① 参见张杰云:《东盟国家税制比较研究》,载《法治与经济》2017年第10期。

② 参见张健、张婷婷:《增值税纳税人分级分类的比较研究——基于日本、韩国、新加坡的税制分析》,载《湖南税务高等专科学校学报》2016年第2期。

③ 参见张杰云:《东盟国家税制比较研究》,载《法治与经济》2017年第10期。

2017 年中国企业对“一带一路”国家近 3000 家境外企业实现投资,涉及 17 个行业大类,投资总额 201.8 亿美元,较上年增长 31.5%,占中国当年对外直接投资流量的 12.5%,比重较上年提高了 3 个百分点。2017 年,中国对“一带一路”国家和地区的投资主要投向新加坡、哈萨克斯坦、马来西亚、印度尼西亚、俄罗斯、老挝、泰国、越南、巴基斯坦、阿联酋等国家。截至 2017 年年末,中国对“一带一路”国家投资存量达到 1544.0 亿美元。[①]

二、我国企业投资“一带一路”共建国家的主要税法风险

(一)东道国国内税法差异

跨国企业在对外投资过程中,往往需要在当地设立分公司或子公司,将会面临来自母国和投资地所在国税法制度不同的风险,我国企业在投资“一带一路”共建国家过程中,同样面临这样的风险。在“一带一路”各国中,我国企业的投资主要投向东南亚的新加坡、马来西亚、印度尼西亚、老挝、泰国、越南、巴基斯坦,中亚及欧洲的哈萨克斯坦、阿联酋、俄罗斯等国家。

在企业税收居民身份认定方面,各国有不同的标准,泰国和伊朗两个国家采取的是单一注册地标准,并且这两个国家在“一带一路”共建国家中属于企业所得税率中等偏上的国家,因此企业在投资时可以避免在这类国家注册,以避免高税负。同时,如果企业的注册地和实际管理控制机构不在同一国家或地区,要注意避免双重税收居民身份所带来的双重征税的风险。

企业在投资“一带一路”共建各国时还需要对各行业、各领域的税法规定有特别的了解。比如,目前我国企业投资大多集中在建筑领域、装备制造领域以及基础设施产业领域等,这些领域对于大型机器设备的需求量很大,大多企业会采取融资租赁的方式获得机器设备,因此相关企业需要特别注意相关各国的税法对于融资租赁是如何规定的。通常情况下,要注意各国对于机器设备计提折旧在税法上的规定,如果采用的是余额递减法,对企业来说就有一定的节

① 参见 2018 年商务部发布的《中国对外投资发展报告》。

税空间。[①]

另外,我们还需要特别关注各国的税收优惠政策。企业只有充分了解这些优惠政策,才能充分利用和享受这些优惠,才能实现企业收益最大化。比如,在公司所得税方面,新加坡不仅税率低而且优惠力度较大,企业的应纳税所得不超过1万新元的部分免税75%,应纳税所得在1万~30万新元的部分免税50%,符合条件的新成立的公司可以享受3年期的更高比例的免税优惠。[②] 又如,哈萨克斯坦现行的主要税种是个人所得税、公司所得税以及增值税等,如果满足特定要求,资本支出可以享受加速税收扣除的优惠待遇,并且在特殊的经济特区内,属于重点经济行业的投资也可以享受相应的税收优惠。[③]

企业在对外投资的过程中,如果不够了解东道国基本的税收制度则会面临税收因素不确定的税收风险。同时,若不了解企业投资所涉及的行业税收规定以及相关的税收优惠,则会增加不必要的税负。

(二)双边税收协定适用不充分

国与国之间签订双边税收协定主要是为了避免两国对在这两个国家经营的跨国企业双重征税,税收协定一般也会优先于国内税法适用,而且为了促进投资和贸易,一般会在某些条款中约定比国内法更低的税率,如果企业在投资过程中对协定条款的了解程度不够,将导致不能够充分利用和享受税收协定中的优惠。2015年5月21日,国家税务总局国际税务司原副司长王文钦就提到,在不少案例中都存在由于企业对税收协定条款不够了解,导致多缴税款的情形。比如,某家知名企业在国内的公司给在东道国的子公司出租设备,子公司在支付租赁费时,东道国国家按照国内法征税了,没有执行税收协定的优惠税率,企业事后才发现多交了2000多万美元的税款,最后企业向国家税务总局

① 参见庞淑芬、王文静、黄静涵:《"一带一路"下我国企业"走出去"的税收风险解析》,载《国际税收》2017年第1期。

② 参见庞淑芬、王文静、黄静涵:《"一带一路"下我国企业"走出去"的税收风险解析》,载《国际税收》2017年第1期。

③ 参见商务部投资促进事务局、中国服务外包研究中心:《"一带一路"战略下的投资促进研究》。

反映问题后,由国家税务总局出面与东道国税务机关多次协商后才退回了税款。但是这种“先征后退”的方式在实务操作中是很麻烦的,也会增加企业的时间成本。①

另外,企业对税收协定某些概念了解得不够充分也会影响整体的税务安排,比如常设机构条款,我国与“一带一路”沿线各国签订的常设机构条款都有所差异。一般情况下,双边税收协定会把管理场所、分支机构、办事处、工厂、作业场、矿场、油井(气井)、开采自然资源的场所等认定为常设机构。但也有特殊的规定,比如我国与印度尼西亚、老挝、泰国、印度签订的税收协定还将农场或者种植园认定为了常设机构。在核定常设机构利润时,我国与巴基斯坦、哈萨克斯坦、波兰的税收协定中有关于不得扣除费用的特殊规定。这些特殊规定都是企业在规划投资之前就应该重点关注和研究的。

从我国投资涉及的领域来看,我国企业还应特别注意“建筑型常设机构”和“劳务型常设机构”的相关规定,主要注意各税收协定中对于这些类型常设机构认定的时间标准。在“建筑型常设机构”的时间认定标准上,我国与新加坡、印度尼西亚、泰国、巴基斯坦、波兰的税收协定中约定的是6个月标准,与印度的税收协定中约定的是183天标准,与老挝、哈萨克斯坦、伊朗、俄罗斯的税收协定中约定的是12个月标准。在“劳务型常设机构”的认定时间标准上,我国与新加坡、波兰和印度尼西亚的税收协定中约定的是6个月标准,与泰国、俄罗斯之间约定的是183天标准,与哈萨克斯坦之间约定的是12个月标准,但是与巴基斯坦、伊朗和老挝的税收协定中,没有此类型常设机构的约定。②

双边税收协定能够为企业在跨国投资中增加税收的确定性,合理地进行税务安排。在产生税收争端的时候,税收协定也对争端解决的机制和方法有明确的约定。企业在投资“一带一路”沿线国家的过程中,只有对双边税收协定有

---

① 参见深圳市国家税务局、深圳市地方税务局、德勤永华会计师事务所深圳分所:《“一带一路”沿线国家对外投资税务服务手册》。

② 参见庞淑芬、王文静、黄静涵:《“一带一路”下我国企业“走出去”的税收风险解析》,载《国际税收》2017年第1期。

充分的了解和研究后才能避免产生税收风险。

(三)税收管辖权不明确导致重复征税或少缴税的风险

税收管辖权,是指一个主权国家在征税方面所拥有的管辖权力,包含居民管辖权和地域管辖权两种,包括我国在内的多个"一带一路"沿线国家都同时实行这两种管辖权,即海外投资企业既要在企业所在地缴纳相应税款,又要在我国履行相应的纳税义务。目前,我国与"一带一路"沿线的某些国家还没有签署双边税收协定,而没有签署协定会导致各国对跨国经营企业的某些经营事项的税收管辖权存在争议,而且税收管辖权不明致使海外投资企业有重复缴税的可能,大大加重了企业的纳税负担。由于企业往往会通过抬高商品和劳务价格的方式来转嫁部分税负,故我国"走出去"企业的产品很可能丧失在投资地的价格优势,在一定程度上加大了企业税收风险。另外,由于税负过重,一些企业非但不能将海外投资盈利所得输送回国内,甚至会想尽一切办法来避税甚至偷逃税款,此举不仅为企业带来法律风险,还侵犯了我国的国家利益。[①]

(四)被反避税调查的风险

在"一带一路"沿线各国中,很多国家的国内税法还未建立反避税规则,这为我国企业在跨国投资中进行合理的税收筹划带来了一定的空间。但是,随着各国对反避税工作的重视,在 OECD 的倡导下,越来越多的国家在国内税法中引入反避税规则,因此,企业在进行跨境税收筹划时,要时刻关注各国现行的反避税规则,避免税收风险。

比如,处于"一带一路"沿线的日本,其国内税法就有非常完善的反避税规定。在转让定价方面,日本税法规定国际关联公司之间的货物与服务必须符合独立交易原则,纳税人有证明其合理定价的义务,违反上述规定的交易安排会被税务机关调整,纳税人也可以与税务机关签订预约定价安排。在资本弱化方

① 参见方瀚琨、张雅颂:《"一带一路"背景下"走出去"企业涉税风险管控分析》,载《中国乡镇企业会计》2019 年第 1 期。

面,日本税法规定主要对日本公司以及在日本缴纳公司税的外国公司应付其外国控股股东或其他公司的利息做出了限制税前扣除的规定,债资比的安全港比例为3:1,某些债券回购类交易的债资比为2:1,若纳税人能够证明可比日本公司有更高的债资比,才可以适用更高的债资比。在受控外国公司方面,日本税法规定任何有效税负在20%及以下的非日本公司,如果其超过50%的股份直接或者间接由日本股东控制,则该企业可能在税务上直接被视为受控外国公司,那么应该按照持有比例缴纳税金。① 另外,日本国内税法还规定了收入剥离原则、披露规则等反避税规则。

反避税规则,是国际税法中比较复杂的一个领域,也是企业在跨国投资中不得不面对的一个重要税法风险。"一带一路"国家每个的国内税法都不一样,每个国家的经济环境也不一样,并且时时刻刻都处于变化中,对于"走出去"的企业来说,只有时刻关注相关规定,才能规避风险。

三、规避税收风险的主要建议

基于以上对"一带一路"建设状况的分析,以及我国企业在"一带一路"沿线各国投资过程中面临的税务风险问题,本文认为企业应密切关注在"走出去"过程中可能面临的税法风险,合理规避上述风险需要从两方面着手:第一,税务机关应当对在"一带一路"共建各国投资的企业进行相关税法知识的宣讲与培训,推动与"一带一路"共建国家税收协定的签订与修改;第二,企业在"走出去"过程中,要综合比较东道国的基本税法规定和优惠政策,充分了解税收协定的条文,并时刻关注BEPS行动的新发展,关注资本弱化与转让定价等反避税规定。

(一)发挥我国税务机关的作用

首先,我国相关部门应该为"走出去"企业提供必要的投资国税收法律宣讲与培训,比如进行境外投资税收风险提示、提供税收协定以及"一带一路"国

① 参见商务部投资促进事务局、中国服务外包研究中心:《"一带一路"战略下的投资促进研究》。

家税收法律的咨询等,为"走出去"企业提供透明、稳定的投资税收环境,[①]使企业充分了解投资国的国内基本税收制度,使企业能够合理安排自己的投资行为。同时,也应该通过培训、宣传或其他方式告诉企业在境外投资过程中遇到税收争端或税收差别待遇时,应当如何通过合法、有效的手段来维护自身的经济权益。

其次,积极完善我国税法在对外投资方面的规定。我国税法中对外投资的税法规定不够完善,主要体现在税收抵免制度上,自 2017 年 1 月 1 日以来,我国允许对外投资的企业选择"分国不分项"或"不分国不分项"的抵免制度,但企业一经选择,5 年内不得改变。虽然允许企业选择不同抵免制度,对企业已非常有利,但由于企业在对外投资的过程中,遇到的情况远比国内要复杂得多,所以一经选择 5 年内不能改变的规定,对企业却是不利的,建议能够允许企业每年根据实际情况自行选择。另外,还需要进一步完善我国税法中的税收饶让以及纳税申报等制度,为我国企业"走出去"保驾护航,为海外的投资企业提供更优质的税收保障。

最后,加快与还未与我国签订税收协定的"一带一路"共建国家的税收协定签订工作,逐步完善修订现有的税收协定中不适应当前状况的条款。我国在之前签订的税收协定中,大多采取的是资本输入国的立场和态度,但是我国已经转变为资本输出国,并且在 2008 年施行的《企业所得税法》中也确立了资本输出中性原则,[②]因此在新签或修改税收协定的时候时需要站在资本输出国的立场上去考虑相关条款的约定。

(二)加强企业税收风险管理

对企业来说,要规避"走出去"的税法风险,就要重点加强企业税收风险管理。

首先,企业在对外投资之前规划整体投资计划时,要综合比较东道国的基

---

① 参见武永娜:《中国企业海外投资双重征税问题浅析》,载《东方企业文化》2015 年第 15 期。

② 参见吴艳丽:《我国企业境外投资税收问题研究》,黑龙江大学 2016 年硕士学位论文。

本税法规定和税收优惠政策，以便进行合理的投资规划和税收安排。企业必须要充分了解沿线各国的基本税收制度，还需要重点关注各国行业性和区域性的税收优惠政策，如区域性税收优惠政策通常包括了对企业税、商品税等各种优惠，所以对企业来说更具有吸引力，在进行安排时是重要的考虑因素。

其次，企业应研究准备进行投资的东道国与我国的税收协定条款。由于我国已经与超过50个"一带一路"共建国家签订了税收协定，所以只关注东道国国内税法规定的低税率可能是一种错觉，企业在境外享受了低税率之后还需要向我国补缴税款。① 另外，在出现双重税收居民身份时，纳税人可能会面临双重征税。为避免这一风险可以从事先预防与事后救济两个方面入手，事先预防，是指在投资之前充分了解东道国国内法和双边税收协定；事后救济，是指税收协定中通常都会约定在产生双重税收居民身份问题时如何认定，否定一层居民身份的条款，也可以通过相互协商程序条款解决。

最后，时刻关注BEPS的发展与国际反避税新动态。在国际反避税行动的发展下，许多传统的税收筹划框架都已经不再有效，并暴露明显的税收风险。企业在投资"一带一路"国家的过程中，应该对投资所在国甚至其他相关国家的反避税动态进行时刻关注，结合OECD报告的内容，对转让定价、混合错配、资本弱化等税收风险进行排查，对未来可能存在的反避税风险进行预测和预警，提前准备相关披露文档等。具体到我国与"一带一路"共建国家的重点产业合作领域，新型工业模式中的无形资产转让定价、成本分摊协议、选址节约等问题，是"走出去"企业防控反避税调查的重点。②

【参考文献】

[1]商务部投资促进事务局、中国服务外包研究中心：《"一带一路"战略下的投资促进研究》。

---

① 参见庞淑芬、王文静、黄静涵：《"一带一路"下我国企业"走出去"的税收风险解析》，载《国际税收》2017年第1期。

② 参见庞淑芬、王文静、黄静涵：《"一带一路"下我国企业"走出去"的税收风险解析》，载《国际税收》2017年第1期。

[2]深圳市国家税务局、深圳市地方税务局、德勤永华会计事务所深圳分所:《“一带一路”沿线国家对外投资税务服务手册》。
[3]王文静:《“一带一路”战略下的跨境税收问题初探——基于公司所得税法和国际税收协定的比较》,载《财经法学》2016 年第 2 期。
[4]方瀚琨、张雅颂:《“一带一路”背景下“走出去”企业涉税风险管控分析》,载《中国乡镇企业会计》2019 年第 1 期。
[5]武永娜:《中国企业海外投资双重征税问题浅析》,载《东方企业文化》2015 年第 15 期。
[6]吴艳丽:《我国企业境外投资税收问题研究》,黑龙江大学 2016 年硕士学位论文。
[7]庞淑芬、王文静、黄静函:《“一带一路”下我国企业“走出去”的税法风险解析》,载《国际税收》2017 年第 1 期。
[8]张杰云:《东盟国家税制比较研究》,载《法治与经济》2017 年第 10 期。
[9]张健、张婷婷:《增值税纳税人分级分类的比较研究——基于日本、韩国、新加坡的税制分析》,载《湖南税务高等专科学校学报》2016 年第 2 期。

刍议非法收入的纳税合理性

李敬先*

摘要：非法收入是否纳税在我国税收实务界和理论界一直存在争议。本文对非法收入、违法所得的法律内含进行了梳理，认为对非法收入纳税符合税收公平原则，存在合理性。

关键词：非法收入；违法所得；纳税直接税；税收公平原则；税收法定原则

一、问题的提出

由于我国在计划经济体制模式下，受"税收虚无主义"思想的影响，国家财政收入主要依靠国营企业上缴利润，直到20世纪80年代，才实现"利改税"的转变。但是，目前大部分涉及国民经济重大利益部门也多为国家独资经营或控股经营。我国税收收入占GDP的18%，而经济合作与发展组织（OECD）国家占34%。我国公共财政收入、政府性基金收入、社保基金收入、国有资本经营收入的总和才占GDP的34%左右。国家的财政收入呈多元化状态，使得我国的税收制度严重滞后于世界发达国家，与我国目前的经济发展状况极不相称。目前大部分发达国家已经建立起以直接税为主体的税制结构，如美国的直接税

* 李敬先，北京市京师（沈阳）律师事务所副主任、合伙人，辽宁省律协税法专业委员会副主任，沈阳市律协税法专业委员会主任。

比重为82.2%、日本为81.0%、英国为66.7%,大多数发达国家占70.0%左右,我国仅占40.0%左右。

党的十八届三中全会提出,逐步提高直接税的比重。企业所得税、个人所得税是直接税的主要税种。国家先后修订和制定了《企业所得税法》、《个人所得税法》及实施条例以提高直接税的比例。但是在我国的税法中也没有规定非法收入应该纳税,这严重违反税收公平原则,笔者依据现行的法律法规、税收实践及对非法收入纳税的合理性进行探讨。对合法收入依法纳税已取得了人们的共识,非法收入是否作为所得税征收对象一直存在争议。

二、从纳税主体上分析非法收入纳税

(一)从正反案例看我国对非法收入纳税的争议

1. 沈阳市地方税务局向"三陪小姐"征税引发的争议

我国"利改税"之后,尤其是1994年1月1日分税制实施以来,地方政府的征税积极性大大增强,有的地方政府在国家法律制度不健全,为了地方经济的发展,积极探索新的税源,确定新的纳税客体。辽宁省沈阳市地方税务局率先对当时从事非法营业活动的"三陪小姐"发放"纳税证",向其征收定额的个人所得税。此举在当时一度成为社会焦点问题,最大的争议是,向"三陪小姐"征税是否为政府默认了"三陪小姐"的行为合法化。正是当时人们这样的认知,使喧嚣一时的向"三陪小姐"征税事件归于沉寂。

2. 某市税收管理员玩忽职守案件

2009~2010年,某市地方税务局税收管理员王某在工作中发现,其管辖的某公司向外销售房产,但未向税务局申报缴纳税款。随后,王某向某公司下达了限期改正通知书。某公司接到通知后辩称,该项目是自然人李某自己开发的,伪造其公司印章以其公司名义对外销售房屋,与公司无关。王某核实情况属实后就再也没有对该地产项目缴纳税款问题作出任何具体行政行为。2014年9月,某市检察院以玩忽职守罪对王某提起公诉。认定王某玩忽职守,没有对李某下达责令限期改正通知书，没有催缴李某纳税，也没有将涉税案件移送税务稽查部门，致使国家财产遭受重大损失。

法庭上王某辩称，李某的项目未办理土地、规划、建筑手续，属违章建筑，无法对其征税，但已将此案向单位汇报。最终法院判决王某犯玩忽职守罪，免于刑事处罚。

3. 非法收入是否缴纳个人所得税引争议

四川某市一家地产公司非法吸收社会公众资金，2013 年，某市 A 区法院对此作出刑事判决，以该公司犯非法吸收公众存款罪，判处罚金 40 万元人民币，该公司主动缴纳全部罚金。

2014 年税务机关检查时，认为该公司支付给借款人的利息应代扣代缴个人所得税，并根据《税收征收管理法》第 69 条的规定，决定对该公司处以少代扣代缴的个人所得税 50% 的罚款。这家公司遂提起行政诉讼，法院认为地产公司向存款人支付利息是实施非法吸收公众存款犯罪行为的重要手段，存款人从地产公司获得的利息收入无论多少，都不具有合法性。《个人所得税法》第 2 条规定的应纳税个人所得，从本意上理解仅限于个人获得的合法收入，不包括个人获得的不合法收入。因此，存款人从地产公司获取存款利息不属于合法收入，不应征收个人所得税，地产公司没有代扣代缴义务。

（二）以现有的法律为依据对非法收入的主体的法理分析

上面三个案例虽然引起关注与争议，但是都没有从法理或者从税法理论上对此进行全面分析。

目前我国关于征收所得税的法律有两部，即《企业所得税法》《个人所得税法》，依据税收法定原则，纳税主体、课税客体、税率、纳税期限、纳税地点等必须依据法律规定。因此，课税客体或者说征税对象及课税客体中的税目及计税依据也必须是法律规定的。《企业所得税法》第 6 条对征税对象采取正面列举的方式进行了规定，即企业以其收入总额为征税对象，其中第 9 项为“其他收入”。最为特别的是，该法第 7 条规定了不征税收入项目。这是我国《企业所得税法》新创设的一个概念。不征税收入,是指从收入性质的根源上不属于企业营利性活动带来的经济利益,不负有纳税义务,不作为应纳税所得额组成部分的收入。不征税收入与免税收入不同点在于这些收入从根源和性质上,不属于营利性活动带来的经济利益,而是属于专门从事特定目的的收入,这些收入不列入征税范围的收入范畴。

从以上分析我们可知,作为对企业所得税的征收对象除了不征税收入,其他所有企业营利收入都应当征收企业所得税。

《个人所得税法》第 2 条规定的应纳税所得项目 11 项(2018 年修订后为 9 项),没有其他所得征税收入项目,也就是说对个人收入征收的个人所得税目就是法律规定的这 11 项(现为 9 项),依据税收法定原则,税务机关是无权超范围征税的。

从《企业所得税法》《个人所得税法》的规定上分析,个人所得税除法律规定的 11 项(现为 9 项)收税项目外,不能收取个人所得税,即不能超范围征收;企业所得税除《企业所得税法》第 7 条规定的不征税的项目外,税务机关依据企业在税务机关进行的税务登记,依法进行税务管理,只要经营正常,不论经营的收入无论是合法收入还是非法收入均应征税。

现在我们重新审视一下上文的案例,笔者认为沈阳市地方税务局无权对"三陪小姐"过高的收入进行征税。理由一,《个人所得税法》第 2 条明确规定了个人应税所得项目为 11 项(现为 9 项),而且对于第 11 项规定的"其他所得"也进行限定,即必须是经国务院财政部门确定的应税所得。有人认为税法是中性的,并没有规定收入是合法所得,不是非法所得,因此可以对个人的非法所得进行征税,这也是错误的观点。我们应该明确税法是行政性法典,是公法。虽然没有明确规定类似于"罪刑法定原则"的规定。但是,依据行政法原理,行政机关在执法时必须严格按照法律规定,即法无明文规定不可为。理由二,法律规定,在涉及对行政相对管理人利益时,在执行中更不能扩张适用法律。理由三,对于像"三陪小姐"的非法收入,我国行政法、刑法都规定了没收非法所得,无论是从经济角度、社会秩序矫正角度,还是从社会(税收)公平角度,立法目的都得以实现。那么,我们能不能得出这样一个结论,如果对“三陪小姐”征税,政府就认可了“三陪小姐”的违法行为;答案当然是否定的。有这种思维的人,是用民法思维替代了行政法、刑法思维,依据民法理论,向司法机关请求民事权益保护的前提条件是,求得保护的民事权益的法律关系一定是法律所保护的民事法律关系(多数为合法法律关系,部分为不合法法律关系)。但是行政法律关系并没有要求被法律保护利益产生于法律保护的社会关系,如《治安管理处罚法》中的不合法的法律关系产生的后果。甚至在一些民事法律关系中,不法行为(关系)产生的后果也受法律保护。如关于不法侵权行为产生的赔偿,我们不能认为只要赔偿了被害人的物质损失,侵害行为就是合法行为。这样就犯了思维逻辑错误。向“三陪小姐”的非法收入征税是值得肯定的;但尚需法律规定予以完善。从某市税收管理员玩忽职守案件中,我们不难看出,法院的判决是错误的,虽然有些人认为这是法院以司法裁判的形式确认了对违法收入征税取得了合法理由。但是从税收征管法的角度分析,税务机关无权对个人非法所得进行惩罚。笔者认为,以此为典型的不依法裁判的案例,警示司法工作人员依法裁判,让司法工作人员、税务工作人员正确理解《个人所得税法》与《企业所得税法》的差异。

关于前文“非法收入是否缴纳个人所得税引争议”案例,笔者认为,税务机关依据《税收征收管理法》第 69 条的规定,对该公司的代扣代缴的个人所得税 50% 的罚款是错误的。法院认为,地产公司向存款人支付利息是实施非法吸收公众存款罪的行为,存款人取得的利息收入不具有合法性,依据《个人所得税法》第 2 条,个人所得税仅限于个人获得的合法收入,地产公司没有代扣代缴的义务,这样裁判是正确的,但应当向公安机关发司法建议书追缴个人非法所得。如果我们对该案进一步分析,税务机关应当向该地产公司追缴因非法吸收公众存款收入的企业所得税并罚款,依据《企业所得税法》的规定,该地产公司应当履行法定的纳税义务。

三、从“非法所得”的概念对课税对象客体进行法理分析

仅仅依据《企业所得税法》《个人所得税法》分析纳税主体差异,探讨是否

对非法所得征税还不够全面,我们需要在现存的法律中厘清“非法所得”的概念。依据课税要素法定的原则,按照现存法律梳理一下非法收入、非法所得、违法收入等相关概念,进一步探讨非法所得的合理性。

1. 非法收入

依据《经济大辞典》,非法收入是指单位或个人利用不正当手段违反国家的法律和政策规定而取得的财物,如非法倒卖物资、空买空卖、转包渔利、居间牟利、弄虚作假、骗钱牟利、坐地分赃等攫取的非法收入。① 我国法律法规没有对非法收入的概念进行规定,而且依据《经济大辞典》的定义也存在同义语定义的错误。

2. 非法所得

1988 年 1 月 21 日,全国人民代表大会常务委员会发布的《关于惩治贪污罪贿赂罪的补充规定》(已失效)第 11 条规定:“国家工作人员的财产或者支出明显超过合法收入,差距巨大的,可以责令说明来源。本人不能说明来源是合法的,差额部分以非法所得论,处 5 年以下有期徒刑或者拘役,并处或单处没收其财产的差额部分。”这是第一次由立法机关使用的具有专门特定含义的概念。笔者认为,非法所得的外延应包括不法利益或不义之财(不包括盗窃、抢劫取得的财产),也应包括违反行政法规违反公序良俗取得的财产利益。其表现形态可以是具有市场公开性的非法所得,也可以是不具有市场公开性的非法所得。

3. 违法所得

违法所得的概念在《刑法》、《刑事诉讼法》,以及相关司法解释、国际条约、行政执法规范性文件均有使用。

《刑法》第 64 条规定,“犯罪分子违法所得的一切财物,应当予以追缴或者责令退赔”。

《刑事诉讼法》第 300 条第 1 款规定,“对经查证属于违法所得及其他涉案

---

① 参见刘国光主编:《经济大辞典》,上海辞书出版社 1990 年版。

财产,除依法返还被害人以外,应当裁定予以没收”,笔者认为这里的违法所得外延包括直接和间接取得的财产,也包括非法所得产生的孳息和添附。

1995 年最高人民法院《关于审理生产、销售伪劣产品刑事案件如何认定“违法所得数额”的批复》(已失效)规定,“全国人民代表大会常务委员会《关于惩治生产、销售伪劣商品犯罪的决定》规定的‘违法所得数额’,是指生产、销售伪劣产品获得的数额”。1998 年最高人民法院《关于审理非法出版物刑事案件具体应用法律若干问题的解释》第 17 条第 2 款规定“本解释所称‘违法所得数额’,是指获利数额”。2012 年最高人民法院、最高人民检察院《关于办理内幕交易、泄露内幕信息刑事案件具体应用法律若干问题的解释》第 10 条规定,“刑法第一百八十条第一款规定的‘违法所得’,是指通过内幕交易行为所获利益或者避免的损失”。2014 年最高人民法院、最高人民检察院、公安部《关于办理非法集资刑事案件适用法律若干问题的意见》第 5 条第 1 款规定,“向社会公众非法吸收的资金属于违法所得。以吸收的资金向集资参与人支付的利息、分红等回报,以及向帮助吸收资金人员支付的代理费、好处费、返点费、佣金、提成等费用,应当依法追缴”。2017 年最高人民法院、最高人民检察院《关于适用犯罪嫌疑人、被告人逃匿、死亡案件违法所得没收程序若干问题的规定》第 6 条规定:“通过实施犯罪直接或者间接产生、获得的任何财产,应当认定为刑事诉讼法第二百八十条第一款规定的‘违法所得’。违法所得已经部分或者全部转变、转化为其他财产的,转变、转化后的财产应当视为前款规定的‘违法所得’。来自违法所得转变、转化后的财产收益,或者来自已经与违法所得相混合财产中违法所得相应部分的收益,应当视为第一款规定的‘违法所得’。”

《联合国反腐败公约》第 2 条第 5 项规定:“犯罪所得”系指通过实施犯罪而直接或间接产生或者获得的任何财产。

原国家工商行政管理总局 2008 年公布的《工商行政管理机关行政处罚案件违法所得认定办法》将违法所得分为一般认定和特殊认定,对于一般认定原则认为:“以当事人违法生产、销售商品或者提供服务所获得的全部收入扣除当事人直接用于经营活动的适当的合理支出,为违法所得。”

从上面我们的规范性文件中可以得出,“违法所得”既是指违法所得也是指犯罪所得,既是刑法使用的概念也是行政法使用的概念。

我们从法律、法规、行政规章、立法解释、司法解释、国际条约等规范性文件分析,与非法收入有关的概念,包括非法所得与违法所得,既是刑法中的概念也是行政法中的概念。但它们之间有细微的差别。

(1)违法所得的内涵是指实施了法律法规禁止的行为,或未履行法定义务,获取了财产性利益,既可以在刑法中使用,也可以在行政法中使用。而非法所得仅指《刑法》第 395 条,国家工作人员的财产、支出明显超出合法收入的差额部分,且不能说明其合法来源,是否为违反法律禁止行为并没有作出规定。

(2)主体要求不同,“违法所得”主体没有要求,而“非法所得”必须限定在“国家工作人员”范围内。

(3)“违法所得”必须具备违反法律法规的具体行为,“非法所得”只认定超出合理范围的结果即可。

(4)“非法收入”认定的重点在于财产支出的不正当性,“违法所得”认定的重点在于财务获得过程的违法性。

(5)“非法所得”的计算一般扣除合法收入来源和支出计算的数额是较为准确的;而“违法所得”在行政处罚或刑事处罚方面有时是不扣成本的。在刑事案件中没收“违法所得”时,若犯罪所对应的行为附属于犯罪实行行为,不具有独立性,因该行为具有非法性,所以犯罪成本也不应扣除。

四、国外法律对非法收入纳税的启示

虽然在我国对非法收入征税存在一定的争议,但是世界大多数国家都已对非法收入征税。

目前,美国、德国、日本、加拿大、意大利等国家都对非法收入进行征税。但是,大多数国家的立法也经历了从对合法收入征税到对非法收入征税的立法过程。

在美国的早期也是只对合法的收入才征税,美国对非法收入纳税主要源于一个叫阿尔·卡彭(Ai Campone)的黑帮老大,此人在芝加哥杀人越货,贩酒贩毒。由于其做事缜密,贿赂警察与法官,警察无法把他绳之以法。但是一个联邦税务侦探偶然发现卡彭控制的一家赌场隐瞒收入。1931 年阿尔·卡彭因隐瞒个人收入罪被判入狱 11 年。此案推动了美国对非法收入征税的立法活动。在 20 世纪 60 年代,美国联邦最高法院判例确立了非法收入负纳税义务。从此在美国无论是合法收入还是非法收入,只要事实上符合课税条件都必须申报纳税,即便是贩毒盗窃所得。但这不意味着认可了这些非法收入的合法性。至于收入的合法性及所承担的民事责任、刑事责任由司法部门予以裁定。税法只能对纳税人的收入是否纳税,是否违反了税法规定作出判断。在美国联邦税务局的报税指引里,有一项专门说明,告诉纳税人怎么申报纳税收入。如贩毒不申报纳税,被抓时不但追究贩毒罪还要追究逃税罪。因此,在美国贩毒也得纳税申报,一般将非法收入填入纳税申报表(1040 表)的第 21 条即“其他所得”(other income)一栏,这里要求写出收入所得的类型。为防止因此被定罪,纳税人在后面缀上一句“我行使宪法第五修正案的权利”,即“不得在任何刑事案件中被迫自证其罪”。

美国确立对非法收入征税的“立法”过程,给我们很重要的启示,真正体现了纳税公平的实质,纳税人的权益得到了充分的保护,增强了纳税人对国家税收的义务感,也将权利理念渗透到税收法治当中。

五、将非法收入纳入我国税收法治体系的建议(合理性)

1. 从我国的现行立法上分析,除《企业所得税法》规定了不征税的收入外,所有的收入都应当纳税,包括违法收入或犯罪所得。但是这在实际中缺乏可操作性,鉴于目前我国的行政执法状况,应当从立法层面予以明确,财政部门应当颁行有具体操作性的规定,更重要的是理顺好税务部门与公安部门之间的关系。由于多年来我国形成的“先刑事、后民事”的惯性思维,一旦涉及刑事案件,所有的案件就都会排在刑事案件后面,又由于“赃款一追到底”的办案规则,也会与征税形成冲突。

2. 对自然人的非法收入征税是我国税收体系面临的最大问题。首先是理论问题,英国古典经济学家亚当·斯密(Adam Smith)认为,税收公平原则是税收的首要原则。社会财产在人民之间公平分配,这是人类社会无时无刻不在追求的理想,运用税收手段调节和促进社会公平,通过法律确认税收公平原则,使之成为税法的基本原则,尤其是现代社会人们更加重视公平,基本以能力标准衡量税收公平的标准,纳税能力强的多纳税,纳税能力弱的少纳税;收入高、纳税能力强的人少纳税不纳税,对非法行为的收入不纳税完全违背了税收公平原则。尤其我国《个人所得税法》的修订将所有纳税人分为居民纳税人和非居民纳税人,从理论上实现了纳税人地位平等。其次,社会现实存在大量的由于对非法收入不征税造成的社会分配不公,而且由于非法收入无法取得税务发票影响经济发展。对于非法收入,税务机关无法行使征税权利致使税款大量流失,使合法纳税人与非法收入不纳税的人相比,在竞争中处于劣势地位,如无资质建筑承包商挂靠行为败露,导致开发商无法取得发票抵扣造成损失;小产权房出租,因无合法手续不纳税,出租人获取不当利益;非法经营或无营业执照经营收入不纳税。最后,税务机关也曾对非法收入尝试过依法征税,国税函〔1995〕663号文件明确,在境外博彩取得的收入依法缴纳个人所得税,但是由于缺乏立法层级方面的问题,该规定被学者诟病。根据以上分析,对非法收入纳税无论从理论和实践上已具备了条件。

综上,笔者认为对非法收入征税的立法需要进行充分的论证。如果行为人由于贩毒东窗事发,对其既处罚贩卖毒品罪又追究偷税罪,必然加重行为人的负担,这样与我国目前倡导的轻刑化相背离,所以必须对其他法律进行调整,保证法治的整体均衡。笔者认为,对非法收入应当征税,也应当对有非法收入又受到刑罚规制的犯罪行为人分别进行偷逃税和其他犯罪的综合评价。但是走私犯罪行为人的走私行为是作为,不纳税行为是不作为,从刑法的角度分析是两个行为,应当依法追究两个行为的刑事责任,数罪并罚。

总之,对非法收入进行征税在我国具有可行性和合理性。

【参考文献】

[1]李伟民主编:《法学辞源》,中国工人出版社 1994 年版。

[2]刘国光主编:《经济大辞典》,上海辞书出版社 1990 年版。

[3]《美国宪法及其修正案》,朱曾汶译,商务印书馆 2014 年版。

[4]张巍:《中国需要现代化的个人所得税:观英德美法个人所得税》,浙江工商大学出版社 2015 年版。

[5]侯梦蟾:《税收经济学导论》,中国财政经济出版社 1990 年版。

[6][英]亚当·斯密:《国富论》,胡长明编译,重庆出版社 2023 年版。

[7]赵忠义:《私募股权投资基金监管研究》,中国金融出版社 2011 年版。

浅议税法律师应当具备的素质

吴卓芳*

摘要：中国税法律师产生的背景与现状是，第一，税收法定原则是税法律师产生的必然因素。第二，税法律师是中国改革开放大背景下的产物。第三，税法律师的产生是市场经济发展和发达的必然要求和结果。第四，我国税法律师业务是建立在传统律师业务基础上的精细化分工。税法律师的业务范围是传统律师业务范围的衍生与升华。税法律师应当具备的基本素质包括政治素质、业务素质和良好的道德素养。除以上三大素质外，还需进一步提高文化素质，还要提高心理素质。一个国家走向现代化，必然要走向法治化。税法律师会随着税法的不断完善、纳税人权利意识的不断增强成长壮大。

关键词：税法；律师；素质

2018 年是改革开放 40 周年，也是律师制度恢复重建的 40 周年。40 年来，中国律师制度从无到有，律师成为改革开放的主要参与者、积极实践者，有力维护者，顺应了时代之需，发展之需，国家之需，人民之需。在中国，随着“一带一路”倡议的推进，随着国家经济的发展，随着依法治税进程的推进，随着公民纳税人权利保护意识和保护机制的完善，中国经济结构和社会环境发生了翻天覆

---

* 吴卓芳，高级经济师，甘肃法翔律师事务所主任、党支部书记、高级合伙人。

地的变化,伴随巨大的变革,催生了一批新型职业,税法律师行业迎来了前所未有的发展新机遇。

一、中国税法律师产生的背景与现状

首先,税收法定原则,是税法律师产生的必然因素。

税收法定原则,是我国税法的三大原则之一,而且这一原则赋予了我国税法的法律性,法律性是税法的根本原则。正因为税法的这一属性,为律师介入税务法律服务提供了广阔的市场,税法作为一门独立的学科,是以宪法为依据,调整国家与社会成员在征纳税上的权利与义务关系,维护社会经济秩序和税收秩序,保障国家利益和纳税人合法权益的一种法律规范,是国家税务机关及一切纳税单位和个人依法征税的行为规则,是调整税收关系的法律规范的总称,是国家法律的重要组成部分。

在西方发达国家,税法律师由来已久,已经有了几百年的历史,中高收入阶层及企业界几乎都拥有自己的专职税法律师。以美国为例,美国律师于 20 世纪 30 年代起即涉足税务服务领域,在美国目前在册的 120 多万名的律师队伍中,有近 30% 的律师直接或间接从事涉税法律服务。税法律师在发达国家是企业、个人在日常经济活动中无法缺少的专业化律师。2019 年 3 月 7 日,司法部在官网发布,中国已经拥有了 42.3 万名律师,3 万多家律师事务所。但我国专门的税法律师从业人员仅为 2000 名左右,其中将涉税业务作为主业的专业税法律师约 1000 名。涉税律师事务所的税务诉讼案件占全部诉讼案件比例则不足 2% 。

其次,税法律师是中国改革开放大背景下的产物。改革开放以来,我国律师业得到恢复和发展,律师这一“头戴荆棘王冠,手持正义宝剑”的法律卫士,逐渐走进社会生活的各个方面,随着我国改革开放的进展和人民幸福指数的提高,我国高收入人群的不断增加,国家增加税种,国家通过税收促进国民经济的发展,使涉税业务不断发展,法律服务的范围也由普通的诉讼延伸到政治、经济、文化、外交和税务等各个领域,税法律师应运而生。

再次,税法律师的产生是市场经济发展和发达的必然要求和结果。在中国改革开放和开展“一带一路”倡议的背景下,开展全球化贸易中,中国企业走出国门,在企业走向国际化的进程中,开展全球贸易和跨国并购等事务会日益频繁,其中所涉及的税务问题繁多复杂,均离不开税法律师提供的涉税服务,税法律师涉税服务的重要性得以显著体现。

最后,我国税法律师业务是建立在传统律师业务基础上的精细化分工,税法律师是法律服务市场细分和市场需求的产物,国外的税法律师分工精细,以专门的法律业务向客户提供服务,产生了增值税律师、遗产税律师、个人所得税律师等。在我国税法律师虽已初显规模,但仍属于刚刚起步的职业,随着我国税收法治建设的不断推进,税法在现代化建设和人们生活中的作用越来越重要,税法律师行业一定会不断发展壮大并最终成为我国的朝阳产业。税务法制的环境处于不断完善的过程中,更加需要税法律师的存在和帮助。中国的税法律师在国家的经济发展过程当中也将发挥越来越重要的作用。市场对税法律师的需求也将越来越大,市场对税法律师的素质要求也将更加严格。

二、税法律师的业务范围

税法律师的业务范围是传统律师业务范围的衍生与升华。明镜所以照形,古事所以知今。随着民主法治的进步,律师制度走过了创建、取消、恢复与发展的不同阶段,伴随改革开放,走过了40多个春秋。律师业务从最初的刑事辩护发展到民商、行政业务和非诉业务。中国传统律师业务为税法律师的服务领域奠定了基础。

《律师法》对中国律师法律服务业务的范围划分为非诉法律服务和诉讼法律服务两大类。

非诉法律服务包括:(1)接受公民、法人和其他组织的聘请,担任常年法律顾问;(2)为解决某一专门的法律事项提供专项法律服务,如企业改制,重组、破产及为某一事项进行尽职调查或出具法律意见书和法律报告等。

诉讼法律服务包括:(1)接受民事案件、行政案件当事人的委托,担任代理人,参加诉讼。(2)接受刑事案件犯罪嫌疑人的聘请,为其提供法律咨询,代理申诉、控告,申请取保候审;接受犯罪嫌疑人、被告人的委托或者人民法院的指定,担任辩护人;接受自诉案件自诉人、公诉案件被害人或者其近亲属的委托,担任代理人,参加诉讼。(3)代理各类诉讼案件的申诉。(4)接受当事人的委托,参加调解、仲裁活动。(5)接受非诉讼法律事务当事人的委托,提供法律服务。(6)解答有关法律的询问、代写诉讼文书和有关法律事务的其他文书。

我国税法律师的法律服务范围也同样在《律师法》界定的法律服务范围,税法律师提供的法律服务也可以分为两类:

一是非诉税务法律服务。一般包括税务咨询、税务顾问、税收筹划、税务尽职调查、税务审计和知识产权转让纳税筹划,并购重组纳税筹划等。税法律师通过税务策划与企业维权,直接减轻企业税负,帮助企业获取资金时间价值,维护纳税主体合法权益,也为企业开源节流、提高效益作出重要的贡献。

二是涉税争议代理或辩护。(1)涉税代理。税法律师将为从税务听证、行政复议到诉讼(包括行政、民事、诉讼)和仲裁的全过程提供全方位的法律服务,包括民商事案件税务处理、纳税争议行政复议、税务处罚行政诉讼、税务处理案件申诉。(2)涉税刑事辩护。税法律师目前在刑事辩护领域常见的罪名有:虚开增值税专用发票刑事辩护,骗取出口退税刑事辩护,税务渎职犯罪刑事辩护,逃税抗税刑事辩护,重大涉税刑事案件申诉等。

三、税法律师应当具备的基本素质

税务法律服务的专业性和复杂性决定了税法律师是一种需要高智商和高素质的职业,在当前我国的税法不断完善和推进的过程中,维护纳税人合法权益和促进依法治税的落实,打造一批具有高素质的税法律师和建立税法律师事务所就显得尤为重要。

我国律师法对律师的定义是依法取得律师执业证书,接受委托或指定,为当事人提供法律服务的执业人员。据此,税法律师是指依法取得律师执业证书、注册税务师或注册会计师执业证书,接受委托或者指定,为当事人提供专业财税法律服务的执业人员。

税法律师首先应该是律师,律师职业是社会职业的组成部分。一方面律师作为社会的一员,应当遵从社会要求的基本规范。另一方面,由于律师是法律专家,肩负着维护国家法律正确实施,维护当事人合法权益的崇高使命,其还应当具备履行其职位所要求的行业素质,即律师素质。律师素质反映了国家和社会对律师职业的基本要求,论及税法律师的特点和基本素质不能脱离一个国家的社会政治制度和具体国情。因此,税法律师的基本素质包括税法律师的政治素质、业务素质和良好的道德素养。

(一)政治素质

首先,律师首先应当忠诚于党、热爱人民、热爱祖国、继承红色基因,用党的理论滋养专业,以法律的知识服务人民。其次,律师执行党的方针政策的坚定性和自觉性要强。《律师法》第2条、第3条规定,律师应当维护当事人合法权益,维护法律正确实施,维护社会公平和正义。律师执业必须遵守宪法和法律,恪守律师职业道德和执业纪律。律师执业必须以事实为根据,以法律为准绳。律师执业应当接受国家、社会和当事人的监督。律师要坚持四项基本原则,坚持对马克思主义基本原理的学习、思考、感悟,使之内化为一种自身的素养,掌握马克思主义的立场、观点、方法,从而正确地看待事物、分析问题。最后,律师要遵守法律,维护法律和敬仰法律,保持高度的法律意识和坚定的政治信念、鲜明的阶级立场、坚强的革命意志。

(二)业务素质

作为税法律师,除应具备律师执业所要求的政治素质之外,还应当具备税务律师应当具备的业务素质,税法律师既要具备律师从业资格,还必须具备注册税务师或注册会计师资格,因此,税法律师具有财务与法律的双重知识背景,不仅要掌握基本的法学知识,包括法理学、宪法学、刑法学、民法学、经济法学、诉讼法学、国际公法学、国际私法学等基础知识,掌握有关的补充规定和立法、司法解释，具备一定的专业思维、专业理论、实践能力之外，还需掌握大量的税务法律法规及政策。中国税收法律法规政策数量大，并且国家税务系统的规定与地方税务系统的规定又不完全一样，更重要的是，税收法律法规在执行层面又存在多多少少的差别。因此，除非是对税法有着浓厚的兴趣及有顽强的意志，乃至于付出艰辛的努力，否则无法完全掌握复杂的涉税规定。在不同经济法律关系中进行权衡、比较，变通处理相应的法律关系或稍稍调整某些经济活动，以改变其在征纳关系中的法律性质，寻求税赋最优方案，则为税法律师所长及区别于传统律师的关键所在。因此，一个合格的税法律师不仅要具有过硬的税务实操水平，还需具有扎实的税法知识功底和熟练掌握和运用税务策划的基本方法和技巧。

最后，税法律师同样需要精通纳税实务。我国税务理论与实务有一定差距，因此，只有明白纳税实务的知识，才可能将税法律师提供的涉税法律服务真正落到实处，被税务机关认可。而掌握税务实务经验的途径有两个，一是具备税务系统、企业税务部门的工作经验，比如担任税务稽查员、税务师之类的岗位；二是通过合作解决，在合作的基础上同时获取间接纳税实务的经验与知识。在上述基础上，税法律师方能介入司法程序，代理当事人参与税务听证、行政复议以及税务诉讼等涉税争议，有效维护当事人的合法权益。税法律师参与涉税司法程序有助于促进司法程序的公正，也有助于税务部门对纳税人的司法公正性。

（三）良好的道德素养

如果用税法律师应具备的素质和能力垒一座金字塔，道德素质必然位于塔的最底部，为根基所在。如果一个税法律师没有良好的道德素养，那他的业务水平越高，就越可能给委托人造成更大的损失。律师要有高尚的道德情操和道德品质，一方面要按照道德规范进行自我锻炼和自我改造，懂得应该做什么和不该做什么，学会正确区分和评判哪些行为是道德的、哪些是不道德的；另一方面要坚持按照正确的要求来规范自己的行动，提高自己的道德水平，升华自己的思想境界。

涉税法律业务是风险很高的行业,稍有不慎可能引火烧身,因此从事涉税法律业务的律师应该做到真正的正心诚意,不能为客户出偷漏税的歪点子,要坚持诚信为本,操守为重,坚持准则,具有法治观念。因为税法律师往往面对的是大量的财务会计凭证,税法律师还必须具有团队精神和敬业精神。

除以上三大素质外,律师还需进一步提高文化素质,律师职业是一个终身学习的职业。律师职业的性质,决定了律师要管理好时间,与时俱进,养成勤奋学习的好习惯。

律师还要提高心理素质。由于律师执业环境所面对的都是各类诉讼和各类法律问题,时间长了,律师的心理状态也会受到不同程度的影响,这就迫切要求律师提高和改善心理素质。要有顽强的意志、勇于创新的精神,要有宽容的品格、平静幽默的心境,要淡泊明志、保持心理健康,要做到自重、自省、自警、自励。

一个国家走向现代化,必然要走向法治化。奉法者强则国强。中国律师业蓬勃发展,税法律师同样会随着税法的不断完善、纳税人权利意识的不断增强成长壮大。平出于公,税法律师要坚守法治中国不泯之初心,为法治中国迈向更高境界护航远行!

【参考文献】

[1]刘天永:《中国税务律师实务》,法律出版社 2009 年版。

[2][美]N. 格里高利 · 曼昆:《宏观经济学》,卢远瞩译,中国人民大学出版社 2011 年版。

“一带一路”涉税法律服务研究：以规范制作税务文书为视角

武雪君*

摘要：“一带一路”倡议意义重大，而税务合作是“一带一路”合作的重要内容。深化国际税务合作，加强政策对接和征管协作，是“一带一路”建设的重要保障，也是携手共进、合作共赢的必然选择。现如今“走出去”的企业所面临的涉税法律问题越来越突出，做好对“走出去”企业的税收服务已经成为我国税务机关的重要工作。本文将就我国税务机关在“一带一路”背景下如何进一步规范制作税务文书为研究对象，以促进税务文书合法、准确、规范地使用，更好地为“一带一路”建设提供税务支持。

关键词：“一带一路”；税务；文书

“一带一路”倡议的提出是我国深入进行对外开放的重要体现，旨在与共建国家建立新型合作伙伴关系，促进各国共同发展、互利共赢。税收作为影响一国经济和社会的重要因素，是“一带一路”倡议合作的重点。税务机关多层面、多角度、多举措促进“一带一路”国际税务合作，不仅是在落实税收政策，而且帮助企业适应了国外税制，使企业坚定了信心。提供优质的涉税服务，还可

* 武雪君，北京盈科（兰州）律师事务所律师。

以帮助解决企业的涉税难题,为"一带一路"建设贡献更多的税务力量。

在企业"走出去"的过程中,税务机关往往需要对企业进行"双反"等涉税问题调查、辅导企业进行纳税调整、进行相关风险提示、解决涉税疑难问题,而制作涉税文书是不可或缺的步骤,是连接涉税执法程序、体现税务处理方法、还原税务执法行为的必要工具,应当引起税务机关及其工作人员的重视。本文从以下几方面归纳了规范制作税务文书的主要方法。

一、如何选择税务文书

税务文书的种类很多,按不同的标准,可将税务文书分为不同的种类,选择适用文书必须准确、无误。

(一)税务文书应与执法行为相一致

税务文书贯穿税务执法活动的各环节、各程序,并随着税务执法的具体行政行为的发生而产生。这就要求税务执法人员在实施具体的执法行为时,必须选择相应的、准确的税务文书,税务文书必须与具体执法行为相一致,不可张冠李戴,混淆适用或代替适用。如某税务机关在行政诉讼案件审理期间,没有提供《重大税务案件审理纪要》,不符合相关规定。①

(二)税务文书应与执法程序相一致

从法律角度看,执法行为必须要与执法程序相对应,伴随执法程序和行为而产生的税务文书也必须要与执法程序相一致,绝对不能逾越程序而出现税务文书"超前"或"滞后",甚至"空白"的问题。如某税务局作出不予受理决定,但未以正式公文的格式,亦未加盖税务机关的公章,仅在企业填写的申请表"受理意见"一栏中作出不予受理决定,就会导致执法程序"空白"。

---

① 案例来源为笔者参办案件。

（三）税务文书应与执法事实相一致

税务执法行为必须以事实为依据，以法律为准绳。因此，在选择税务文书时，要弄清事实，更要分清情形，准确适用文书，不可发生文书的"名"与执法的"实"不相符的错误。如税务机关制作《冻结存款通知书》向纳税人送达是有误的，《冻结存款通知书》是税务机关依法冻结纳税人在银行或者其他金融机构的存款账户，书面通知银行或其他金融机构协助冻结其存款时，适用制作的外部税务执法文书。税务机关认为有必要对纳税人依法采取税收保全措施，冻结其在银行或者其他金融机构的存款时，应适用制作的是《税收保全措施决定书（冻结存款适用）》。

二、如何具体适用税务文书

具体适用税务文书不准确可能引发法律风险。一是执法文书适用随意，在税务文书适用时未按规定适用所需的文书，如简易程序并不等于没有程序，其仍然是一个完整的执法过程；二是适用过时的执法文书或新旧文书混用，留下潜在的执法风险。

（一）税务文书适用要准确无误

税务文书的种类很多，每种文书都有具体的法定适用对象、适用环节和适用情形，必须根据具体执法事实、情形，选择相应的、准确的税务文书，以保持执法行为、程序、事实和税务文书的一致性。如《税务检查通知书（一）》是税务机关依法对纳税人、扣缴义务人等税收当事人实施税务检查时，适用制作的外部税务执法文书。《税务检查通知书（二）》是税务机关依法向有关单位和个人调查核实纳税人、扣缴义务人等税收当事人相关涉税情况时，适用制作的外部税务执法文书。实践中我们常常看到混用两种文书的情形。

（二）减少适用的随意性、盲目性

对于执法流程和执法文书，要及时学习和总结，减少其运作的随意性和盲目性。如某县税务局向某县矿业公司原股东偷税举报案件的纳税人甲下发了《税务处理决定书》,并邮寄送达本人。后甲的代理律师向某县税务局提交了纳税担保申请书。某县税务局召开会议,集体讨论研究决定,甲提供的纳税保证担保不成立,并邮寄送达了《税务事项不予确认决定书》。甲不服向某市税务局提起行政复议,该市税务局认为甲提供的纳税保证担保不符合条件,作出《行政复议不予受理决定书》。后甲对该《行政复议不予受理决定书》向某市中级人民法院提起诉讼。甲提起行政诉讼后,某市税务局再次对本案进行了审查,发现:行政复议机关收到行政复议申请后,对不符合相关法律规定的行政复议申请,决定不予受理,并书面制作《行政复议不予受理决定书》告知申请人。但本案中,某市税务局是经审理程序后认为甲提供的纳税保证担保不符合条件的情况,复议机关应适用《行政复议决定书》作出行政复议决定,而非作出不予受理决定。因此,某市税务局制作并送达了《撤销〈行政复议不予受理决定书〉通知书》。同日,对甲的行政复议申请作出并送达了《受理行政复议通知书》,对其行政复议依法予以受理。①

(三)应对执法项目的税务文书进行分类梳理

根据各岗位的职责,明确项目操作流程、受理时限、审批权限,规范税务文书在各个岗位间的传递方式和时限,保证文书流转顺畅。如协助执行通知有三种,《协助执行通知书(一)》是税务机关对税收当事人的财产实施税务保全措施后,通知有关部门在财产查封、扣押期间协助中止办理过户手续时,适用制作的外部税务执法文书。《协助执行通知书(二)》是税务机关依法解除对税收当事人的财产实施的税务保全措施后,通知有关部门解除财产过户限制时,适用制作的外部税务执法文书。《协助执行通知书(三)》是税务机关对纳税人、扣缴义务人、纳税担保人等税收当事人被强制执行的财产依法实施拍卖、变卖措施后,通知有关机关协助买受人办理拍卖的动产或不动产的过户手续时,适用

① 案例来源为笔者参办案件。

制作的外部税务执法文书。三种文书名称相似但内涵完全不同，一字之差，谬之千里，应做好分类梳理。

三、如何规范制作税务文书

制作税务文书时，错误往往隐藏于细节之中，即便是适用制定的模板，也要细心，因为有许多地方需要根据具体情况再作修改。没有非常完备的税务文书模板，因为所有的税务行政相对人或案件都有特殊性，模板只不过是把其中的共同点提取出来，格式固定起来；但文书并不是一成不变的，如果疏忽大意，就会导致潜在的风险。

（一）规范制作税务文书文书号

税务文书文书号不规范可能引发法律风险，主要的问题是：文书主体、文书号（字轨号）、文书名称、文书印章不一致，这样就导致一个文书中有两个或者两个以上的行政主体。如果出现这种情形，行政相对人可以此为由拒绝接受税务文书。

税务文书文书号是税务文书的重要组成部分，税务文书的文书号在编写时应当规范、统一，且具有唯一性。一个规范的税务文书应能较好地反映下发税务文书的执法主体的缩写、税务文书名称的简称以及年度和序次等，不会产生歧义，且文书号不存在重复使用情形。

实践中各地的税务文书文书号编制的管理是比较混乱的，其中突出的问题是不能准确地反映执法的主体、税务文书的名称，导致税收执法显得很不严谨。如X县税务局税务分局2018年下发的一份《税务事项通知书》，落款为“X县税务局税务分局”，而文书号却编制为“X税通字[2018]第××号”，造成了文书执法主体越位。首先，明明是税务分局的执法行为，其执法主体缩写却编为“X税”，侵犯了X县国家税务局的权力；其次，写法不规范，没有运用六角号“〔 〕”，序号前加了“第”字，其规范写法应为“X税分通字〔2018〕

××号”。[①] 该案例在很大程度上暴露了税务机关税务文书文书号编制管理上的失严、失真,既影响了税务机关的形象和税收行政执法的质量,也为行政诉讼的败诉埋下隐患。

(二)税务文书文头与签章应一致

应注意税务文书后面落款盖章部分的名称,需和文书前面的前面文头保持一致。如某市国家税务局制作的《税收保全措施决定书》的发文机关与落款签章机关不一致,文书格式不规范(发文机关为市国家税务局、签章为某市国家税务局稽查局)。同时,根据《税务行政复议规则》第16条第1款规定:“对各级税务局的具体行政行为不服的,向其上一级税务局申请行政复议。”该复议规则第17条规定:“对税务所(分局)、各级税务局的稽查局的具体行政行为不服的,向其所属税务局申请行政复议。”如前所述,如果税收保全措施决定系某市国家税务局发文作出的,行政相对人不服该决定,依法应向某省国家税务局申请行政复议;如果税收保全措施决定系某市国家税务局稽查局签章作出的,行政相对人不服该决定,依法应向某市国家税务局申请行政复议。发文机关与落款签章机关不一致同时导致申请行政复议的告知内容错误,最终上述《税收保全措施决定书》依法被撤销。[②]

盖章时还需注意,要加盖行政机关公章,复议时可以用复议专用章,但不允许加盖其职能部门的章;税务文书文本两页以上的,可以加盖骑缝章。如某地方税务局作为行政复议机关在收到某企业的复议申请后,加盖了其内设机构税政法规科的印章并作出《不予受理行政复议申请决定书》,地方税务局税政法规科是该地税局的内设机构,无权以自己名义作出不予受理行政复议决定书,其以自己名义作出不予受理行政复议申请决定,违反了法定程序,依法应被撤销。地方税务局在二审上诉时提出加盖印章错误属于程序瑕疵,不影响结论的

---

① 案例来源为笔者参办案件。

② 案号:(2014)S行初字第118号。

理由,二审法院认为于法无据,最终未予采纳。[①]

(三)严谨填写税务文书

实际工作中常常出现文书填写格式混乱、内容不全、前后矛盾等问题,如没有纳税人代码,没有盖章、签名,税种混淆,项目漏填等。又如文书中"主管税务机关意见"和"认定机关意见"无签章,无意见。税务人员在收集整理资料的基础上,应根据各类文书的具体要求填写各项内容,做到字迹清晰、工整,表述严密、明确、全面,填写完整、规范,应用法律条文要准确、详细,反映的数据、逻辑关系要无误,作出决定的理由不可简化,必须以事实和证据为"支撑",详细进行说理论证。

如某地税局第一稽查局以某公司存在经税务机关通知申报而拒不申报,未缴纳已扣已收税款的行为为由,认定某公司构成偷税,但人民法院审理认为某地税局第一稽查局提交的证据材料不足以证明某公司存在经通知申报而拒不申报的行为,因某公司多次与税务机关沟通,询问其是否存在代扣代缴义务、按何税种税率履行代扣代缴义务、能否在其支付的投资收益差额中扣划其应代扣代缴的应纳税款等,并已提交《承包经营出租小汽车合同》、《补充协议》及《民事判决书》等相关材料,故人民法院认为该公司不存在经通知申报而拒不申报的违法行为,某地税局第一稽查局认定某公司构成偷税缺乏主要证据。[②]

(四)专业准确书写

税务文书语言不准确可能导致对税收违章的事实认定不清,对告知事项表述不明,对税法概念引用不准。如文书上时常出现"漏缴地方各税"的字眼,但税法上并没有"漏税"的概念,"地方各税"也是口语表述,因而这些字眼不能出现在税务法律文书中,更不能以此作为处罚的定律。此外,凡涉及纳税人听证、复议、诉讼等方面的权利应在文书中予以载明,但实际工作中时却往往被忽略。

---

① 案号:(2017)X11 行终 3 号。

② 案号:(2014)S 中法行终字第 538 号。

在税务文书审查中注意语言的运用要准确,尽量不要产生歧义,不要适用模糊的词语,税务文书用词尽量不能适用形容词,避免适用模棱两可的词语如"大约""相当",亦不要泛指如"一切""全部"(若必须用该字眼,就应写下"包括但不限于……"),简称必须有解释,容易产生误解和歧义的词语要进行定义,用词要统一,标点符号亦不可轻视。如某税务局稽查局在《稽查报告》《税务处理决定书》中表述"某县某石料厂(投资人王某)",但该石料厂早已注销,主体资格不复存在,这种表述存在瑕疵,应表述为"原某县某石料厂(投资人王某)"。

适用填写式税务文书应首先熟悉、了解全部栏目以及各栏目中该填写的内容,不能漏填错填,需摘要填写的,应简明扼要、完整准确,还要符合格式要求。同时,在制作各类税务文书时,表述要客观、明细,字迹应当工整、清楚,不得涂改,文字要严谨规范,不能适用易产生歧义的词语,以保证文书的严肃性、准确性。人民法院对于税务文书语言不准确、有歧义等问题一般会在判决书中要求税务机关改正。

(五)相关数据必须精准

税务文书一经生效,便产生一定的法律后果和法律责任。因此,制作税务文书一定要严谨、仔细和认真,而数据作为税务文书的重要组成部分必须要准确规范。税务文书中的数据包括日期、税额、罚款等。制作税务文书的日期必须准确、无误,不得遗漏;数据间的逻辑关系、计算公式必须吻合;大小写必须相符。如某地方税务局在涉案《税收缴款书》中将利息计税金额及天数填写为0;[①]又如某稽查局在认定某企业少缴税款时作出追缴税款的处理和处罚的数额却不一致,属认定事实不清;还有某稽查局在《税务行政处罚决定书》第一部分违法事实所列认定事实错误,该认定事实错误是面积方面的错误,该错误致使作为处罚基础的基数发生变化,从而导致第二部分处罚决定的罚款数额不准

① 案号:(2014)S 中法行终字第 1695 号。

确,最终该处罚决定被依法撤销。① 对于税务文书中数据不规范、不准确等问题一般会在司法判决中认定为事实不清、错误,导致税务文书被撤销。

(六)按照法定程序严格制作税务文书

税务机关实施税务行政执法行为制作税务文书应遵循法律规定的步骤、时间和顺序,手续要齐全并符合法定权限。税务检查人员在实施行政处罚前,不按法定程序告知税收当事人享有陈述申辩权、听证权、复议权、诉讼权,或者将《税务行政处罚事项告知书》与《税务行政处罚决定书》同时发出,或者未等税收当事人提出听证请求的法定期限届满,就发出《税务行政处罚决定书》等行为,都是不合法的。

(七)税务文书受送达人名称应准确无误

税务文书受送达人名称不准确引发行政相对人拒绝签收税务文书或税务文书无法有效送达,还可能导致税务文书被复议机关、人民法院撤销的法律风险。所以税务文书中纳税人、扣缴义务人等税收当事人的名称必须准确,税收当事人的名称一定要书写法定全称,不能简化、不能有差别、不能出现错字。税收当事人是单位的,填写单位全称,即该单位营业执照上记载的名称;税收当事人是自然人的,填写个人姓名全称,即自然人身份证件上记载的名称,不能是曾用名、化名、小名,名称的填写在简易程序中也不能简化。同时如果文书前面是公司名称,后面却变成公司职能部门的名称,也是不被允许的。

较为典型的案例是某国家税务局在行政诉讼中提交了邮政特快专递详情单以证实某稽查局在公告送达之前已向某公司邮寄送达《税务处理决定书》,但该邮政特快专递详情单的收件人为“颜通某”,与该公司法定代表人的姓名“颜建某”不符,且邮件内容也未填写,不能证实某稽查局已向该公司邮寄送达《税务处理决定书》。因此,某稽查局作出的《税务处理决定书》不能视为已有

① 案例来源为笔者参办案件。

效送达。某国家税务局在某稽查局作出的《税务处理决定书》尚未有效送达，并未发生法律效力的情况下，据此作出被诉《税务事项通知书》，既缺乏事实根据，也违反法定程序，最终人民法院依法予以撤销。①

税务执法人员不当适用执法文书引发的风险不在少数，制作不当文书送达税收相对人之后亦存在税务行政复议、税务行政诉讼的败诉风险。落实推进依法治税，不仅要求规范税务执法人员执法行为，同时税务执法人员要充分认识税务文书适用、制作的重要性，严格按照规定的权限、程序适用税务文书，把握以上方法严谨细致制作税务文书。

【参考文献】

[1]刘兵、武雪君编著:《税务文书制作范例大全及风险防控》，法律出版社 2018 年版。

[2]刘兵、武雪君编著:《税务文书制作风险点 168 问与法律责任》，法律出版社 2018 年版。

[3]周畅、覃斌:《关于规范税务行政执法应注意的几个问题》，载《经济视野》2012 年第 7 期。

[4]杨军旭等:《日常税务文书问题初探》，载《税收与企业》2013 年第 S1 期。

① 案号:(2014)S 中法行终字第 1445 号。

出口退税中虚假备案单证的认定标准分析

元　武　翁启标*

摘要：出口退税争议案件以骗取出口退税和虚假备案单证为主，现阶段税务机关对虚假备案单证的认定过于粗放。因备案单证被认定虚假将直接导致不予退税，所以税务机关应当对虚假单证采取更加谨慎严格的认定标准。对于格式不相符但实质内容一致的单证，不应认定为虚假单证。对于内容不一致的单证，只要企业能够提供合理解释，也不应认定为虚假单证。

关键词：行政比例原则；备案单证；虚假提单；认定标准

一、备案单证制度的历史发展

备案单证制度是我国出口退税制度的重要组成部分，查验货物出口的真实性是税务稽查的难点，因此国家税务总局创设了备案单证制度以便能够更加简单地查验出口退税的流程。但由于备案单证仅是原则性规定，并未出台具体细则，个别税务稽查机关为了避免自身执法风险，强加给纳税人更多义务，粗暴执法，机械地理解虚假备案单证。

（一）备案单证的法律规定

2005年12月13日，国家税务总局下发《关于出口货物退（免）税实行有关

* 元武，哲学学士，专职律师，从事律师工作20年。翁启标，法学硕士，福建至理律师事务所律师。

单证备案管理制度(暂行)的通知》(国税发〔2005〕199 号,已失效),决定对出口企业退税试行备案单证制度。但当时备案单证存在两种方式,一种是审批制,需要将单证装订后提交,另一种是备查制,只需要存放在固定地点备查即可。

2009 年 3 月 6 日,国家税务总局下发《关于简化出口货物退(免)税单证备案管理制度的通知》(国税函〔2009〕104 号,已失效),对出口企业不必再将备案单证装订成册提供给税务机关,而全部采用备查制。自此,出口退税的备案单证制度正式确立。

2012 年 6 月 14 日,国家税务总局下发《关于发布〈出口货物劳务增值税和消费税管理办法〉的公告(一)》(国家税务总局公告 2012 年第 24 号,部分失效),对出口退税的相关规定进行了清理、完善。其中第 8 条第 4 项规定,备案单证包括三部分单证:(1)购货合同;(2)出口货物装货单;(3)出口货物运输单据。第 3 项的“出口货物运输单据”是税务机关稽查的重点,尤其是海运提单。本文主要针对备案单证中的海运提单展开讨论。

(二)备案单证制度的立法目的

出口退税制度在促进出口贸易的同时,也催生许多投机取巧的不法分子,通过骗取出口退税牟取利益。对税务机关来说,只有真实出口的货物才能够享受出口退税的优惠政策,但要想知道一批货物是否真实出口,始终是税务稽查中的一大难题。如果要证明货物没有真实出口这一消极事实,税务机关需要向海关、船公司、货代公司、集装箱公司等相关单位调取大量数据,工作量和难度非常之大,但税务机关的人员和经费有限,无法完成如此繁重的举证义务。如果能将这一消极事实转化为备案单证齐全这一积极事实,将大大降低税务稽查的难度。因此,为了遏制骗取出口退税的行为,备案单证制度应运而生,税务机关通过核查备案单证的方式来验证货物是否真实出口,从而推断出企业是否存在骗取出口退税的行为。这便是自 2006 年起实施的备案单证制度的由来。

二、虚假备案单证认定应适用严格的证明标准

(一)虚假备案单证将带来严重后果

根据国家税务总局《关于〈出口货物劳务增值税和消费税管理办法〉有关问题的公告》(国家税务总局公告 2013 年第 12 号,部分失效,以下简称 12 号公告)第 5 条第 8 项的规定,“出口企业或其他单位未按规定进行单证备案(因出口货物的成交方式特性,企业没有有关备案单证的情况除外)的出口货物,不得申报退(免)税,适用免税政策。已申报退(免)税的,应用负数申报冲减原申报”。换而言之,即使企业证明了货物确实真实出口,但只要备案单证不合规,仍然不得申报退税,仅可适用免税政策。

除此之外,根据 12 号公告第 5 条第 9 项的规定,“出口企业或其他单位出口的货物劳务,主管税务机关如果发现有下列情形之一的,按财税〔2012〕39 号文件第七条第(一)项第 4 目和第 5 目规定,适用增值税征税政策。查实属于偷骗税的,应按相应的规定处理……14. 出口货物的提单或运单等备案单证为伪造、虚假”,如果提单被认定为虚假,则不仅不能申报退税,也不能适用免税政策,而应当视同内销,适用增值税征税政策。

(二)根据行政法的比例原则,应当谨慎认定虚假备案单证

国家税务总局如此规定,虽然在一定程度上降低了骗取出口退税的风险,但也“错杀”了不少企业。仅以未完成备案单证义务为由,即剥夺企业的出口退税权,可以说这是一项十分严格的规定。根据行政法的比例原则,行政权力所采取的措施与其所达到的目的之间必须成比例或相称,换言之,严重的处罚后果应对应相对严格的证明标准。正是因为虚假单证将带来严重的处罚结果,如果采用宽松的标准认定虚假单证,显然不当。

(三)行政诉讼的证明标准——明显优势证明标准

多年来的行政审判实践和法学界的研究表明,行政诉讼的证明标准基本上

倾向于根据案件的不同性质和情况,以采用明显优势证明标准为原则,以优势证明标准和“排除合理怀疑”证明标准为补充。①

在行政法律关系中,由于行政主体是依法享有国家行政管理职权,代表国家独立进行管理并独立参加行政诉讼的组织。在行政程序中,行政主体始终居于领导、支配、主导地位,享有某种管理特定事务的职权,可以以自己的名义对外行文,以自己的名义作出处理决定。而行政相对人在行政程序中始终处于被领导、被支配、被管理地位,只能在法律、法规允许的范围内处分自己的权利。这种地位上的不平等,导致行政主体在处理事务上享有法律赋予的某些特权,调查某些事项时较行政相对人更容易,更易于全面调查收集相关证据,以保证其所作出的处理决定事实清楚,证据确凿充分。所以,我国《行政诉讼法》规定被告要对其作出的具体行政行为负举证责任以证明其作出的具体行政行为合法有效。行政相对人也可能提供相关证据,但多数情况下均不如行政主体提供的证据全面、系统。所以,行政诉讼原则上采用明显优势证明标准既符合我国行政诉讼法的立法本意,又能体现公正、公开、公平的原则。

适用明显优势证明标准应当符合一定的要求:一是双方当事人提供的证据的证明效力相比较,一方当事人提供的证据证明效力具有较大的优势;二是该优势足以使法庭确信其主要的案件事实真实存在,或者更具有真实存在的可能性。采取明显优势证明标准为原则时,虚假备案单证的证明标准至少应当做到:足以证明现有备案单证内容不实,并且能够提供真实备案单证对抗反证。

以“排除合理怀疑”的证明标准为补充是针对涉及拘留等限制人身自由、较大数额罚款的行政处罚以及强制措施、责令停产停业和吊销许可证和执照等对行政相对人人身或者财产有重大影响的行政案件,参照刑事诉讼的证明标准而适用的又一种更加严格的证明标准。对于出口退税争议而言,退税金额动辄上千万元甚至上亿元,对于企业的财产有重大影响,在排除合理怀疑的证明标准为补充时,虚假备案单证的证明标准至少应当做到:排除签发单位提供虚假

---

① 参见《行政诉讼证明标准的适用》,载中国法院网,https://www.chinacourt.org/article/detail/2004/08/id/128191.shtml。

的反馈信息、排除形式不符但实质相同的情况、排除单证信息校对错误等情形。

三、虚假备案单证的审查标准分析

(一)税务机关认定虚假备案单证的常见思路

由于出口贸易的复杂性,税务机关很难准确查询到货物的真实信息。因而税务机关将检查的对象从货物信息转向备案单证,稽查内容从骗取出口退税变成了查处虚假备案单证。在虚假备案单证的案件中,又以海运提单为绝大部分,以下主要针对海运提单展开论证。

根据已公开的裁判文书及实践经验,目前税务机关主要采取三种方式对海运提单的真伪进行核实:第一,根据海运提单上的 logo 和签发人字样,查找到签发人(船公司或货代),由签发人鉴别提单真伪并提供书面的情况说明。第二,根据报关单和备案提单上的出口口岸、出口日期、集装箱号、提单号等内容,到口岸港务公司取证承运货物的船公司名称,再到船公司调取真实提单,将真实提单与备案提单进行比对。第三,根据船公司提供的真实提单,向提单指向的货主和供货商询证,验证货物的真实流向。①

(二)税务机关未采取谨慎审查标准

1. 签发人的身份可能认定错误,从而得出错误鉴别结论

查找签发人最简单的方法就是根据提单上的"签发人"一栏和提单上的 logo 判断,但是在通过海运方式的国际贸易交易中,提单签发人往往是大型跨国企业,仅在国内就有诸多分公司,在各公司之间、总公司和分公司之间的数据库往往是没有联网的,其中不少还是代理机构,信息无法联网。如果提单是深圳分公司出具的,而税务机关向广州分公司询证,那么广州分公司在提单数据库中

---

① 参见郑州市中级人民法院行政判决书,(2018)豫01行终416号;江苏省南京市中级人民法院行政判决书,(2017)苏10行终184号;江苏省常州市新北区人民法院行政判决书,(2015)新行初字第186号。

未查到该编码,就很可能就会得出"该提单不是我公司出具的"这一结论。

此外,实践中大量存在船公司提单与货代提单、船代提单不一致的情况,而用于进行备案的单证可能是上述三种提单的任何一种。仅船公司的海运提单正本才能够在目的港提取货物,货代提单和船代提单都是签发单位根据海运提单正本所反映的内容自行制作的。这些自制提单不仅可能在格式上存在差异,甚至有的货代公司为了商业秘密需要,用其他签发单位的函头套打出备案提单,再提供给出口企业。对绝大部分出口企业来说,他们没有能力判断提单来源的真实性,仅能对提单与报关单、装货单、购销合同等材料进行形式审核。税务机关如果根据套打提单的函头 logo 判断签发人,那么显然无法找到真实的提单签发人。

2. 仅凭签发人的函复认定提单虚假,明显证据不足

即使税务机关找到了准确的签发人,但仅以函复来认定备案提单虚假,仍欠缺足够的说服力。由于税务机关向提单签发人函询中提供的提单编码不是签发人系统中的正确编码,或者提单签发人在审查函询编码中出现遗漏、未认真审核、提单过时销毁等因素,均可能造成函复税务机关时出错。因此,税务机关想要充分证明备单提单虚假与否,应当调取真实提单并对内容进行比对。

因此,仅凭备案单证的 logo 和记载字样不足以认定真实的签发单位,更不能仅凭这些待证的签发单位作出的鉴别意见来直接判断备案单证的真伪。

(三)虚假备案单证认定的应然严格标准

目前税务机关对备案单证的审查仅采取唯一的认定标准:备案单证与船公司提单或报关单等其他单证是否完全一致,如果不一致,即认定为虚假备案单证。但笔者认为,备案单证是反映货物真实出口的辅助证据,不应限定于表现形式,只要备案单证反映的货物信息真实,即满足备案标准。

1. 调取船公司提单,比对备案单证

要想证伪一项事物,最有力的方法就是提出反证。换言之,税务机关要证

明备案单证虚假,就应当提供真实的备案单证进行比对。根据集装箱号指向的船公司,向船公司调取第一手的船东提单。但在同一笔业务中,报关单中的集装箱号、出口日期所指向的真实船公司提单是唯一的。税务机关应当以出口货物报关单上的集装箱号为线索,向集装箱所属的船公司调取数据,验证集装箱装载的货物走向。由于现有的集装箱号均采用 ISO6346(1995)的国际标准进行编码,每一个集装箱的编码均为全球唯一,完全可以反映货物的真实承运人(船公司)。根据船公司提供的船东提单,比对备案单证上反映的信息,只有单证内容不一致,才可能属于虚假备案提单。

2. 实质内容一致,仅格式不符,不属于虚假备案提单

如果因无法取得正式提单,货代公司将格式不同的自制单证交给出口企业作为备案单证,也不能直接简单地认定为虚假备案提单。在出口贸易实践中,出于成本考虑和商业秘密等原因,大部分的出口企业没有直接向船公司订船,而是通过货代公司、船代公司等中间服务商订船订舱。虽然这些中间商提供的单证大部分不是正式提单,但单证上的内容与正式提单一致,能够印证货物的物流信息,证明货物真实出口。

福建省高级人民法院在(2015)闽行终字第 247 号行政判决中的观点是,“209 单套用 SUPER STAR FORWARDING CO. LTD 格式的单据,是货代公司提供给上诉人的,能够真实反映上诉人货物交付给货代公司出口的凭证,虽然上诉人提供的备案单证格式不符,但确有真实货物出口,不应认定为虚假备案提单”①。由此可知,只要货物真实出口,且备案单证的实质内容与船公司提单一致,也应当认定为合规的备案单证。

国家建立备案单证制度的目的是“防范骗取出口退税违法活动”,而申报出口退税必须提交的是“二单一票”,即“出口报关单、外汇核销单、增值税专用发票”,要求出口企业单证备案是作为验证“两单一票”货物已经出口的辅证。备案单证不一定需要原始单证,虚假备案单证只能是出口企业没有真实货物出

---

① 福建省高级人民法院行政判决书,(2015)闽行终字第 247 号。

口,提供伪造的本不存在的凭证、单据。

如果因涉及商业秘密,货代公司无法取得货物的正式提单而使用套用的格式收据提供给出口企业,但该单证能够真实反映出口企业货物交付给货代公司出口的凭证,虽然备案单证的格式不符,但确有真实货物出口,不应认定为虚假备案提单。

3. 实质内容虽不一致,但有合理原因,不属于虚假备案提单

如果货代公司提供的备案单证与船公司提单或其他单证内容不一致,但是出口企业能够做出合理解释,并提供了相应证据,也不能认定为虚假备案提单。出口企业的备案单证可能因存在拼柜、翻译误解、品名上下级等问题,导致货物品名与报关单不符,被税务机关认定为虚假备案单证。

(1)拼柜问题。外商从出口企业购买货物时,可能将多批货物放入同一个集装箱,但是每一批货物又来自不同的出口企业。由于每个出口企业都需要对自己的货物进行报关,所以同一个集装箱的货物可能对应多份报关单。然而为了方便外商在目的港提货,一个集装箱的货物大多只有一份海运提单。最终造成海运提单上列明的商品名称多于报关单的情况,税务机关以此认定虚假单证,显然不合理。

(2)翻译误解问题。部分货物在海运提单上记载的品名翻译成中文与报关单不符,原因在于备案提单上的英文品名可能是描述货物的款式、材质等。例如,报关单上为手提袋的货物,提单上可能记载"silver chain""aluminum chain""zinc chain",即银制链带、铝制链带和锌制链带,其描述的是手提袋把手的材质,主要用于区别款式,实际上是同一批货物,不应认定虚假备案单证。

(3)品名上下级问题。部分货物在备案提单上记载的品名是报关单上货物的总称。例如,报关单上记载的是各类书桌、椅子等,而备案提单上记载的是"furniture"(家具),二者实际上是同一批货物,同样不应认定为虚假备案单证。

四、企业视角的合规与救济

(一)完成备案单证义务的建议

打铁必须自身硬,企业合规的前提是货物真实出口,并履行了备案单证的义务。首先,出口企业应尽可能确保备案单证的内容与货物出口的信息一致。出口企业从船公司或货代拿到备案单证后,应当严格核对单证上的信息是否与报关单、购销合同等其他单证相一致。其次,如果企业自查中发现单证间内容不一致的,要自查原因并保留相应证据作出合理解释,同时应当第一时间向签发人询问原因,并要求提供说明。最后,出口企业要避免受理完全没有备案单证的业务。无法提供备案单证的业务,不可申报出口退税,企业要留意巨大的税务风险和刑事风险。

此外,出口企业开展业务前应当实地前往供应商的工厂查看,尤其是高危产品如家具、服装、茶叶、海鲜,应当审查供应商的生产能力与供货能力是否匹配,避免发生供货商骗税后走逃的情况。

(二)企业被认定虚假备案单证的救济思路

1. 提供纳税担保并积极行使行政救济权利

一旦出口企业提供的备案单证被税务机关认定虚假备案单证,税务机关将作出《税务处理决定书》向企业追回已退税款,未退税款不予退税。根据《税收征收管理法》第88条的规定,企业应当先依照税务机关的纳税决定缴纳或者解缴税款及滞纳金或提供纳税担保,才能提起行政复议;对行政复议不服的,可以提起行政诉讼。但是大部分企业的账户没有大量现金,无法在短时间内筹集资金,因而建议企业提供纳税担保。例如,出口企业可以用其他应退税款等作为纳税担保,提供纳税担保后,及时向上级税务机关提起行政复议。

2. 查找货物真实信息作为反证

对税务机关来说,证明单证虚假需要调取全部货物交易信息与备案单证进行比对。相反,企业只需要提供一个真实的货物信息,能够证明货物的真实信息与备案单证相符,即可完全推翻税务机关作出的处理决定。

3. 找到真实的签发单位,并提供反证

对于只有签发单位出具的书面意见,作为唯一证据证明备案单证虚假的情况,企业应当积极向真实的签发单位核实情况。由于税务机关询证的签发单位可能存在错误、询证函中的提单编码可能存在遗漏、提单可能超过签发单位保存时限等原因,税务机关认定虚假备案单证的结论可能是错误的。企业只要能够找到真实的签发单位,并由其出具新的情况说明,就可推翻税务机关认定的事实。

五、结语

税务机关认定虚假备案单证应当采取严格的证明标准,必须是伪造、虚构不存在的凭证、单据才可以被认定为虚假备案单证。税务机关应当调取船公司提单比对备案单证,格式和内容完全一致、格式不符但实质内容一致、实质内容不同但有合理原因的三种情况都不应当认定为虚假备案单证。

【参考文献】

[1]李强、王文清:《出口货物备案单证:看似事小 实则紧要》,载《中国税务报》2016 年 1 月 22 日,B06 版。

[2]王文清、贾小龙、沈祥:《大数据条件下加强出口退(免)税管理的建议》,载《中国税务》2018 年第 11 期。

[3]朱桂明:《外贸企业出口退税常见问题分析》,载《对外经贸实务》2018 年第 7 期。

“一带一路”倡议下的跨境电子商务零售商品进口税收征管问题

周文杰[*]

摘要:“一带一路”的深入发展带动了新亚欧大陆桥经济带的跨境电商的大力发展。跨境电商不仅使商品进行了互通有无,也使网络的文化进行了碰撞与交流,从而打通了一条“网络丝绸之路”。但在产品互通有无的同时,跨境零售商品的税收也是一项亟待完善的重要问题。本文主要从跨境电子商务零售商品的进口税收方面进行简易论述。

关键词:跨境;电子商务;零售;进口;税收;行邮税

一、概述

“一带一路”倡议自 2013 年提出已逾 10 年,该倡议是中国丝绸之路的延续,也是我国与现代西方国家友好交流的路径。为了消除贸易壁垒,我们在“一带一路”的倡议下,大力发展跨境电子平台,以达到资源的高效配置和有序流动。“一带一路”主要分为北线(中国—俄罗斯—北欧)、中线(中国—中亚—西亚及中东—中欧—西欧)、南线(中国—东南亚—南亚—东非—南欧)。目前,我国跨境电子商务业务在“一带一路”共建国家迅速发展,例如我国跨境电

* 周文杰,甘肃勇盛律师事务所主任,甘肃省律师协会直属分会副会长。

商占瑞典网购额的三成,我国网店在俄罗斯跨境电商中的份额超过2/3。[①] 据海关总署统计,2018年通过海关跨境电子商务管理平台零售的进出口商品总额是1347亿元,增长50%。其中出口561.2亿元,增长67%,进口785.8亿元,增长39.8%。[②] 随着全球网络用户的增多,跨境电商带来的零售进口收入只会越来越庞大,据此进口商品的征税问题不容忽视。

二、跨境电子商务中邮递商品进口纳税的问题

跨境电商零售主要指企业与个人之间的B2C业务,如天猫国际、网易考拉海购、海淘、亚马逊等网站,在国外有自己的海外仓,国内保税区有自己的仓储,其从境外进口大批货物,储存在保税区的仓库,电商网站的用户通过其网站下单,电商平台直接从保税区发货。此外,以微信、微博等平台为主的个人与个人之间的C2C模式的境外代购业务也很常见。C2C模式的跨境代购业务的征税目前尚属于灰色地带,但本质上来讲,以营利为目的的大量个人之间的代购业务属于走私行为,由于个人代购的隐蔽性,个人的海外代购业务被海关查到的情况尚且较少。就盈利与交易情况来看,跨境企业与企业之间的B2B、B2C业务在跨境零售商品交易中占主要部分。

1. 纳税主体

《海关法》第54条规定:"进口货物的收货人、出口货物的发货人、进出境物品的所有人,是关税的纳税义务人。"在C2C及B2C模式下的跨境零售行业,网络购买用户一般为进口货物的收货人,其为进口关税的纳税义务人。又根据2016年4月8日实施的财政部、海关总署、国家税务总局《关于跨境电子商务零售进口税收政策的通知》(财关税〔2016〕18号)(以下简称《18号文》)中规定购买跨境电子商务零售进口商品的个人为纳税义务人,电子商务企业、电子商务交易平台企业或物流企业可作为代收代缴义务人。一般地,进口商品

① 参见孙韬:《跨境电商与国际物流:机遇、模式及运作》,电子工业出版社2017年版,第19页。

② 《新闻办就2018年全年进出口情况举行新闻发布会》,载中华人民共和国中央人民政府官网,http://www.gov.cn/xinwen/2019-01/14/content_5357666.htm#1。

的所有者为纳税主体，该规定将购买商品的个人定为纳税义务人，购买者缴纳的商品税费在网络上支付商品价格时同时缴纳，商品入境时，由电子商务企业、电子商务交易平台或物流企业代缴相应的进口税费额，顺应了互联网购物的简易、方便的特点。

其他的形式比如“人肉背回”的 C2C 代购行为以及将在国外的购物网站上购买的商品邮寄到境内，该些类别的进口行为实际操作中仍然依照《进出口关税条例》相关规定缴纳行邮税，纳税义务人为“携带物品进境的入境人员、进境邮递物品的收件人以及以其他方式进口物品的收件人”。

2. 征税对象

2014 年海关总署发布 56 号、57 号文件鼓励跨境电商的发展，我国的跨境电商在这几年大踏步发展，随之而来的问题是欠缺与之匹配的税法等方面的规定。《18 号文》明确进口商品不再按照“物品”征收行邮税，而是按照“货物”征收关税和进口环节的增值税、消费税。这里就需要区分“物品”及“货物”两种概念的适用情形。

《18 号文》中明确提到“货物”的范围为：(1) 所有通过与海关联网的电子商务交易平台交易，能够实现交易、支付、物流电子信息“三单”比对的跨境电子商务零售进口商品；(2) 未通过与海关联网的电子商务交易平台交易，但快递、邮政企业能够统一提供交易、支付、物流等电子信息，并承诺承担相应法律责任进境的跨境电子商务零售进口商品。除以上两类进口商品外，如果无法提供交易、支付、物流等电子信息与不属于跨境电子商务零售进口的个人物品，均按照 2016 年 4 月 8 日以前的规定征收物品行邮税。以上两种情况下的物品之所以被认定为商品，是因为该些物品有迹可循，海关能够根据提供的电子信息明确追溯到该商品的整套交易流程，从而确定完税价格，征收进口税。

根据《海关法》及《进出口关税条例》的相关规定，个人自用且在合理数量内的商品为进口征税环节所称的“物品”。结合《18 号文》的相关规定，笔者认为，从本质上来讲，在海关环节，能够追溯到商品交易、支付及物流整个流转信息的商品为进口税征税环节的“货物”，无法追溯其交易、支付及物流整个流转信息的商品为征收行邮税的“物品”,以微信、微博等交友信息平台为宣传媒介的“人肉背回”的代购商品大多为缴纳行邮税的物品。

3. 征税标准

财政部、海关总署以及国家税务总局联合发布的《关于完善跨境电子商务零售进口税收政策的通知》(财关税〔2018〕49 号)将跨境电子商务零售进口商品的单次交易限值由《18 号文》规定的人民币 2000 元提高至 5000 元,年度交易限值由人民币 20,000 元提高至 26,000 元。此外,跨境电子商务零售进口商品的征税计算标准为:在限值以内进口的,关税税率暂设为 0;进口环节增值税、消费税按法定应纳税额的 70% 征收。计算公式为:在限值以内进口税额 = 完税价格 ×(消费税率 + 增值税率)×70%。如果甲在网易考拉海购 App 上买了一个价格为 1000 元(包括运费)的电饭锅,他需要支付的进口综合税款为 119 元[1000 ×(17% +0)×70%][①]。

进口物品的行邮税按照中华人民共和国进境物品完税价格表、中华人民共和国进境物品进口税税率表计算,具体为:行邮税 = 完税价格 × 行邮税率。如果甲从国外的超市买了一个价格为 1000 元的电饭锅,在过海关时,他需要交 300 元(1000 ×30%)[②]的行邮税。

4. 完税价格

个人物品(包括旅客携带行李物品及个人邮递物品)行邮税的完税价格依照海关总署制定的中华人民共和国进境物品完税价格表以及中华人民共和国进境物品归类表执行。

根据《海关法》的相关规定,运费也应该包括在进口货物的完税价格里面,此处的运费为货物运至中华人民共和国境内输入地点装载前的运输费用,并非到达中国境内卸下之后运送到用户手中的运费。跨境零售商品的综合税费由用户本人缴纳,但在实际生活中,商家为了吸引用户,有大量的免运费的情形,那么,完税价格是否应当包括实际的运输成本?

---

① 根据《跨境电商综合税表》,电饭锅的消费税率为 17%,增值税为 0。

② 根据《跨境电商综合税表》,电饭锅的行邮税率为 30%。

2013年制定、2014年实施的《海关审定进出口货物完税价格办法》第5条规定："进口货物的完税价格，由海关以该货物的成交价格为基础审查确定，并且应当包括货物运抵中华人民共和国境内输入地点起卸前的运输及其相关费用、保险费。"根据该条表面的含义，实际的运费应当计入完税价格。但是该办法第35条又规定，"进口货物的运输及其相关费用，应当按照由买方实际支付或者应当支付的费用计算。如果进口货物的运输及其相关费用无法确定的，海关应当按照该货物进口同期的正常运输成本审查确定"。在笔者看来，如果将第5条认为是完税价格理应包括实际产生的运费，那就和第35条的规定重复了，从法律规定的简约明了这一特征来看，第5条是完税价格的理想构成结构，即完税价格 = 货物的成交价格 + 运费 + 保险费 + 相关费用。第35条才是对完税价格中的运费的具体规定。商家免运费的直接导致买家实际支付的价格为网站上标记的货物价格（或者还包括保险费等除运费以外的相关费用），实际支付的运费为0元。因为《18号文》规定跨境零售货物的纳税义务人为买方，对应地，完税价格也应当站在纳税义务人，即买方的立场考量，市场经济中，商家为了吸引客户，会有很多优惠活动，免运费便是其中一种，很多情况下，用户在众多商家中选择一家的原因就是因为该商家"包邮"，如果向买家收取运费税（在免运费的情况下），商家的优惠活动将会大打折扣，不利于市场发展的活力。因此，在笔者看来，关于完税价格中的运费的解释，为了减少货物过关的负担以及从免邮活动的目的考量，应当以买家最终支付的价格为准，若商家进行免邮活动，运费税不应当由买家承担。

三、"一带一路"倡议下的跨境零售进口的税务改进

1. 税收法定及公平原则，严防偷税漏税情形

税收是国家收入的重要来源，我国坚持税收法定原则，就是要避免税收的漏征、滥征。我国在一般货物进口的税收方面有一套相对完善的制度，但就跨境电子商务部分的税收管理规定，我国并没有形成一套体系，只有零零散散的通知、公告文件等，跨境零售商品的税收管理相对松散，对跨境电商来说算是政

策红利的支持,但是对进口一般货物的商家来说不公平。随着"一带一路"倡议的深入,我国的跨境电子商务市场只会越来越庞大,跨境电商零售业务的税收也会是我国海关收入的重要组成部分,跨境零售商品的税收制度与监管制度要同步进行。

2. 监管体制

前部分文章中提到了货物与物品的主要区分点是有无"三单",如果没有"三单",只能以个人的物品认定商品的性质,这一区别的根本原因是海关的监管系统与各电子商务交易平台交易有无联网。当下跨境电商交易日益增多,很多大的电商公司在其他国家都设有电子商务平台,由于这些平台的服务器在境外,海关很难一一排查是否在其监管系统内,所以我国应借着"一带一路"倡议的契机,与周边国家友好协商,探索多边或双边电子商务平台监管机制,以便更好地管控我国的跨境电子发展业务。

3. 培养税收人才

我国跨境电商税收方面的规定薄弱,国家机关与企业在实践操作中对现有税收制度的理解也各不相同,所以,我们需要培养大量工商、税收、海关复合型人才,提升这些人才的信息处理能力、技术创新能力与法律理解能力。

【参考文献】

[1]孙韬:《跨境电商与国际物流:机遇、模式及运作》,电子工业出版社 2017 年版。

[2]张蕊:《跨境电商进口税收政策调整我国进口环节税制更加完善》,载《中国财政》2016 年第 4 期。

[3]魏敏婕:《B2C、C2C 进口贸易我国海关税收制度研究》,载《现代商业》2017 年第 28 期。

[4]景雨娅:《跨境电子商务零售进口税收政策调整及其原因分析》,载《知识经济》2016 年第 19 期。

平台经济税制优化与税收治理研究*

李梦娟　于　泳　蔡一炜**

摘要:我国经济发展步入高质量发展阶段,以互联网平台为代表的数字经济企业在整个社会经济发展中的作用越来越突出。本文基于对平台经济商业模式的分析,揭示平台经济对税收的影响效应,系统剖析平台经济的税收治理难点。基于现行税制与平台经济的特点,本文提出促进平台经济规范健康发展的税制优化路径,并在我国平台经济税制缺失、税收监管乏力、税收与税源背离等现实问题基础上,厘清平台经济税收治理的底层逻辑,为促进平台经济健康发展提供税收治理模式与可行方案。

关键词:平台经济;商业模式;税收治理;税制优化

一、平台经济的概念、特征与社会价值

2021年3月15日,中共中央总书记、国家主席、中央军委主席、中央财经委员会主任习近平在中央财经委员会第九次会议上强调,我国平台经济发展正

---

* 国家社科基金一般项目"我国数字经济的税制优化与税收治理研究"(项目编号:20BJY225)、国家社科基金后期资助项目"数字经济的税收治理问题研究"(项目编号:19FJYB037)的阶段性成果,国家税务总局课题"促进平台经济规范健康发展的税收政策研究"的研究成果。

** 李梦娟,中国社会科学院大学经济学博士、应用经济学博士后,现任河北大学管理学院副教授、硕士生导师。于泳,法国普瓦提埃大学战略营销专业硕士,现任中税国际副总经理。蔡一炜,中国人民大学财金学院经济学博士,研究助理。

处在关键时期,要着眼长远、兼顾当前,补齐短板、强化弱项,营造创新环境,解决突出矛盾和问题,推动平台经济规范健康持续发展。

(一)平台经济的概念

平台经济的概念起源于诺贝尔经济学奖得主梯若尔(Jean Tirole)2003 年发表的《双边市场中的平台竞争》一文,梯若尔认为某种组织模式之所以能够被称为“平台”,关键在于交易的“非中立性”,即“平台”存在的价值在于其能够有效地采用交叉补贴策略,对买方和卖方施加不同的价格策略并对其产生不同的影响。

平台经济是以信息技术为支撑,基于虚拟或真实的交易场所,由平台作为中间组织者或资源提供商,挖掘社会经济潜在需求,促成双边或多边交易的一种商业模式。平台经济作为一种基于数字技术,由数据驱动、平台支撑、网络协同的经济活动单元所构成的新经济系统,在数字技术不断变革的背景下,通过“平台”搭建,将万物互联创造出新的价值和产业链,实现数字空间与现实空间的融合发展及价值创造。

在平台经济模式中,网络平台、消费者和商品服务提供者共同构成了网状协作,海量的消费者和商家是平台经济的主体,通过平台完成信息交换、需求匹配、资金收付、货物交割等经济活动。由于数字平台具有开放性与互动性,平台经济的参与者借助双边市场效应和集群效应,推动经济高质量发展与效率变革。

从平台运营角度分析,互联网平台主要分为四大类:一是综合性平台,包括类似阿里巴巴、淘宝、京东、苏宁易购等平台;二是区域性平台,包括某个省份/城市平台以及地区平台;三是行业性平台,包括各类产业互联网平台、特定品类的平台等,如各类大宗商品交易平台;四是信息流平台,包括各类社交平台、内容分发和互动平台、网络媒体平台以及娱乐性质的平台等,如抖音直播电商平台。

(二)平台经济的特征

1. 生态性。平台经济是一种新型经济形态,是一种兼具传统企业组织和市场功能的第三种形态。平台经济以“平台”为中心,将跨地区、跨领域的资源、服务与需求等要素聚集起来,通过低成本高效率的方式实现双边或多边市场的交易互动,形成上下游产业强关联的平台经济体。平台上多方之间互动频繁,创新层出不穷,平台经济构成一种经济生态系统。

2. 开放性。互联网平台提供精准营销、商务交易、信息互动、沟通协作、数据分析等开放型服务,支撑网络生态分布式协作,提高了社会生产力;平台上的参与者可以不分时间和地域进行大规模协作,极大地提升了参与者的商业能力。互联网平台与平台之间的协作,采用对等开放、无缝连接方式,融合了云计算、物流、支付及相关服务,降低了参与者的交易成本,提升了经济效率。

3. 共赢性。互联网的无边界性和低成本性打破了时间和空间差,消除了交易壁垒,为平台连接各方需求提供更大空间。在此过程中,平台赚取差价或者收取服务费,连接的各方实现交易买卖、创造价值,从而在共赢的基础上实现各自增值。由于互联网平台提供了广泛的、低成本的信息撮合机制,人们通过互联网平台,高效分享来自全天候、全地域的信息。互联网平台对经济发展的全局贯穿性,使社会环境(制度、法律、规则等)、通信设施、互联网平台、生产及生活服务体系、企业及个人均融入其中,并提供了共赢性质的服务、产品、人才、制度等方面的接入机会。

4. 普惠性。互联网平台显著降低了各方沟通成本、直接支撑了大规模协作的形成,实现了全社会共享资源,激发了微观经济活力。平台强大的商业基础设施的共享输出,降低了商业门槛,让中小企业特别是自然人与拥有雄厚资金实力的大企业站在同一舞台上,可以更好地满足消费者的各种需求,实现社会经济的可持续发展。

5. 外部性。平台是各方达成交易的枢纽,利用信息撮合机制聚集大量用户,交易各方任何一方数量的增多都会增加其他利益相关者的加入,充分显现网络的正外部性,使平台经济产生显著的规模收益递增。

(三)平台经济的社会价值

平台经济对于强化供给与需求互动、促进产业融合、盘活社会资源起到了积极作用,推动了经济创新和消费增长。平台经济还能实现生产过程智能互联,实现供应链、消费链的智能互联,实现社会资源智能匹配。同时,平台经济推动各行业、各领域的更新迭代,使人们的生活方式更加智能化、便利化。平台经济可激发劳动力、技术、信息等生产要素参与分配的活力,极大地调动和激发了劳动者的积极性和创造性,为培育新的就业机会、开创就业新局面提供强大的动能:第一,激发传统领域活力,使传统的雇佣型就业增加;第二,催生众多新业态,带来大量就业机会;第三,培养劳动者的"数字技能",优化升级就业结构;第四,催生自主创业、自由职业、兼职等"新就业模式"。通过数字赋能,人与工作任务的连接更加市场化、智能化、人性化和高效化,实现劳动力要素的优化配置。

平台通过优化交易环境,可以实现供需双方精准对接。依托互联网,"平台"成为一个双边及多边市场的有机融合产物,成为链接各方供需行为的核心桥梁和资源枢纽。平台经济通过赋能全产业联动上下游的供应商和采购商、生产者和消费者,加强了他们之间的信息流通,变革了传统的线性价值传播链条,打造了围绕"平台"的环形价值生态圈,使信息流通更加开放、快捷,从而实现供需双方的高效匹配。

二、平台经济的商业模式

基于平台连接主体的不同,可将平台经济的商业模式划分为个人与个人的C2C模式、企业与企业的B2B模式、企业与个人的B2C模式以及线上到线下的O2O模式。不同商业模式下的合同流、信息流、票据流和资金流既有相同之处,又存在一定的差异,进而引发一系列税收问题。

(一)C2C模式

C2C模式下,平台连接的多边主体都是个人。比较典型的有直播平台、淘宝网、滴滴出行等。以滴滴出行为例,滴滴出行平台的车辆多由个人主体提供,属于C2C模式,该模式简化为双边交易。滴滴出行平台建立的业务流程如图1

所示。

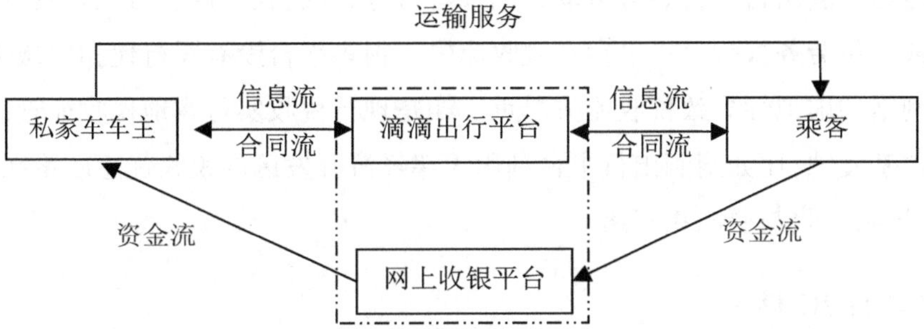

图 1 C2C 模式的滴滴出行业务流程

首先,私家车车主接入平台或者租赁车辆成为供给方。私家车车主向滴滴出行平台提供个人的真实信息,如姓名、身份证号、车牌号、车型、驾照、行驶本以及银行卡账号等,待滴滴出行平台审核无误且认定其符合平台准入资质后,作为供给方的私家车车主就获得了在平台运营的机会,可获取平台提供的信息和资源。如果供给方只提供运输服务而不拥有自己的车辆,也可以通过向平台租赁车辆加入平台,同样需要提供个人的相关信息来审核,这与无车承运平台的运作模式是类似的。其次,乘客作为需求方通过平台支付报酬。乘客作为需求方,一般需要在 App 或者小程序中填写个人信息方可约车,每一笔交易结束后,乘客通过微信、支付宝等第三方支付平台将车费付给滴滴出行平台的网上收银平台。最后,平台公司与供给方进行报酬分成。滴滴出行平台在一定时间后将收取的报酬与供给方分成,支付到私家车车主的账户中。这一过程实现了合同流、信息流、票据流和资金流在各方间的流动,滴滴出行平台作为中间方,掌握着供需双方的信息,并通过分成获得收入。其他的 C2C 模式也有类似的流程,如直播平台,需要主播向平台提供个人信息,获得在平台直播的权利,网友观看直播的过程中可以打赏主播,这部分收入先进入平台,通常由平台和主播分成或者平台向主播每月支付特定的报酬。

在 C2C 模式的商业运营模式下,个人作为供给方为税收征管带来难题:一是作为资源或服务供给者的个人通常只需在平台注册登记而无须税务登记,其收入零星分散,税源监管困难。二是存在收入性质界定问题。例如,私家车车主可能与滴滴出行平台签订劳动合同或者劳务合同,收入性质可能是发放工资薪金或支付劳务报酬。三是存在税收流失。很多平台没有履行代扣代缴义务,这种网络的虚拟性导致税收流失严重。四是现行税收实行属地税收征管,可能导致税基侵蚀,比如滴滴出行平台利用天津经济开发区的税收优惠政策在天津缴税,导致税收与税源相背离。

(二)B2C 模式

B2C 模式下,平台连接的是供给方与需求方,一方为企业,另一方为个人。滴滴出行平台中的专车和出租车,天猫、京东等属于 B2C 模式的运营模式。近年来新兴的共享医疗、人力资源外包平台等也属于 B2C 模式。以跨区的人力资源外包平台为例,其业务流程如图 2 所示。

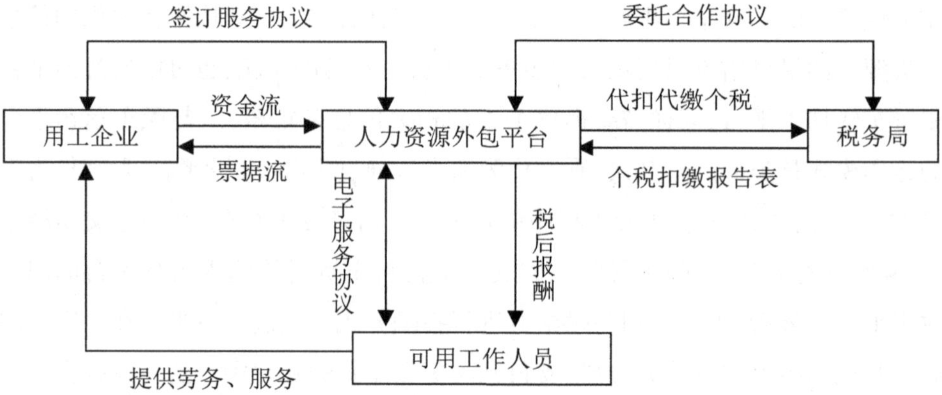

图 2　B2C 模式下的人力资源外包平台业务流程

人力资源外包平台的盈利模式属于中间服务型,主要通过收取用工企业结算的服务费获利。用工单位通常是法人,服务或劳务的供给方一般是个人,因而人力资源外包平台属于连接企业与个人之间交易的 B2C 模式。平台开展业务的前置条件是必须拥有税务局委托代征代缴的资质或者人力资源资质。具体交易结构涵盖以下两端:一端是用工企业与平台签订服务协议,用工企业将结算费用和一定比例的服务费充值到平台，平台向企业开具增值税专用发票，完成资金流和票据流的转移。另一端是平台与自由职业者签订电子服务协议，待人员提供服务后，平台将指定的税后报酬发放给用户。平台掌握交易双方的信息，并具备代扣代缴资质，受税务监管的委托代扣代缴个人所得税。

在 B2C 模式下，平台在税款征收中发挥关键性作用，如果其在发票的开具中可能存在业务真实性问题，会导致纳税遵从度不高。因为人力资源外包平台聚集着大量零散劳动力和用工单位，许多交易步骤是通过虚拟的网络环境实现的，无纸化的过程使得交易记录很容易被删除或者伪造。现实中平台对零散劳动力代扣代缴个人所得税时也可能会“避重就轻”，即要求按照经营所得核定，而不按照较高税率的综合所得征税，这导致平台的税收征管存在“漏洞”。在平台顺畅运行情况下，可能会存在虚增业务量，或者虚构交易，甚至对外虚开发票，仅凭税务机关进行查处难度极大。

（三）B2B 模式

B2B 模式下，平台连接的供给方是企业，需求方也是企业。阿里巴巴、环球贸易网、天猫和淘宝的部分业务都涉及此种模式。这里以阿里巴巴的跨境交易为例，其业务流程如图 3 所示。

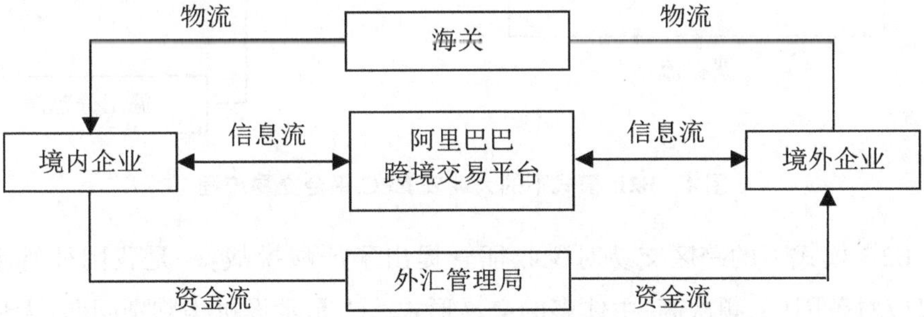

图 3　B2B 模式下的阿里巴巴跨境交易进口货物交易流程

阿里巴巴跨境交易业务中，海关负责进口税款的征收，境外企业通过物流将商品邮寄至海关，按规定缴纳关税、增值税和消费税后运达境内；而境内企业通过外汇管理局将资金汇给境外企业。阿里巴巴在这一过程中主要充当中介作用,为交易双方提供信息交换和资源匹配平台,撮合货物交易。在数字经济背景下,跨境交易不仅涉及有形货物,也涉及无形资产交易,而且只需要通过互联网就能够在线上完成整个交易活动。

再如,大建安 EPC 平台也是典型的 B2B 模式,如图 4 所示。大建安 EPC 平台对业主项目的设计、采购、施工等进行全方位、一体化的总承包,并将不同环节分包给负责各独立业务的分包商,其连接的业主与分包商均为企业。EPC 总承包商应当具备相关的设计、施工等资质,需先与业主签订合同,并开具相关发票后,EPC 总承包商有权把项目分包给设计、采购和施工的分包商,与各分包商签订分包合同。在此过程中,总承包商起到了中介作用,即可以通过联合体承包、专业分包、承揽式分包和劳务分包等多种形式,完成 EPC 项目的一揽子建造计划。

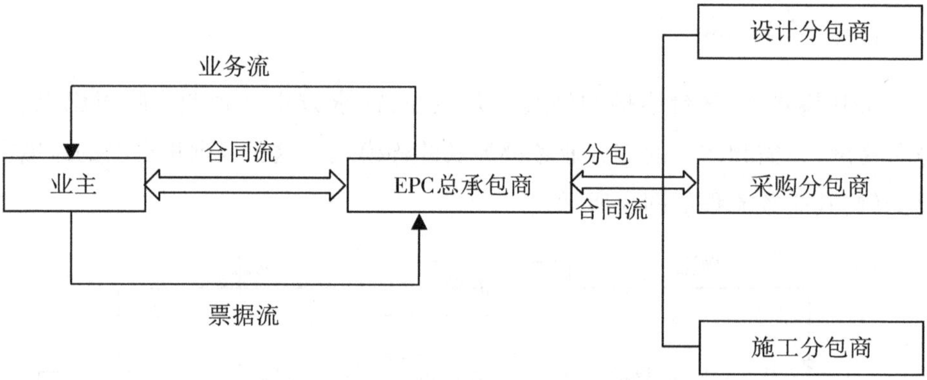

图 4　B2B 模式下的大建安 EPC 平台交易流程

B2B 模式下的跨区交易对税收征管提出了严峻挑战:一是我国征管水平难以应对范围广、频次高、主体多的交易形式。二是常设机构判别问题,无形资产的平台交易无须在来源地设立常设机构就能实现贸易的全过程,但利润归属问题有待解决,而且网址和服务器的位置对当前的常设机构判定形成新的冲击。三是涉及无形资产交易的相关税制要素和征管规定欠缺,导致收入来源地和居民地之间的税收管辖权和利益分配问题。

（四）O2O 模式

O2O 模式实际为 B2C 模式的一个分支，本文所指的 B2C 模式侧重线上主体之间的交易，而 O2O 模式更强调线上与线下主体之间的交易。美团、饿了么以及大部分订购平台等都属于 O2O 模式的交易平台。以美团为例，其业务流程如图 5 所示。

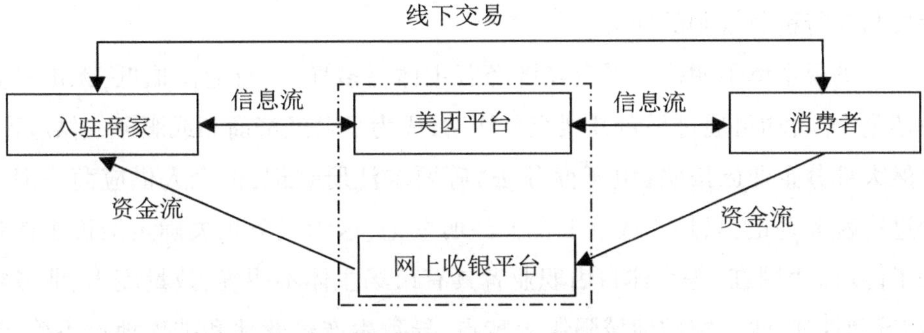

图 5　O2O 模式下的美团外卖业务流程

O2O 模式的业务流程同 B2C 模式一样，入驻商家需要提交真实完整的负责人信息和店铺信息。美团平台赋予信息发布的权利，在平台注册后的消费者可以浏览商品信息，选择满足自身需求的商品。美团平台促进线上信息流的交互与提供，并根据消费者的消费习惯、所处城市以及年龄特征等推送个性化广告，其盈利点在于商家入驻的服务费、广告费，还可能涉及一定的分成收入。消费者选择先线上付款、再线下到店体验或者货到付款的方式，通过第三方支付平台将款项付给美团的网上收银平台，美团扣除一定的服务费、广告费和抽成后支付给商家。

在 O2O 模式下，涉及的税收问题和上述几类模式区别不大，主要集中于业务的真实性、平台是否代扣代缴、税务稽查等方面。由于税务机关难以获取相应的数据，每一次交易的金额、时间、地点、交易双方的主体具有不确定性，为税收征管增加难度。

三、平台经济的税收治理难点

(一)平台经济税制缺失难以适应现实需求

平台经济因其数字化和多元化特征衍生出很多新业态新模式,实现了跨时间、跨空间、跨领域的业态融合。当前的税收制度还没有对这些新产业新业态新模式做出准确界定,平台经济相关税制缺失会在特定情形下引发平台经济的发展与现行税收规则的冲突。

1. 纳税主体不明确。平台经济经营主体呈多样化,行业门槛低,无论是企业还是个人,均可通过平台开展交易活动,成为平台经济商品或服务的供应商。虽然大部分企业已按照《电子商务法》等要求注册登记,但个人供应商一般不会进行税务登记,只是在数字平台上注册登记,这为税务机关确定纳税主体带来了困难。"网红"等个体自由职业者具有市场主体不明确、数量庞大、业务零散、流动性强、收入突破地域限制等特点,导致生产经营地和纳税地点不确定,导致税收管理缺乏信息来源、纳税申报不实、税收源泉扣缴难度大。比如,滴滴出行平台上的网约车司机只在平台进行注册登记,不会专门到税务机关进行税务登记,因此在税收缴纳时主要以平台代扣代缴为主,税务机关很难直接对个人进行税收征缴。部分电子商务个体经营者、网红主播等主体纳税意识淡薄,税务部门很难掌握其相关的涉税信息。

2. 计税依据不准确。由于交易手段和支付方式的灵活性,税务机关难以取得准确的交易数据,加之数字化交易证据的可修改性,税务稽查难度更大,这为计税依据的确定带来一定的困难。在税目税率方面,由于各项收入性质界定不清,适用税目也会出现争议,进而导致适用税率争议问题。

3. 所得性质难划分。由于平台经济业务的融合性,行业界限不明确,所得来源广泛,存在收入性质难以划分的问题。现行税制并没有对新融合业态的收入性质作出明确的税法规定。例如,无车承运平台以承运人身份与托运人签订运输合同时,又以道路货运经营者的身份委托实际承运人完成任务,既是代理中介又提供传统货物运输服务,具体是按运输服务还是按现代服务征税存在争议。财政部、国家税务总局《关于全面推开营业税改征增值税试点的通知》(财税〔2016〕36号)规定,无运输工具承运业务按照交通运输服务缴纳增值税,但在判断是否为无车承运业务时有一定条件限制。再如,C2C模式下的网络直播业务中,签约主播与平台既可能是合作关系,又可能是劳务关系,还可能是劳动关系,其收入来源和性质在实际操作中难以明确界定。

4. 隐性收入来源增加,税基难以确定。平台经济作为新兴行业,摆脱了物理常设机构的限制,通过互联网平台提供销售服务。但近年来互联网平台高附加值、隐性收入来源增多,即便是互联网平台也不再是简单依靠销售产品、提供服务来获取利润,互联网平台通过广告投放、网站浏览点击以及后台获取用户数据等方式获得大量收入,且此类收入可能无法通过发票、会计账簿来记录,税基的确定存在一定困难,因此如何对此类收入量化并计入税基是当前税务机关面临的一大难题。

5. 纳税地点模糊性引发税收管辖争议。增值税纳税地点的规定已不适应互联网平台的交易行为。个人通过互联网销售服务或商品,应当向销售货物或服务行为发生地主管税务机关申报纳税,未申报纳税的,由其居住地主管税务机关补征税款。由于平台只是媒介,个人从事经营可以移动办公并且互联网商业普遍依赖虚拟专用网络(VPN)异地登录的技术,使得应税行为发生地难以确定。平台经济涉及复杂的税收管辖问题,极大地增加了税收的征管难度。税收管辖无论是在境内交易中,还是跨境交易中都是很突出的问题。就境内交易而言,如滴滴出行平台的运营模式,其连接的供需双方分布在我国境内多个城市,但滴滴出行平台总部设立在天津经济开发区,有大量税收优惠政策,企业在汇总纳税时,全部利润都可以享受优惠的税收待遇,将大部分收入归属于税收洼地,使天津经济开发区征收相对较多的税收。但事实上,这些所得是来源于各个城市的,造成税收和税源的严重背离。在B2C、B2B模式中,税收管辖权争议也很普遍。如果供给方企业在A地运营、在B地仓储货物,需求方在C地下单、在D地收货,最终在E地开具发票,如图6所示;纳税地点到底是A地、B地、C地、D地、E地中的哪一个引发了争论,现行税制不能很好地解决这一问题。进一步分析,在境内平台交易中,平台总部所在地税务机关在税收分配中占有优势。例如,基于增值税属地管理原则,生产方与购买方至少有一方在本地,税务上才具有征税权。但平台经济将购销双方均在外地的经营行为所产生的增值税"转引"至平台所在地缴纳,产生"两头在外"的吸纳效应,这将加剧地方政府之间的税收竞争,导致区域经济发展不平衡、经济主体行为扭曲等问题。

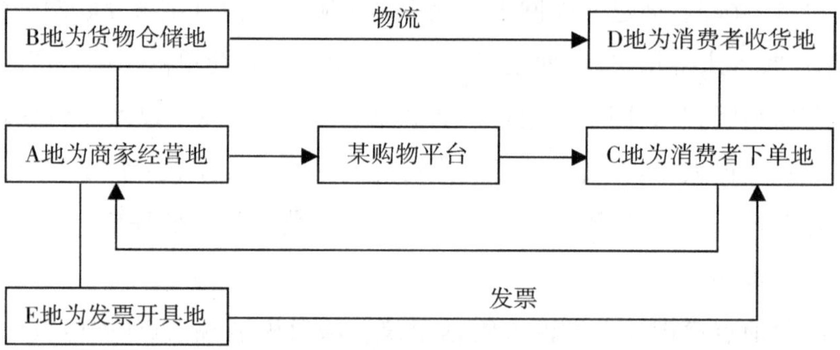

图6　交易活动涉及多地税收管辖

就跨境交易而言,我国实行居民管辖权和来源地管辖权。买卖双方线上完成交易,无须居所或住所,停留时间也无法判定,居民管辖权难以适用。来源地管辖权的重要认定标准之一是常设机构,一般与固定经营场所相关联,但互联网交易使得经济活动不再依赖于固定的物理场所,税务机关无法像对传统交易活动那样精准地确认其纳税行为发生地,也就无法准确行使来源地管辖权。从收入来源地管辖权角度看跨境交易,由于网上交易的服务器地点不一定设立在收入实现地或结算地,网上销售无形商品或提供服务更不受地域和时间的限制,收入来源地的确定绝非易事。从税收的居民管辖权看,由于平台经济的虚拟性,税务机关在常设机构确定上难以作出准确的判断,法人的居民身份不容易划定;自然人也可在世界上任何一个互联网的终端实现与其他人或机构的交易、服务、工作,以及收入或工作报酬的支付。因此,自然人的居民身份也难以准确划定。这就造成对平台经济跨境交易模式的税收地域管辖认定的模糊,使得所得税和进口环节增值税征收存在问题，还可能造成税源流失。

（二）平台的税收监管难以实现

1. 以票控税不适用于平台经济。平台经济大多在线上进行，即使是 O2O 这种线上线下相结合的模式也往往采用线上付款的方式，这意味着在"以票控税"模式下，如果没有及时地获取数据并开具发票，就很难监管税源。但是，随着越来越多的个人供给方进入平台经济交易系统，他们多数没有进行税务登记，税源的分散化和主体的多样化对"以票控税"的征管机制形成冲击。而且"以票控税"对于线上交易的便利性较差，很多消费者纳税意识淡薄，通常也不会要求开具电子发票，为销售方修改或者隐匿收入提供可能，业务的真实性无从考证，"以票控税"在平台经济中表现出一定的弊端。例如，无车承运的交易链条比较长，平台需要承担增值税纳税义务也要代扣代缴个税，要向上游开票也要向下游开票，但物流公司通常是小规模纳税人，无法开专票，运输方是个人，也无法开票。由于平台税负较重，为降低税负，平台可能借助一些手段虚开发票。由此可见，"以票控税"这种传统的税收监管方式已经难以适应平台经济的特点，线上交易的便捷性、快速性和多主体性使"以票控税"难度加大。

2. 税收数据的获取渠道有限。由于平台经济连接的多边主体分散于不同领域、不同地区，税收征管信息资源呈现"碎片化"状态，而且平台交易的信息流、资金流、合同流、票据流等相对分离，征纳双方信息不对称。如果税务机关不能与平台企业以及银行、工商等部门合作，则需要投入大量的资本、时间和人力来获取数据，且得到的信息可能依旧不完整。目前，"金税三期"工程实现了各级税务机关的数据共享，但与其他部门的合作程度不高，在极具隐匿性、数字化的条件下，有限的数据来源渠道会限制征税部门的效率，因此亟须变革征管机制，促进政府不同部门之间、税务机关与平台企业间的监管合作和数据共享。

3. 平台经济的税务稽查难度大。数字经济的虚拟性、隐匿性使生产者和消费者的边界日渐模糊，自然人之间的交易日益频繁，针对平台经济的监管模式与税制的匹配度、税源适应性不够。在税收数据得不到有效获取和处理的情况下,税收监管就较为被动。线下交易通常采用查账征收或者核定征收的方式征税;就平台经济而言,各平台企业的电子凭证不统一,甚至可以更改、删除,无法确认其经营收入的真实性。因此,平台经济的虚拟性、无痕化特征加大了税务稽查的难度。税务机关难以在第一时间调取所需的数据信息,也就难以控制潜在的税收违法行为。这不仅加大了税收执法成本,还增加了税收执法风险。

(三)现行税制难以应对平台经济复杂的税收关系

我国目前还没有制定专门用于规范平台经济的法律法规,因此出现了税法空白,无法应对日益复杂、虚拟化的税务关系,导致一定程度的税收流失。

1. 税款征收具有不确定性。平台经济税收法律法规的缺失导致了税款征收的不确定性,平台经济不同于传统的实体经济,很多流程是在线上完成的,对于这种虚拟化、多边化的交易模式,没有专门的制度规范对交易行为是否属于征税范围作出规定,即使认定其属于征税范围,税目税率的确定也存在争议。特别是 C2C 模式中的个人供给方,零星分散的状态使其隐蔽性极强。而且随着准入门槛的降低,加之平台经济多边性的特性使得交易链条复杂,滋生了很多传统交易不具备的形式和关系,一些交易甚至可能游离于税收征管框架之外。

2. 平台代征存在合法性争议。由于没有明确的法律规定,平台代征税款引发了合法性争议。如滴滴出行、直播平台等,通常是先拿到报酬再分成给车主或主播,因此这些平台对于服务提供方的情况是比较了解的,代扣代缴税款也很便利。但是现实中存在滴滴出行平台没有与车主签订劳务合同或者直播平台没有与主播订立合同的情况,此时再由平台履行扣缴义务的合法性就值得商榷,况且很多主体缺乏纳税意识,双方甚至可能形成平台与供给方的利益关系,借此合作逃避税款。

3. 各方主体权利义务不明确。平台经济通常是线上交易,税务机关很难获得准确的销售数据和交易信息,阻碍了税款的征收和稽查。但平台企业一般在资源供给方入驻前会要求其提供个人或者企业信息,对于通过平台达成的每一笔交易的时间、金额和交易主体也有记录，因此平台企业所掌握的信息对税务机关有很大帮助。然而我国没有法律法规赋予其提供交易信息或者参与监管的权利和义务，平台的作用发挥不到位。尽管当前部分平台充当起监管者的身份，但其责任大小仍然没有统一的标准，难以与监管的需求契合。就资源供给方而言，没有明确的条款规定其纳税义务，也就很容易出现纳税遵从度低的现象，造成了大量的税款流失，也在一定程度上冲击着税收公平原则。

（四）平台经济加大了税源与税额的背离程度

税源与税额背离是目前普遍存在的一种现象，由于收入产生地和收入实现地不一致，使得收入来源地没有相应的税收收入，进一步加大了税源与税额的背离程度。平台经济通过互联网平台点对点联结交易双方，购买方来自全国各地，而相关收入产生的税收一般都在互联网平台企业所在地统一缴纳。平台企业往往注册在经济发达地区或税收洼地，长此以往，大量税收集中在平台企业所在地区，会进一步拉大地区间经济差异，影响区域协调和社会稳定。

（五）平台经济运营模式衍生税收风险

从税收角度来看，通过以互联网平台为中心、上下游产业为强关联的平台经济体，形成了平台经济税收生态系统。从税收征管层面考虑，互联网平台企业通过自身能够向上游客户开具适用税率发票的优势，解决了当前庞大的自然人端不愿开票、无法提供适用税率发票等关键问题，保障了各类市场主体的税收规范需求，即及时、足额获取用以成本列支、进项抵扣的合法凭证。而从调研过程中可以看出，由平台作为中心环节串联的新业态关系中，形成了税源规模的“倒金字塔”体系，即原本应由下游环节负担的税收被不正常转嫁至平台环节，引发了一系列税收问题。

第一，平台企业税收风险积聚。在平台经济模式下，自然人端（如灵活用工人员、货物运输从业人员）主观上不愿意开具发票、客观上没有方便快捷的开票途径的现状并没有发生根本性改变，平台企业仅仅是介入了原有的业务关系,解决了上游客户的用票需求,将原先的发票矛盾转移到自身,致其自身运营缺少成本、进项等合法有效凭证,尤其是在解决企业所得税负担上使用不符合规定的自制票据,与《企业所得税税前扣除凭证管理办法》关于税前扣除凭证的相关规定存在根本性冲突,互联网平台企业所得税风险十分明显。

第二,增值税发票虚开风险凸显。网络货运平台和灵活用工平台均属于典型的"两头在外",即上游客户、下游会员均在外地,发生的服务、劳务行为也非长期稳定的雇佣关系。在目前大量互联网平台未实际提供撮合业务,并且缺乏有效手段控管业务的真实性情况下,仅凭上游客户提供的业务确认单、工资表等,为上下游提供结算、支付、开票服务,业务真实性有待考证。在日常管理中,也发现了少数大额交易有"资金回流"的现象,可能存在部分上游单位动机不纯,利用平台能够及时开票的特点,将互联网服务平台转化为配合自身不当需求的"开票平台",涉嫌虚开增值税发票。当然,由于招商奖补政策对平台经济的大范围覆盖,也不排除一部分互联网平台与发票需求单位达成"利益"共识,通过虚增交易获取非法利益,侵吞国家税款。

第三,理论上存在税收流失问题。虽然部分平台企业出于自身业务开展的需要,要求税务机关委托其代征,但由于平台仅对单一业务行为进行税款代征,无法完整反映自然人所有取得的收入情况,况且网络货运、灵活用工平台的会员单位主要以货运司机、自由职业者为主,该类群体就全部收入主动申报纳税的意识和能力参差不齐,极易引发自然人端税收流失。

四、促进平台经济规范健康发展的税制优化选择

(一)建立健全平台经济适用的税收法律制度

1. 深化增值税改革。(1)发挥增值税的税收中性作用。促进平台经济规范健康发展,需要统筹"线上""线下"的税负平衡关系,这需要充分发挥增值税的中性调节。因此,我国必须加快增值税立法进程,构建更加简约、公平的增值税税制,着力打破多档税率带来的抵扣链条两端不平衡现象。平台经济税制公

平性还取决于纳税人身份选择与确认问题，建议取消现行对纳税人身份的规模划分，引导纳税人根据实际业务需求，选择适用一般计税方法或简易计税方法；建议消除当前小规模纳税人和其他个人适用起征点（免税标准）不一致引起的税负失衡的政策影响，针对市场主体设计规范统一的税收优惠政策。（2）推动价税分离体系的发展完善。进一步深化增值税是价外税的定位理念，在市场交易定价机制中，全部采取不含税价格的定价规则。健全价税分离规则，帮助交易双方厘清价格与税收之间的关系，减轻围绕是否开具增值税发票产生的税收负担纠纷，从制度层面明确交易各方的税收权利与义务。（3）厘清平台经济业务性质。针对电商平台、网络货运平台、灵活用工平台等在设计理念上属于为业务双方提供居间服务的特点，进一步明确各类以撮合交易提供信息服务的平台，向上下游收取的服务费按照经纪代理或信息服务等项目征收增值税，着力解决现有网络平台“越俎代庖”沦为“开票平台”的异常现象。在平台经济相关税收政策的设计上，厘清互联网平台的经营实质，促使其立足数据资源交汇聚集的优势，为市场供需提供适配度较高的信息服务。

2. 深化个人所得税改革。（1）明确个人收入性质界定与划分。按照提高直接税比重、简化税制、拓宽税基的改革方向，不断优化个人所得税制度。根据平台经济发展要求，建议将经营所得纳入综合所得，化解当前经营所得与劳务报酬在实际划分时的复杂性。推动劳务报酬所得的预扣预缴方式向工资薪金所得转换趋同，使之与分散的网络平台从业人员量大、单笔金额小的特点更加贴合，减轻个税扣缴负担，减少对灵活就业人员的税款占用，增强纳税人的获得感。（2）推进自然人“一人式”归集。依托《关于进一步深化税收征管改革的意见》，抓住2022年基本实现自然人税费信息“一人式”归集的机遇，稳步推进以身份证号码为基础的自然人税收主体建设，实现税收征管体系对市场登记主体、自然人经营主体的全覆盖，解决当前税收征管体系的空白。

（二）明确平台经济税制要素的相关规定

1. 平台经济税制要素模糊或出现税法空白。现行税收法律法规主要针对线下的实体交易,而平台经济缺乏统一的税制要素规定,这就要求明确规定平台交易的税收规则,并明确税务机关对平台的征管权限。平台经济超越了国界,免去了传统交易的中间环节,且交易主体具有虚拟性,这不仅影响对从事经营活动的企业和个人身份的确认,而且使纳税主体呈现国际化、边缘化、模糊化状态。因此,税务机关必须根据平台经济的新业态新模式,制定更为明确、有效的税收征管措施,减少税收流失。

2. 明确划分平台收入性质,促进税负公平。准确划分平台经济收入性质,短期来看,可以健全平台经济税制,出台平台经济税收管理办法,对涉及的经济业务内容和收入性质进行界定;长期来看,需要针对数字平台发展调整现行税制,优化设计数字税制体系,即按照"广税基、减税负、平衡各地税收分配"的原则,科学界定数字环境下的税制要素,解决税负不公平、税收政策不统一的问题。

五、完善基于底层治理逻辑的税收治理新方案

(一)平台经济税收治理的底层逻辑

在平台经济面临诸多税收治理难题的情况下,通过对数字技术的开发和利用,数字资源就可以赋能平台经济的税收治理。"实践主动""技术驱动""合作推动"是数字赋能背后的"三驾马车",具体可比喻为"实践主动"是"驾驶舱","技术驱动"是"发动机","合作推动"是"助推器"。

1. 实践主动:驾驶舱。数字环境下,无论是税务数据信息资源的开发还是利用,均依赖于实践中各参与主体的主动性。这种主动性更加注重供给一方,即供给侧数据资源的生产与转化。数据在供给侧传导的全流程称为"供给侧数据链",即以平台企业为中心,链接平台企业的上、下游供应商及购买方,涉及网络交易中介服务商及第三方支付平台,同时覆盖涉税服务中介行业。税务机关是"供给侧数据链"的核心数据处理部门,在接收到各方上传的数据信息后,对数据资源进行深入挖掘、归类整理及分析,为本部门及其他各部门提供有

价值的税务数据信息。“供给侧数据链”全流程运行逻辑如图7所示。在“供给侧数据链”运行过程中,各方主体的参与是前提,提高纳税人的纳税遵从度、保证数据库资源的数据供给是关键;数据传输渠道的畅通是必要条件,为保障数据库资源的数据传输,应建设可靠的数据传输方式;数据信息的有序整理是重要环节,必须对收集的数据信息进行分类编码,为下一步数据分析奠定基础;数据分析是整个工作流程的重心,数据反映客观情况,透过数据深入事物本质,要坚持实事求是的原则;数据处理结果的应用是导向和必然结果,能够为相关主体的运营管理提供更多的数据支撑与决策依据。税务部门作为核心数字处理部门,应将生产实践的思想贯穿于税务数据信息资源的加工处理与服务的全流程。不仅要主动对传统数据的产生方式进行变革,使信息数字化,还要对数据资源进行深入挖掘,向社会各方提供税务信息与服务。

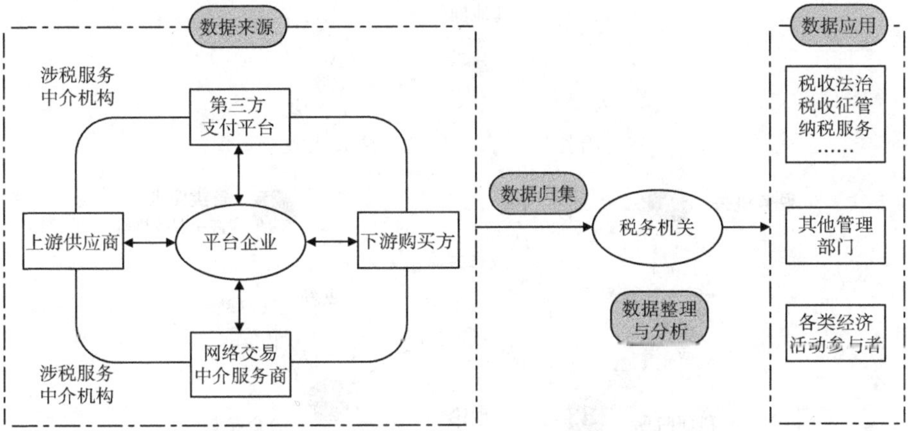

图7　“供给侧数据链”全流程运行逻辑

2. 技术驱动:发动机。随着数字时代的到来,数字治理应运而生。数字治理的核心工具就是大数据技术。在税收治理中,对税收大数据的挖掘利用成为影响税收治理质效的关键。税收大数据是指与各税种相关的数据、信息的集合。税收大数据技术则是通过区块链、云计算、人工智能、网联网等对税收大数据进行分析处理的技术集合。数字技术的发展与应用促进了税收征管体制改革,革新了税务管理方式,创新了不同场景下税务信息的利用形式。数字化阶段,数字技术不只是作为辅助工具,更是作为生产工具来创造价值。在基础设施建设方面,利用移动客户端实现移动办税,通过数据分析实现个性精准化推送;基于人工智能技术,将专家知识与机器学习相结合,实现动态风险监控,由事后管理的单一模式向事前、事中、事后立体化管理模式转变;运用区块链技术搭建多方协作平台,实现数据信息流的畅通传输,让数据“活”起来;通过云计算,便捷获取云上涉税数据。税收大数据技术正是驱动数字赋能平台治理的关键。

3. 合作推动:助推器。在“供给侧数据链”中,已经展现出平台企业及相关主体与税务机关的合作关系。在平台经济税收治理框架下,需要更多参与主体协同与协作。一方面,平台经济的治理需要各参与主体的通力合作;另一方面,以区块链为基础,构建基于协同模式的“税务治理生态圈”(见图8)。

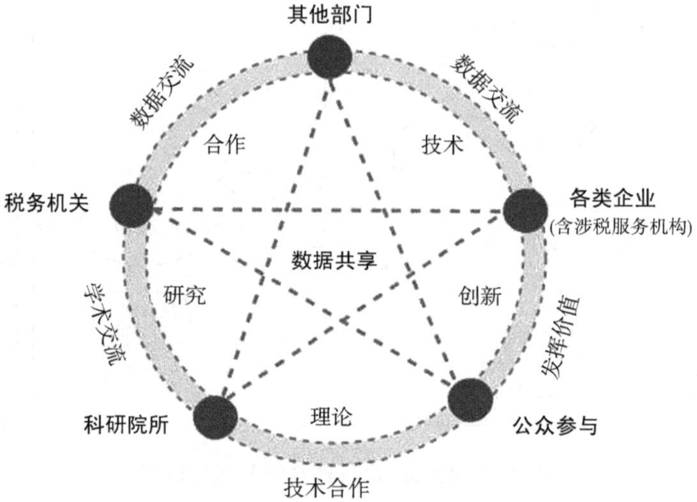

图8 “税务治理生态圈”数据流程

“去中心化”是区块链的典型特征之一,数字环境拓展了税务机关的社会功能。在“税务治理生态圈”中,税务机关不再专注幕后,而是走到前台,与其他主体进行税务大数据交换,通过与其他政府部门的合作,实现纵向联合,共同推进数据共享与协同治理;通过与科研院所、企业、公众进行横向联合,以理论研究、技术合作、形式创新等方式，实现数据利用与开发的规模效益，构建平台经济税收治理新生态。

（二）构建平台经济税收征管新模式

1. 制定涉税数据采集与处理的标准化流程。（1）以信息数据为中心提高涉税数据采集获取能力。信息采集应满足“全面采集、一次覆盖、同步更新”的基本规范。采集时，应以“数据圈供应链”为中心，依托金税四期工程建设，全面采集纳税人的基本登记信息、收入来源、税费税种信息、存款账户变动、财产转让等信息。同时推进跨区域纳税人社会信息共享机制建设，畅通各级税务部门数据交流，实现高效合作。还要利用网络爬虫技术，广泛采集各平台网站、涉税专业机构、院校等数据信息，拓展第三方数据采集渠道。（2）推进涉税数据处理标准化流程建设。通过规范数据采集方法、统一数据储存形式、加工数据处理流程，建立一套数据化、标准化操作规范。深耕数据蓝海，建设一体化的税收数据平台，实现对“数据圈供应链”形成的海量数据的高效管理。首先，通过大数据与区块链技术，实现对兆亿级别碎片化数字信息的辨别；其次，建立覆盖所有“数据链”的信息处理工具，实现全税种全流程管理；最后，通过“云计算”进行数据共享，打通横跨在各部门之间的壁垒，真正实现税收征管、服务一体化。

2. 提升税收征管数字化管理能力。整合并升级现有信息系统，推广应用电子发票服务平台。在全国范围内推广增值税电子专用发票，修订《发票管理办法》，逐步实现发票全领域、全环节、全要素电子化，完成从“以票控税”到“以数治税”的转变，逐步提升数字系统对税收征管的支撑作用。同时依托税收大数据技术，实现业务全链条风险识别、监管、预警与防控，不断完善网上电子税务局，继续深入探索“非接触式”办税新模式，实现范围更广的网上办税缴费事项，为纳税人、缴费人提供更加便捷、高效的缴税缴费渠道。全面布局，打造数智化税收征管体系。借助大数据、区块链、人工智能、云计算等数字技术全方位布局，打造多维数智化税收监管体系；结合金税四期工程，实现信息“一户式、一人式、一局式、一员式”归集,建设具有高可靠性、数字活性的统一云端数字化平台。

3. 利用区块链技术提高纳税遵从度。利用区块链技术,将企业、个人的纳税信息分布式储存,形成可信赖的税收数据库。根据数据库中不可篡改的、确切的数据信息,有效促进纳税人按照真实交易诚信纳税,提高税收遵从度。结合云计算、利用区块链技术解决平台经济税收与税源相背离的问题,协同政府和社会各方开展税收征管活动。区块链将全平台交易实施留痕及储存,通过云计算将税收以合理的比例进行分配,或者通过先征后退、财政转移支付等方式合理配置税额,根据税收收入来源地重新分配税收收入。

(三)构建平台经济税收治理新模式

1. 构建数据共享机制与大数据治税模式。在平台经济模式下,数据已成为高价值资产,并成为核心竞争力的重要源泉。因此,加强税收数据共享是税收协同共治的基础条件。税务机关运用区块链、云计算、人工智能等现代信息技术完善平台经济税务登记制度,建立平台经济税收信息库,并与政府有关部门和社会机构加强沟通联系,实现多方监管主体的信息共享。在税收征管方面运用大数据技术只作为辅助工具,不仅能够追踪平台企业的税收不遵从行为,还能够通过纳税评估手段筛查数据,提高税源监控力度和高风险平台的治理水平,最终实现“以数治税”。

2. 创新平台经济税收征管方式。创新平台经济税收征管方式,采取平台企业或第三方支付平台税款扣缴制度。即以税收数据、交易平台数据共享为基础,以对平台经济参与主体的分类管理为前提,以平台企业或第三方支付平台扣缴税款为手段,对平台经营者身份注册验证和交易环节进行监控,并对其平台交易活动实行税款自动计算、源泉扣缴。具体实现方式是采用预置税款算法,即在交易平台管理系统中预置税款算法以及根据税制确定的起征点、减免税额等信息,以方便交易平台向支付平台发出资金指令时,进行价税分离并扣缴税款。但针对平台交易具有税源分散、交易额小、交易量大的特征,税收征管方式必须兼顾灵活性、便利性、快捷性。

3. 构建“信用＋风险”动态税收管理体系。(1)完善纳税信用评价标准和方法。要以“信用”为核心,探索推广纳税信用承诺制、办税服务“容缺制”等信用制度。一方面为办税人营造便利办税的营商环境,另一方面根据纳税人签署的书面承诺构建税收信用体系。结合数字时代的企业经济发展特征,修订《纳税信用管理办法(试行)》,将企业发展全生命周期纳入纳税信用评价范围,合理制定可应用于全国的标准指标及相应分值,并形成实时动态更新机制。(2)采取差异化监管方式,提高税收失信成本。税务机关可对来自纳税人提交、政府部门共享、平台企业互通所获取的海量数据进行深度挖掘与分析,继而构建纳税风险评估模型,并对其中的风险点进行筛查,通过平台对风险点进行下发派送,提升税务执法精细度。对于信用等级不同的纳税人,采取差异化管理方式:对高信用等级纳税人,给予充分的肯定和信任,为其开放税收绿色办理通道、开启税收优惠政策大门;对低风险纳税人,通过自主核查、推送风险提醒等方式将风险防患于未然;对一般风险纳税人,采取发票控制、日常监管及业务辅导等方式化解风险;对高风险纳税人,通过数据信息实时跟踪、集中评估与稽查相结合的方式,用最严格的标准提防逃避税收行为,提高税收失信成本。

4. 统一税收管辖权,解决税收与税源背离问题。平台经济突破了传统经济对机构场所、时间、地域等方面的限制,对现行税制下的税收管辖权提出了挑战。平台经济税权划分可依据经济联结度、显著经济存在等概念,但具体的税收管辖权规则在国际领域还未达成共识。虽然经济合作与发展组织提出双支柱方案、美国提出全球最低税率规则,但税收管辖权问题依然有待进一步协商解决。针对各国的不同态度,我国应当明确修订税收管辖权规则的必要性,从建立公平合理的国际税收新秩序的高度出发,增加国际税收规则制定的话语权。平台经济改变了传统企业的价值形成机理,数字商业模式从实质上改变了企业价值链构成,平台企业在原有税收管辖权规则下的经营安排与税收活动引发了税负不公平现象;平台经济造成企业和消费者的税权矛盾,加剧了地区间税收与税源的背离程度。解决此问题主要有两种思路:一是在现有税制体系下,利用财政转移支付重新分配各地区的税收收入,这要求合理配置财政转移支付额度,促进区域间财政公平与经济协调发展。二是全面改革现行税制体系,根据收入来源地原则划分税权,合理配置生产地与消费地的征税权,即引入增值税消费地原则,重新划分生产地与消费地的增值税分享比例,合理界定增值税在不同地区间的分配。

5. 构建协同共治的税收治理新格局。(1)构建以市场监管与税收治理为核心的协同治理体系。根据新业态跨行业、跨区域的特点,加强平台经济部门共治、区域共治、中央与地方共治,充分发挥大数据治税的数据共享与协同优势,构建网络市场监管、消费者权益保护、税收治理为核心内容的协同治理体系。"信息共享""以数治税"是构建税收协同共治机制的基础条件,引入外部协作部门是税收协同共治的关键,税务机关必须积极配合市场监管、公安、国土、海关、商务、金融机构等部门,构建有效的税收协同共治格局,打破数据之间的部门壁垒、行业壁垒和地区壁垒,形成以税收大数据为支撑的税收数据共享机制。(2)推动完善社会信用体系。加大全国信用信息共享平台开放力度,依法将可公开的信用信息与相关企业共享,提高信息透明度,支持平台提升管理水平。利用平台数据补充完善现有信用体系信息,加强对平台内失信主体的约束和惩戒。完善新业态、新模式信用管理体系,在网约车、共享单车、网络货运、电子商务等平台经济领域,建立健全身份认证、双向评价、信用管理等机制,规范平台经济参与者的经济行为。

6. 深度参与国际税收规则重构。数字经济的发展对跨国公司的全球架构、商业模式和税收选择产生重大影响,未来变革数字经济下的征税规则,不仅需要在技术层面达成一致,也需要在价值层面达成国际共识。坚持平台经济反垄断和防止资本无序扩张,既是保障市场主体创新和长远发展的需要,也是构建以国内大循环为主体、国内国际双循环相互促进的新发展格局的应有之义。从国内形势来看,我国作为平台经济的生产和消费大国,应推进国内税制改革与数字税收规则构建,从根本上解决平台经济的税制优化与治理问题;从国际形势来看,平台经济的数字治理变革必然导致国际税收规则的重塑,基于税收主权及国内消费者、平台经济利益的考虑,我国在国际税收规则的制定和落实过程中,应积极参与讨论和框架制定,提高我国在数字经济税收规则制定方面的话语权,以有效维护国家税收主权与经济利益,促进世界税收公平目标的实现,为数字时代国际税收规则的重构贡献中国智慧。

【参考文献】

[1]Aleksandra Bal,*The Changing Landscape of the EU VAT: Digital VAT Package and Definitive VAT System*,European Taxation,Vol. 3,p. 73-80(2019).

[2]陈宇、李锐:《我国分享经济税收问题研究》,载《中央财经大学学报》2017 年第 8 期。

[3]李昊源:《我国互联网交易的税收征管问题研究》,中央财经大学 2017 年博士学位论文。

[4]茅孝军:《共享经济下兼职收入的税法规制——兼评〈法国共享经济税收法案〉》,载《地方财政研究》2018 年第 7 期。

[5]蔡昌、李艳红:《共享经济的税收治理难点与治理方略研究》,载《商业会计》2020 年第 5 期。

[6]蔡昌、庞思诚:《ChatGPT 的智能性及其在财税领域的应用》,载《商业会计》2023 年第 9 期。

[7]沈瑛华、梁紫:《应对数字经济发展 澳大利亚货劳税税制借鉴与思考》,载《国际税收》2018 年第 2 期。

[8]谢富胜、吴越、王生升:《平台经济全球化的政治经济学分析》,载《中国社会科学》2019 年第 12 期。

[9]叶永青、赵文祥:《美国最高法院销售税判决下的隐喻与变局——简评 South Dakota v. Wayfair 案》,载《国际税收》2018 年第 8 期。

[10]周克清、李霞:《平台经济下的税收治理体系创新》,载《税务研究》2018 年第 12 期。

[11]谭书卿:《数字经济税收征管的制度挑战及应对措施》,载《南方金融》2020 年第 6 期。

某省税务行政诉讼裁判案件概况、教训和建议

梁静雲*

通过对中国裁判文书网公开数据库、Alpha 案例库的搜索，选取“当事人信息：税务局”“行政案由”“某省”“2017 年、2018 年、2019 年、2020 年、2021 年、2022 年”四个词条后，检索出 2017 年 1 月 1 日至 2022 年 12 月 31 日某省的税务行政诉讼裁判文书 87 份，通过对这些税务行政诉讼裁判文书进行实证分析，从原告被告的情况、具体税务纠纷类型、法院审理程序、法院裁判情况等维度进行分析，揭示某省 2017 年至 2022 年税务行政诉讼的审判规律，希望通过分析和研究，展现某省税务行政诉讼的基本情况、税务机关败诉原因等数据总结，为税务干部、税务公职律师、税务律师办理税务行政诉讼提供大数据指导。

一、某省税务行政诉讼裁判案件基本情况

（一）基本情况分析

1. 税务行政诉讼案件年度数据

自 2017 年 1 月 1 日至 2022 年 12 月 31 日公布的某省税务行政诉讼裁判文书共计 87 件（不排除部分税务行政诉讼案件未上传的可能），2017 年审理 16

---

* 梁静雲，甘肃省律协财税专业委员会秘书长，甘肃王力律师事务所律师。

件(一审 14 件、二审 1 件、其他程序 1 件),占比 18.39%;2018 年审理 31 件(一审 11 件、二审 10 件、再审 1 件、执行 5 件、其他程序 4 件),占比 35.63%;2019 年审理 18 件(一审 9 件、二审 5 件、再审 1 件、执行 1 件、其他程序 2 件),占比 20.69%;2020 年审理 18 件(一审 11 件、二审 6 件、其他程序 1 件),占比20.69%;2021 年审理 4 件(一审 4 件),占比 4.60%;检索数据显示 2022 年数据为 0。

2. 案件审理程序统计

检索案件中,一审案件有 49 件,二审案件有 22 件,再审案件有 2 件,其他程序(含国家赔偿 1 件)案件有 8 件,执行案件有 6 件。所占比例如图 1 所示。

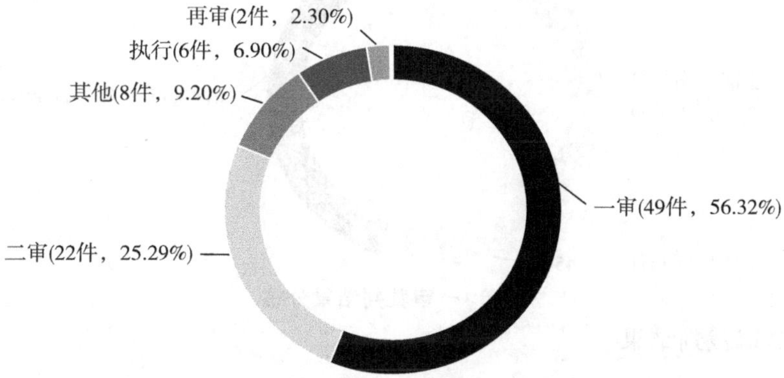

图 1　案件审理程序统计

(二)案由分布

在细化行政案由后,87 件案件案由分布情况分别是:行政管理范围的 40 件(其中税务行政管理 39 件、工商行政管理 1 件),行政行为的 47 件(其中行政处罚 26 件、行政复议 10 件、行政征收 4 件、行政赔偿 3 件、行政强制 1 件、行政不作为 1 件、行政登记 1 件、未列举被诉行政行为 1 件)。

(三)地域分布

87 件案件主要集中在 5 个市、州局,其中一个局超过 30 件,占比达 34%。

(四)裁判结果

1. 一审裁判结果

通过对一审裁判结果的可视化分析,撤回起诉的有 22 件,占比为 44.90%;全部驳回的有 11 件,占比为 22.45%;全部/部分支持的有 8 件,占比为 16.33%;驳回起诉的有 5 件,占比为 10.20%(见图 2)。

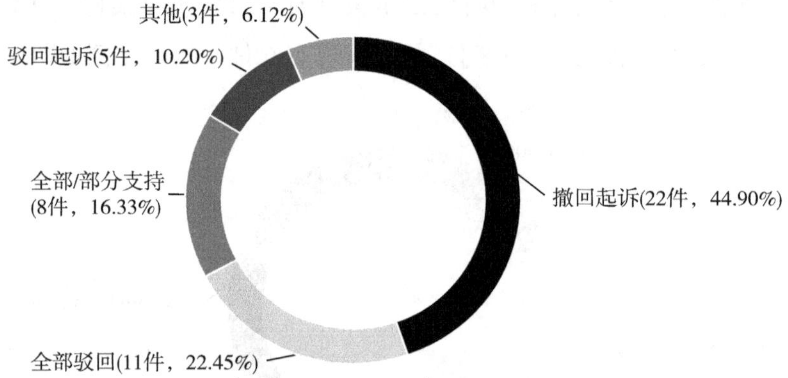

图 2　一审裁判结果分布

2. 二审裁判结果

通过对二审裁判结果的可视化分析,维持原判的有 11 件,占比为 50.00%;其他的有 7 件,占比为 31.82%;改判的有 3 件,占比为 13.64%;发回重审的有 1 件,占比为 4.54%(见图 3)。

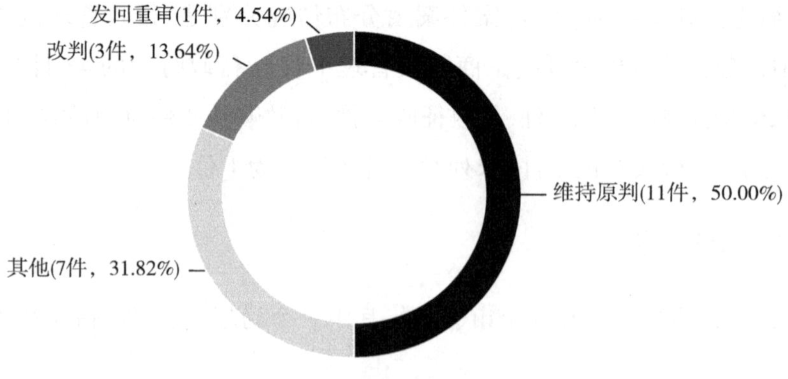

图 3　二审裁判结果分布

3. 再审裁判结果

通过对再审裁判结果的可视化分析，驳回再审申请的有 2 件，占比为 66.67%；改判的有 1 件，占比为 33.33%（见图 4）。

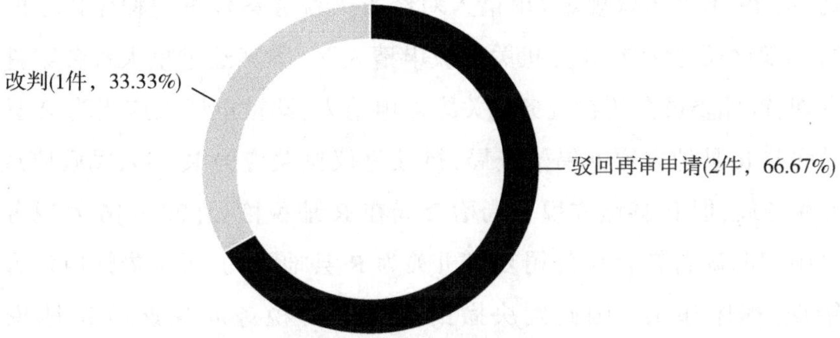

图 4　再审裁判结果分布

（五）税务机关败诉数据

经对上述 87 份税务行政诉讼裁判文书整理，税务机关败诉的有 22 件，占比为 25.29%（含不准予执行相关税务文书的案件 11 件、公益诉讼案件 1 件）。

二、税务机关败诉的原因

在对检索的税务行政诉讼裁判文书中税务机关败诉案件进行分析后，梳理出税务机关败诉的原因有以下几个方面。

（一）告知申请人复议机关错误，程序违法

参考案例：L 市 R 县合作公司与 R 县地方税务局稽查局、R 县地方税务局行政处理行政案。

2016 年 8 月 4 日至 9 月 4 日，R 县地方税务局稽查局对合作公司进行税务检查，认定合作公司偷税，作出 R 地税稽处〔2016〕6 号税务处理决定书，并告知可依法向 R 县地方税务局申请行政复议。

2017 年 3 月 8 日，合作公司向 R 县地方税务局提起行政复议申请，R 县地

方税务局经过审理作出复议决定,维持该税务处理决定书。合作公司提起诉讼。

本案中,处罚和处理决定均适用了重大案件审理程序,根据《税务行政复议规则》第 29 条第 2 款规定“申请人对经重大税务案件审理程序作出的决定不服的,审理委员会所在税务机关为被申请人”。本案经过重大税务案件审理程序审理,审理委员会所在税务机关为被申请人,即被申请人应当为 R 县地方税务局而非 R 县地方税务局稽查局,行政复议机关应为 R 县人民政府或者 L 市地方税务局,但 R 县地方税务局稽查局在 R 地税稽处〔2016〕6 号税务处理决定书中却明确告知合作公司复议机关为 R 县地税局,属于告知申请人复议机关错误,程序违法。因此判决撤销 R 县地方税务局稽查局 R 地税稽处〔2016〕6 号税务处理决定书和撤销 R 县地方税务局 R 县地税复决〔2017〕2 号税务行政复议决定书并责令 R 县地方税务局在 30 日内重新作出税务处理决定。某省 L 市中级人民法院经二审审理后维持原判。

(二)重大税务案件审理内容片面,导致败诉

参考案例:L 市 J 县禾信公司与国家税务总局 L 市税务局第二稽查局、国家税务总局 J 县税务局行政处理案。

2016 年 8 月 7 日,被告稽查局对原告 2013 年 3 月 5 日至 2016 年 6 月 30 日的涉税情况进行了全面检查,确认原告少申报缴纳各项税费。被告稽查局在作出初步处理意见后,将案件提交被告税务局重大案件审理委员会讨论决定。2016 年 8 月 18 日、9 月 2 日,被告税务局两次召开重大案件审理委员会会议,对涉案的行政处罚部分和行政处理部分均进行了讨论评议并作出了决定。

2016 年 9 月 8 日被告稽查局作出 J 地税稽处决〔2016〕16 号税务处理决定,认定禾信公司偷税,并告知可依法向被告税务局申请行政复议。

2017 年 3 月 7 日原告禾信公司申请行政复议被受理,复议机关作出 J 地税复决〔2017〕1 号行政复议维持决定。禾信公司提起诉讼。

该案一审人民法院以被告稽查局告知复议机关错误撤销被诉行政行为。

二审审理后人民法院认为：重大案件审理委员会全体会议记录显示，该次会议仅就处罚幅度进行了讨论，并未就追缴税款、加收滞纳金等税务处理事项进行讨论并形成决议，更未依法制作与税务处理有关的审理纪要和审理意见书，因此被诉税务处理决定未经重大税务案件审理程序决定，程序严重违法，应予撤销。同时还存在稽查局告知行政复议机关错误、复议机关受理行政复议超过法定的申请期限错误，因此改判。

（三）未履行法定职责，引发公益诉讼，造成败诉后果

参考案例：国家税务总局 Z 市税务局不履行法定职责案。

新雅公司 1999 年年底开工建设“新雅大厦”，2005 年下半年完工。2006 年 11 月，新雅大厦 1～7 层房产经 Z 市城关区人民法院裁定以 500 万元抵账归光明公司所有。同年，其余 93 套住宅和 1 套商业用房出售完毕。其间，该公司缴纳了部分营业税款。2006 年 10 月 30 日，对于新雅公司未按期办理纳税申报、报送资料的行为，原市地方税务局对其处以 300 元行政罚款。2007 年 1 月至 3 月，原市地方税务局分三次向新雅公司发出通知，限该公司在 2007 年 2 月 7 日、3 月 9 日、4 月 10 日前如实、足额申报缴纳应缴未缴的应纳税款。之后，新雅公司又缴纳了部分营业税款。

公益诉讼人区检察院在履职过程中发现新雅公司存在偷漏税款的情况，于 2017 年 4 月 7 日向原市地方税务局发出检察建议，建议该局积极履行职责，采取有效监管措施追缴新雅公司欠缴的营业税款 1,716,829.28 元。2017 年 5 月 3 日，原市地方税务局作出回复，新雅公司营业执照于 2012 年 2 月 17 日被吊销，公司已无银行存款、相关动产或者不动产采取税收保全或者强制执行措施，后续将强化征管力度。2018 年 3 月 9 日，公益诉讼人提起诉讼后，被告国家税务总局 Z 市税务局依法对涉案房产的销售收入进行核定，认定新雅公司欠缴营业税款 1,440,651.69 元。

本案审理法院认为，被告国家税务总局 Z 市税务局作为继续行使原市地方税务局职权的税收机关，对于新雅公司未及时足额缴纳营业税款的行为，除

在2006年对该公司未按期办理纳税申报报送资料的行为处以罚款、2007年通知该公司限期如实足额申报缴纳应缴未缴的应纳税款外,并未依法及时采取检查账目、责令限期缴纳、加收滞纳金、处以罚款、扣划银行存款、扣押拍卖财产等有效措施,确保涉案营业税款征收到位,其行为构成履行职责不完全。公益诉讼人的诉讼请求成立,判决责令被告国家税务总局Z市税务局履行法定职责,并在判决生效之日起90日内将第三人新雅公司欠缴的1,440,651.69元营业税款追缴到位。

(四)移送程序错误导致败诉

参考案例:X县红叶药业有限公司与某省D市国家税务局稽查局行政处罚案。

X县红叶药业有限公司涉嫌虚开增值税专用发票一案,D市国家税务局稽查局、D市公安局于2015年12月24日同日分别立案检查、侦查。2015年11月24日,D市公安局书面向D市国家税务局告知该案符合刑事立案条件,决定立案。被告D市国家税务局稽查局对该案调查后,认为涉嫌犯罪,于2016年4月25日,将案件材料向D市公安局进行了移送。在D市公安局对该案开展刑事侦查阶段,2016年4月29日,被告D市国家税务局稽查局对X县红叶药业有限公司作出D国税稽罚〔2016〕16号税务行政处罚决定,对X县红叶药业有限公司处以50万元的罚款。原告X县红叶药业有限公司提起行政诉讼。

该案人民法院认为,《行政执法机关移送涉嫌犯罪案件的规定》(2001年)第3条、第8条、第10条、第11条第3款、第13条及《行政处罚法》(2017年)第7条第2款、第28条第2款规定,对涉嫌犯罪的行为,公安机关立案后,依法应由司法机关作出处理;本案被告在已知公安机关对X县红叶药业有限公司涉嫌虚开增值税专用发票一案进行了立案侦查的情况下,依法定程序应等待司法机关对本案的处理结果,再决定是否对该公司作出行政处罚。而本案被告在司法机关对该涉嫌犯罪行为未作出最后处理之前,就对原告X县红叶药业有限公司作出D国税稽罚〔2016〕16号税务行政处罚决定,违反了以上法律、法规规定，其处罚程序违法，依法应予以撤销。

（五）计算错误导致败诉

参考案例：惠新农业股份有限公司与W市L区地方税务局稽查局行政处罚案。

W市L区地方税务局稽查局于2017年2月7日作出的L地税稽罚〔2017〕5号行政处罚决定书认定：惠新农业股份有限公司在2010年1月1日至2013年12月31日少申报缴纳（扣缴）地方各税费，违反了《税收征收管理法》第25条第1款、第31条第1款的规定。遂依据《税收征收管理法》第64条第2款的规定处以少缴税款50%的罚款。

人民法院审理后发现被告稽查局作出的处罚决定书中存在多处税款计算错误，导致罚款金额错误的情况。例如，（1）处罚决定书认定原告2010年的土地租赁合同金额1,419,500.00元［37.7亩×700元/（亩·年）×50年］，应申报缴纳“财产租赁合同”印花税1419500×1‰＝1419.50元。按照被告列举的计算公式和数据，37.7亩×700元/（亩·年）×50年＝1319500元，应缴纳印花税并不是1419.50元，其纳税基数应该是1,319,500元，整整多出了10万元的基数，被告按1419.50元作出处罚，认定事实错误。（2）被告的处罚决定书认定原告2010年发生的广告及业务宣传费517,075.74元，按“加工承揽合同”计征原告缴纳印花税517,075.74元×0.05‰＝258.50元，依照被告列举的517,075.74元×0.05‰计算公式，其正确的金额应该是25.85元，并不是258.50元，被告按258.50元作出处罚，认定事实错误。被告作出的行政处罚决定书，事实不清，主要证据不足，程序违法，依法应予撤销。

（六）盲目申请人民法院强制执行引发败诉

在检索出的87份裁判文书中，有大量被裁定不准予执行的文书，如Q市F区地方税务局与Q市F区益丰小额贷款有限责任公司非诉执行案件；某省C市国家税务局非诉执行审查行政案件；等等。

这些案件被裁定不准予执行的原因主要有:(1)因法律规定行政相对人提起行政诉讼时效尚未届满;(2)申请不符合《行政强制法》第55条第1款的规定,不符合强制执行的必备要件;(3)申请强制执行的期限明显已过;(4)申请执行人的申请不属于人民法院非诉执行案件受理的范围,不予受理。

三、建议

(一)加强涉税相关法律法规的培训、学习

我国通过制定相关法律、法规、规章、规范性文件对税收实体行为和程序进行了规定。税务干部应通过不断强化"主体法定""职权法定""程序法定""责任法定"意识来建立法治思维,牢记法无授权不可为、法定职责必须为、法定程序不可违。在法定职权范围内,充分行使管理税收的职能,做到既不失职又不越权,不非法侵犯纳税人(扣缴义务人、纳税担保人)的合法权益。

要做到这些,就必须加强对涉税相关法律法规的学习,清楚认识到谁应当、可以作出这项行政行为,以及作出的依据、程序等,以此保障作出行为的正当性。

(二)充分发挥主观能动性,优化征管方式

为实现不同的统计目的,我国企业根据不同的标准有不同的分类,有按行业区分的,有按规模区分的,有按所处地域区分的。同样,税收征管方式也不应将所有企业混为一谈,不做区分。在日常征管中,如何有效平衡"无风险不打扰"与"税款应收尽收"就需要充分发挥税务干部的主观能动性,在征管中不只依赖于税控系统,还要勤于归纳合并各种同类项,横向、纵向比对数据,人机结合,逐渐总结出更优、更科学的征管方法论。

(三)公职律师与外聘法律顾问互补,防范税务行政执法风险

程序法优于实体法是税法的适用原则之一,相较于税务干部更懂税务、财务而言,拥有法律知识的专业人员更擅长处理程序问题。因此,建议通过公职

律师与外聘法律顾问互补的方式，构建法治化工作机制。将法制审核工作补充到各项工作中，法制全过程参与、建议、审核，防范税务行政执法风险发生。即使发生风险，税务机关法治化工作机制也可迅速、有效响应，采取相应方案处理。

（四）税务干部加强工作责任心，避免失误

税收法定原则要求税收要素明确，税收要素包括纳税、征税对象，税目，税率，计税依据，纳税环节，减免税，纳税期限和违法处理。根据法定要素，计算出确定、可靠的税款金额，这就需要税务干部在税收征管中加强工作责任心，依法、谨慎地确认纳税义务的发生、税款金额，在制作文书时多检查，避免因失误引发败诉风险。

（五）在保证国家税款不流失的前提下，灵活执法、柔性执法、说理式执法

纳税人与税务机关之间是天然的对立统一关系，税务机关是法定的征税机关，受双方立场、经济能力、掌握信息不对称等因素影响，极易在对部分业务进行税务处理时发生争议。为了保障执法安全，做到案结事了、定分止争，建议税务机关、税务干部在处理与纳税人、扣缴义务人的争议案件时，在保证国家税款不流失的前提下，综合国家利益、税务机关风险、纳税人行为产生原因、行为造成结果等多方面进行考量，在法律限度内灵活执法、柔性执法、说理式执法，以恰当的方式达到最优的执法效果、社会效果。

（六）公布典型负面案例，倒逼税务系统重视税务行政诉讼

国家税务总局可以在适当的时候，选择典型案例，在税务系统内部公布，引以为戒，倒逼税务系统重视行政诉讼的应对。其根本目的还是要规范税务执法，在强调纳税人的税收遵从、税务合规的同时，也要注意税务系统的税务执法合规。

税收强制执行案例大数据分析报告

武雪君*

摘要：本报告通过对2015～2022年度税收强制执行争议裁判文书、2017～2022年度税务机关申请人民法院非诉执行审查案件裁判文书分别进行梳理，从争议焦点、法院裁判情况等维度进行分析，展现该期间全国税收强制执行争议以及税务机关申请人民法院非诉执行审查的基本情况、判决要点等数据，旨在为税收强制执行执法风险防控以及税务机关申请人民法院非诉执行审查提供大数据指导，为税收强制执行程序优化探寻可行路径。

关键词：税收强制执行；案例分析

一、税收强制执行争议诉讼案件大数据分析报告

本部分通过对中国裁判文书网公开数据库、Alpha案例库检索，选取"当事人信息：税务局""行政案由""2015年1月1日至2022年12月31日""强制执行决定书"四组词条后，检索出2015年1月1日至2022年12月31日全国税收强制执行争议裁判文书216份。以下进行详细分析。

（一）整体情况分析

如图1所示，可以看到2015年至2020年税收强制执行争议诉讼案件数

* 武雪君，北京市盈科（兰州）律师事务所律师。

量的变化基本呈上升趋势，2021 年之后因新冠疫情影响呈现骤减趋势。

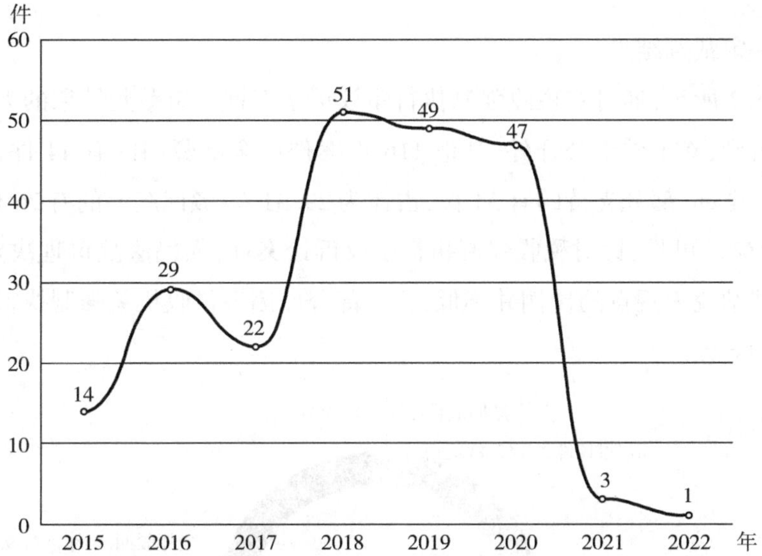

图 1　税收强制执行争议诉讼案件年份分布情况

从地域分布来看，税收强制执行争议诉讼案件主要集中在浙江省、辽宁省、陕西省，分别占比 13.89%、8.80%、7.87%。其中浙江省的案件量最多，达到 30 件。

（二）程序分类

如图 2 所示，从税收强制执行争议诉讼案件的程序分类统计可以看到：一审案件有 117 件，二审案件有 80 件，再审案件有 19 件。

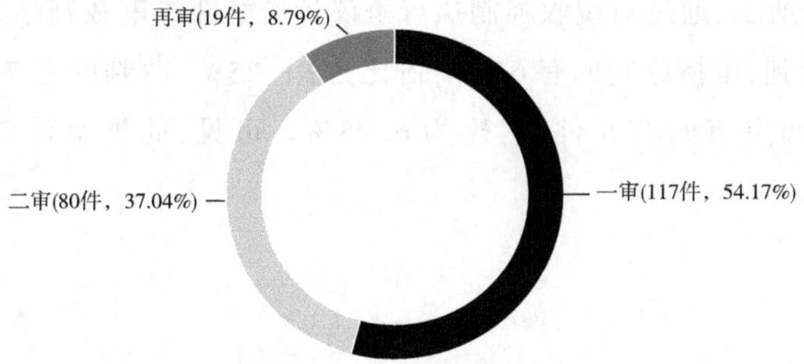

图 2　税收强制执行争议诉讼案件程序分布情况

(三)裁判结果

1. 一审裁判结果

如图 3 所示,通过对税收强制执行争议诉讼案件一审裁判结果的大数据分析可以看到,除 1 件未公开外,其他 116 件案件中全部驳回的有 44 件,占比为 37.93%;全部/部分支持的有 34 件,占比为 29.31%;驳回起诉的有 26 件,占比为 22.41%。可见,针对税收强制执行争议诉讼案件,人民法院审理决定全部/部分支持纳税人观点的比例并不低,且大部分原因系税收机关强制执行程序违法等问题导致。

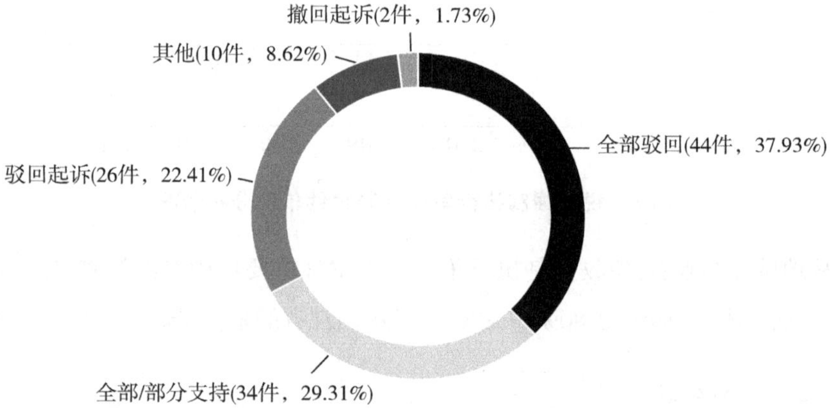

图 3 税收强制执行争议诉讼案件一审裁判结果分布情况

2. 二审裁判结果

如图 4 所示,通过对税收强制执行争议诉讼案件二审裁判结果的大数据分析可以看到,维持原判的有 65 件,占比为 81.25%;改判的有 7 件,占比为 8.75%;发回重审的有 5 件,占比为 6.25%。可见,此类案件二审维持率较高。

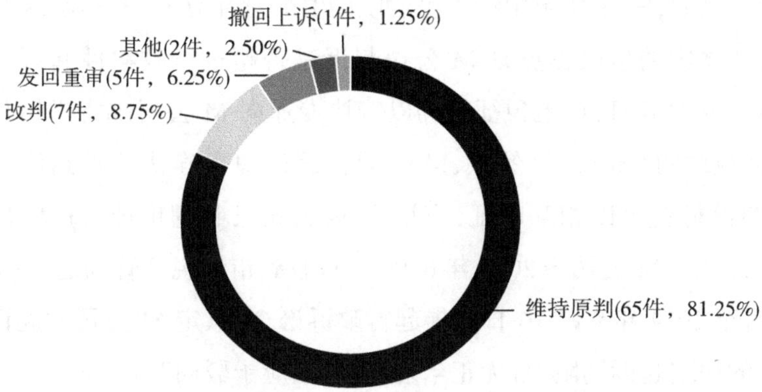

图 4　税收强制执行争议诉讼案件二审裁判结果分布情况

3. 再审裁判结果

如图 5 所示，通过对税收强制执行争议诉讼案件再审裁判结果的可视化分析可以看到，驳回再审申请的有 17 件，占比为 89.48%；发回重审的有 1 件，占比为 5.26%；维持原判的有 1 件，占比为 5.26%。可见，此类案件再审驳回率较高。

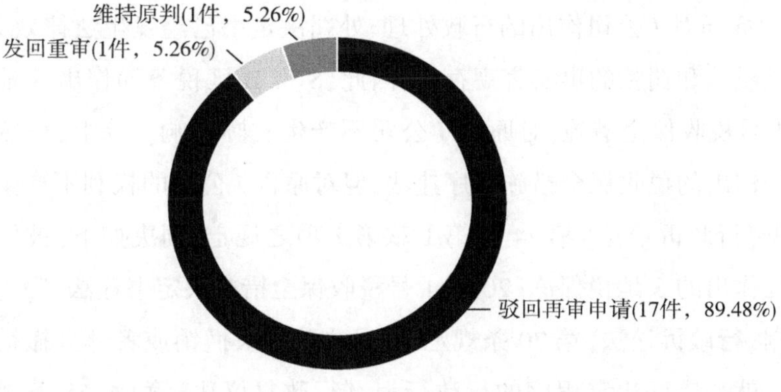

图 5　税收强制执行争议诉讼案件再审裁判结果分布情况

（四）总结与建议

据统计，针对税收强制执行争议诉讼中，人民法院审理决定全部或部分支持纳税人观点的比例并不低，且大部分情况系税务机关强制执行程序违法等问题导致的。例如,H 省 H 市中级人民法院(2015)H 中法行终字第 18 号行政裁定书认为:“本案的争议焦点是 M 公司起诉是否超过行政案件起诉期限的问题。2014 年 9 月 6 日,市地税征管局以特快专递向 M 公司邮寄送达催告通知书,邮件回执载明‘董某’已签收,M 公司在诉讼中也确认已收到该催告通知书,上述两份材料可以相互印证,应视为 M 公司已收到市地税征管局送达的 0004 号决定书。M 公司于 2014 年 6 月 13 日收到市地税征管局送达的 0004 号决定书,直至 2014 年 9 月 16 日才提起行政诉讼,应认定 M 公司的起诉已经超过三个月的法定起诉期限,且无正当理由,依法应予驳回”。

又如,S 市 B 区人民法院(2017)X0511 行初 49 号行政判决书认为:“本案中,被告 S 市 B 区税务局于 2014 年 1 月 20 日,21 日分别对原告 J 公司作出税务处理决定书和税务处罚决定书,但 J 公司未按照上述文书履行义务,后经 S 市 B 区税务局责令限期缴纳后,J 公司在规定的期限内仍未缴纳。因此,根据上述法律规定,S 市 B 区税务局可以对其直接采取强制执行措施。但是,本案中,S 市 B 区税务局却对 J 公司作出税收保全措施决定书,行政程序不妥。因 S 市 B 区税务局对 J 公司作出的行政处理、处罚决定书已经发生法律效力。J 公司未缴纳税款和罚款的事实客观存在,因此,S 市 B 区税务局作出 S 地税保冻〔2017〕1 号税收保全措施,对原告 J 公司不产生实际影响。综上,虽然 S 市 B 区税务局作出的税收保全措施程序违法,但对原告 J 公司的权利不产生实际影响。根据《行政诉讼法》第 74 条第 1 款第 2 项之规定,判决如下:被告 S 市 B 区税务局作出的 S 地税保冻〔2017〕1 号税收保全措施决定书违法。”

依据《行政诉讼法》第 70 条规定,人民法院判决撤销或者部分撤销的行政行为之一就是违反法定程序的行政行为;《行政复议法》第 64、65 条规定决定撤销、部分撤销或者确认该具体行政行为违法的情形就包括违反法定程序的情形。税务机关实施强制执行过程中,涉及程序违法或瑕疵的常见情形如未依照法定程序送达、未履行催告告知义务、未履行内部审批程序、未适用未充分保障纳税人陈述申辩及救济权利等。据此,税务机关实施强制执行时应当重视程序性权利的保障。

二、税务机关申请人民法院非诉执行审查案件大数据分析报告

本部分通过对中国裁判文书网公开数据库、Alpha 案例库检索，获取了 2017 年 1 月 1 日至 2022 年 12 月 31 日的税务机关申请人民法院非诉执行审查案件，共 4698 篇裁判文书，旨在为税务机关申请人民法院非诉执行审查提供大数据指导。

（一）整体情况分析

如图 6 所示，可以看到这 6 年税务机关申请人民法院非诉执行审查案件数量的变化趋势。2019 年税务机关申请人民法院非诉执行案件的数量是这 6 年中最高的，另因受 2019 年年底开始的疫情影响，税务机关申请人民法院非诉执行案件的数量自 2020 年起呈下降趋势。

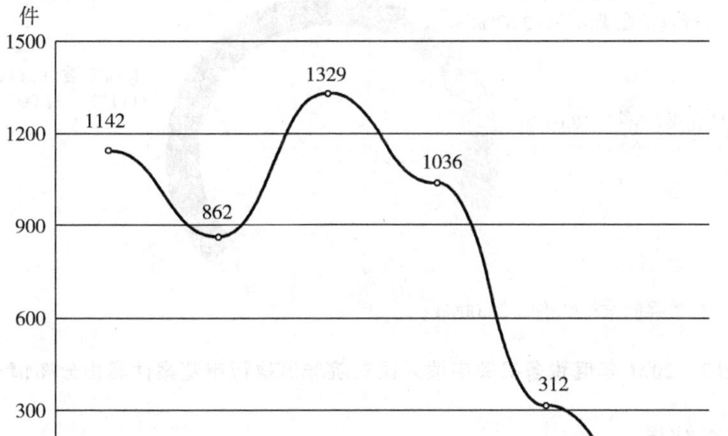

图 6　税务机关申请人民法院非诉执行审查案件年份分布情况

从地域分布来看，税务机关申请人民法院非诉执行审查案件主要集中在福建省、浙江省、江苏省，分别占比 25.29%、22.90%、20.37%。其中福建省的案件量最多，达到 1188 件。

(二)2021 年度税务机关申请人民法院非诉执行审查案件大数据分析

鉴于 2022 年税务机关申请人民法院非诉执行审查案件仅有 17 件,本部分特选取 2021 年度(2021 年 1 月 1 日至 2021 年 12 月 31 日)税务机关申请人民法院非诉执行审查案件共 300 篇裁判文书进行详细分析,以展现近年税务机关申请人民法院非诉执行审查案件的裁判趋势。

1. 案由分布

如图 7 所示,从 2021 年度税务机关申请人民法院非诉执行审查案件的案由分类情况可以看到当前的案由分布,未列举被诉行政行为(系针对社保费用)、行政强制执行、行政处罚类是最为主要的三个,其次是行政征缴类、行政处理和其他案由。

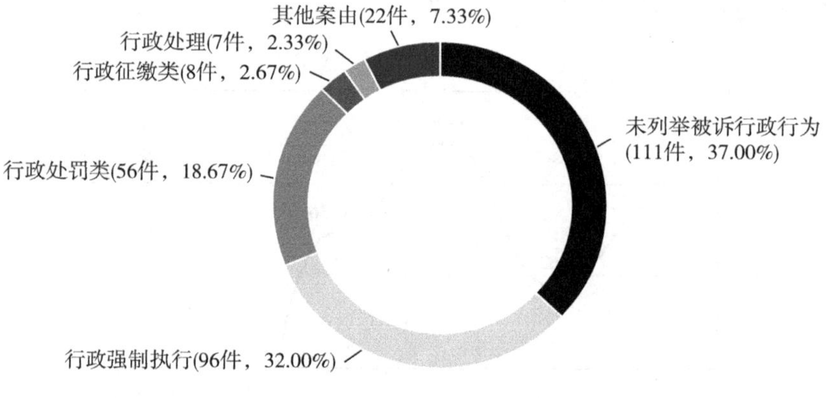

图 7　2021 年度税务机关申请人民法院非诉执行审查案件案由分布情况

2. 审查结果

如图 8 所示,2021 年度税务机关申请人民法院非诉执行审查案件的审查结果为:准予执行 241 件,占比为 80.33%;不予受理 10 件,占比为 3.33%;驳回强制执行申请 30 件,占比为 10.00%;不予执行 3 件,占比为 1.00%;准许申请执行人撤回申请 16 件,占比为 5.34%。

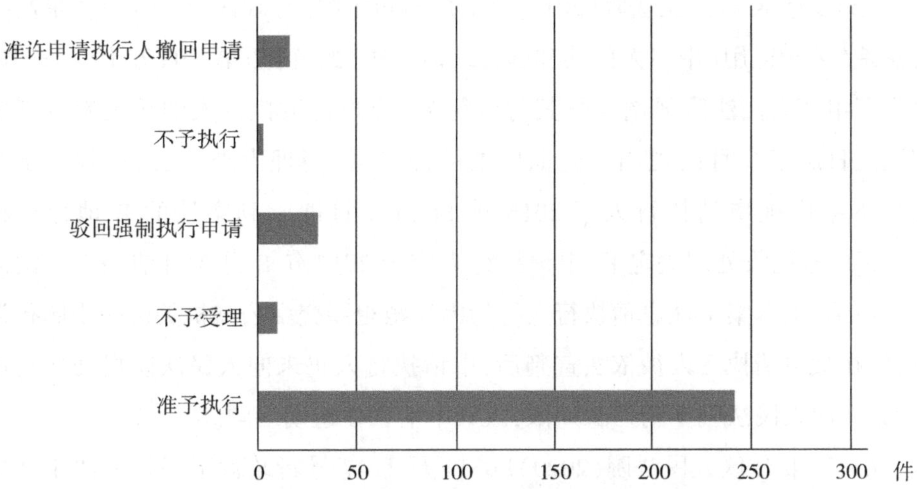

图 8 2021 年度税务机关申请人民法院非诉执行审查案件审查结果情况

(三)总结与建议

2021 年度税务机关申请人民法院非诉执行审查案件中未准予强制执行、驳回强制执行、不予受理强制执行的主要情形包括人民法院认为应由税务机关依法采取强制执行的,如人民法院认为法律已授权税款由税务机关强制执行;税务机关在被执行人复议、诉讼权利未到期前申请强制执行的;税务机关强制执行申请超过法定期限等情形。

例如,(1)N 自治区 W 市中级人民法院(2018)N03 行审复 4 号行政裁定书认为:"《税收征收管理法》第八十八条第三款规定:'当事人对税务机关的处罚决定逾期不申请行政复议也不向人民法院起诉、又不履行的,作出处罚决定的税务机关可以采取本法第四十条规定的强制执行措施,或者申请人民法院强制执行。'本案中,复议申请人 W 市地方税务局稽查局于 2016 年 7 月 18 日对被执行人雷某举作出了 W 地税稽处字〔2016〕20 号税务处理决定书,该决定书不属于《税收征收管理法》第八十八条规定的'处罚决定',不属于可申请法院强制执行的范围。"

(2)B 市 K 区人民法院(2019)N0203 行审 18 号行政裁定书认为:"最高人民法院《关于适用〈中华人民共和国行政诉讼法〉的解释》第一百五十六条明确规定了申请人民法院强制执行其行政行为'应当自被执行人的法定起诉期限届满之日起三个月内提出。逾期申请的,除有正当理由外,人民法院不予受理',本案中被申请执行人于 2016 年 11 月 3 日即收到案涉的 B 地税稽处〔2016〕7 号税收处理决定书,申请执行人应于 2017 年 8 月 3 日前向人民法院提出申请,虽本案中被申请执行人行为因涉嫌犯罪交由公安机关进一步履行调查,但在被申请执行人被依法宣判后,申请执行人仍未向人民法院提交执行申请,亦未向人民法院申请延长期限,故其申请存在逾期问题。"

(3)L 市 L 区人民法院(2020)L0311 行审 47 号行政裁定书认为:"本案中被申请执行人法定起诉期限尚未届满,故申请执行人提出的强制执行不在法定期限内,不符合法律相关规定。"

(4)L 省 L 市中级人民法院(2017)L10 行审 1 号行政裁定书认为:"《行政强制法》第五十五条第一款规定:'行政机关向人民法院申请强制执行,应当提供下列材料:(一)强制执行申请书;(二)行政决定书及作出决定的事实、理由和依据;(三)当事人的意见及行政机关催告情况;(四)申请执行标的情况;(五)法律、行政法规规定的其他材料。'申请执行人未能提供上述第(三)、(四)项材料,不符合申请强制执行的规定。依据最高人民法院《关于执行〈中华人民共和国行政诉讼法〉若干问题的解释》第 95 条之规定,裁定如下:不准予强制执行。"

结合上述案例,依据《行政强制法》第 53 条之规定:"当事人在法定期限内不申请行政复议或者提起行政诉讼,又不履行行政决定的,没有行政强制执行权的行政机关可以自期限届满之日起三个月内,依照本章规定申请人民法院强制执行。"可见,实践中税务机关向人民法院申请非诉行政执行时应当审查是否满足以下条件:(1)税收当事人既未依法申请行政复议或提起行政诉讼,又不履行行政决定的;(2)税务机关没有相应的行政强制执行权;(3)税务机关应在期限届满 3 个月内向人民法院提出强制执行申请。又依据《税收征收管理法》第 40 条的规定:“从事生产、经营的纳税人、扣缴义务人未按照规定的期限缴纳或者解缴税款,纳税担保人未按照规定的期限缴纳所担保的税款,由税务机关责令限期缴纳,逾期仍未缴纳的,经县以上税务局(分局)局长批准,税务机关可以采取下列强制执行措施……”《税收征收管理法》第 88 条第 3 款规定:“当事人对税务机关的处罚决定逾期不申请行政复议也不向人民法院起诉、又不履行的,作出处罚决定的税务机关可以采取本法第四十条规定的强制执行措施,或者申请人民法院强制执行。”目前人民法院多认为税务处理决定只能由税务机关自行强制执行,而税务处罚决定,税务机关可自行强制执行或申请人民法院强制执行。税务机关在申请人民法院执行时,应当按照规定依法实施,同时要注意保障被申请执行人相应的权利不受侵害。在保证程序合法的基础上,通过申请人民法院执行履行自身职责。

【参考文献】

李铭:《税务强制执行存在的法律问题探究》,载《法制与经济》2020 年第 11 期。

优化个人所得税教育专项附加扣除助力“三孩”政策的实施研究

马　军　王晓雯*

摘要：个人所得税作为我国核心税种之一，也是最切近民生的一项直接税。2018 年个人所得税改革所增加的有关家庭教育专项附加扣除与影响公民生育意愿的教育成本紧密相关，但其扣除方式较为单一，本文结合国家统计局及《中国家庭教育消费白皮书》公布的相关数据，在借鉴其他国家税制中有关家庭教育扣除体系的前提下设计出一套切实可行的改进方案。

关键词：个人所得税；专项扣除；家庭教育

一、引言

从 2011 年“双独二孩”政策的推广到 2015 年“全面二孩”政策的实施，再到 2021 年开放“三孩”政策，逐渐下降的出生率证明了单纯依靠放开生育政策难以实现鼓励家庭生育的目标，我国亟须制定出台一系列配套支持性的制度安排。① “三孩”政策实施的同年 8 月，我国在修改的《人口与计划生育法》中明

---

* 马军，兰州财经大学财政与税务学院教授；王晓雯，兰州财经大学财政与税务学院硕士研究生。

① 参见杨菊华：《生育支持与生育支持政策：基本意涵与未来取向》，载《山东社会科学》2019 年第 10 期。

确了国家将积极采取税收政策等配套措施来减轻家庭教育负担。与此紧密相关的就是个人所得税,尤其是其中有关家庭教育的专项附加扣除,而我国个人所得税的历次调整中都面临效率与公平的权衡问题。当前其专项附加扣除中的定额扣除方法显然仅着重考量了征管效率,这与个人所得税调节收入差距的公平性并不匹配。2009 年以来我国居民人均可支配收入基尼系数尽管在波动下降,表明我国居民人均可支配收入差距在逐渐缩小,但总体上仍然普遍高于 0.46,超过合理区间,居民人均可支配收入差距仍然较大,进一步证明了个人所得税改革需重视其调节公平作用,缩小居民人均可支配收入差距。

另外,尽管"三孩"政策出台后国家税务总局又相继出台了"设立 3 岁以下婴幼儿照护个人所得税专项附加扣除"和"提高 3 岁以下婴幼儿照护、子女教育、赡养老人个人所得税专项附加扣除标准"的配套优惠政策,但我国仍然出现 -0.60‰的人口负增长情况,究其原因,"养不起"仍然是矛盾的焦点所在,尤其是教育成本过高,《中国家庭教育消费白皮书》公布的相关数据显示我国家庭教育支出占家庭总支出比重甚至超过 50%。

个人所得税作为直接税中与民生最为切实相关的税种之一,其中各项费用扣除标准的设置是否合理既关系到民生公平问题也对税收征管效率有着重要影响,"一刀切"的定额扣除难以真实反映纳税人的实际支出情况,故可考虑针对纳税人实际支出情况进行动态扣除调整。Julie(2002 年)较早提出设立针对物价水平的变动的个人所得税费用扣除自调整机制,①P. Apps 和 R. Rees (2004 年)则详细研究了教育支出相关税收优惠可以有助于提高居民的生育意愿。② 而国内对于个人所得税专项附加扣除的研究更多的是综合测算 6 项专项附加扣除的整体效果,张楠和邹甘娜(2018 年)从家庭因素和物价指数两方

---

① See Julie P. Smith, *Progressivity of the Commonwealth Personal Income Tax*, 1917 - 1997, Australian Economic Review, Vol. 3, p. 14 - 18(2002).

② See P. Apps & R. Rees, *Fertility*, *Taxation and Family Policy*, The Scandinavian Journal of Ecomomics, Vol. 106:4, p. 745 - 763(2004).

面出发思考调整个人所得税专项扣除的标准设置,其中家庭因素中涉及了家庭人数以及赡养和供养的亲属数量等。[①] 王晓佳和吴旭东(2019 年)则通过相关微观数据库模拟分析这 6 项专项扣除对于收入再分配效果的影响,结果较为显著。[②] 吴东蔚(2023 年)、[③]焦建国等(2021 年)则发现了目前专项扣除中"一刀切"的弊端,[④]从不同角度提出将个人所得税费用扣除标准动态化以体现税收公平原则。

聚焦到子女教育等专项附加扣除方面,肖建华和谢璐华(2022 年)、[⑤]陈建东和谢巧俐(2022 年),[⑥]分别利用 2015 年中国综合社会调查(CGSS)数据和 2018 年中国家庭追踪调查(CFPS)数据进行测算,证明该项专项附加扣除有助于提高社会福利水平。梳理现有文献发现有关教育专项扣除对生育意愿影响效果的专门研究则较少,吕春娟和李静(2021 年)分析指出我国现行个人所得税子女教育专项附加扣除标准并不能从根本上减轻育龄家庭的经济负担,应从地域和家庭结构等方面进行优化以实现与"三孩"政策的配套衔接,[⑦]另外郑巧(2018 年)有针对性地划分了子女教育费用税前扣除、退税和专项基金账户 3 种优惠方式,构建三维分析模型,判定不同方案利弊,最终得出子女教育费用专项附加扣除能够刺激社会生育率的结论。[⑧] 本文将在诸多学者的讨论基础上,

① 参见张楠、邹甘娜:《个人所得税的累进性与再分配效应测算——基于微观数据的分析》,载《税务研究》2018 年第 1 期。

② 参见王晓佳、吴旭东:《个人所得税专项附加扣除的收入再分配效应——基于微观数据的分析》,载《当代经济管理》2019 年第 9 期。

③ 参见吴东蔚:《我国个人所得税专项附加扣除的类型提炼与分类调适》,载《税收经济研究》2023 年第 2 期。

④ 参见焦建国、刘辉:《个人所得税费用扣除标准的调整测算研究——基于北京市数据的分析》,载《经济研究参考》2021 年第 32 期。

⑤ 参见肖建华、谢璐华:《个人所得税子女教育费用专项附加扣除的优化思考——一项基于 2015 年 CGSS 数据的模拟研究》,载《财经理论与实践》2022 年第 5 期。

⑥ 参见陈建东、谢巧俐:《子女教育及 3 岁以下婴幼儿照护个人所得税专项附加扣除研析》,载《税务研究》2022 年第 10 期。

⑦ 参见吕春娟、李静:《"三孩政策"下个税专项附加扣除制度优化设计》,载《行政管理改革》2021 年第 9 期。

⑧ 参见郑巧:《子女教育费用专项扣除方案及其影响效应探究》,载《现代经济信息》2018 年第 18 期。

结合最新政策及家庭教育数据进一步测算分析,借鉴部分其他国家个人所得税扣除体系,以期对子女教育专项扣除标准的优化提出政策意见。

二、我国个人所得税费用扣除的现状及问题

(一)教育费用相关专项附加扣除政策

自2018年我国修改《个人所得税法》并设立继续教育和子女教育等6项专项附加扣除以来,2023年国发〔2023〕13号文件再次将子女教育专项附加扣除标准由原来的每个子女每月1000元提高到“每个子女每月2000元”。我国个人所得税有关家庭教育费用的专项附加扣除规定如表1所示。

表1　我国个人所得税有关家庭教育费用的专项附加扣除规定

扣除项目	扣除标准
继续教育	(1)在中国境内接受学历或学位继续教育期间400元/月; (2)接受技能人员职业资格继续教育或专业技术人员职业资格继续教育而取得证书的当年扣除3600元
子女教育	年满3岁接受学前教育和学历教育的每个子女2000元/月

其中,继续教育中有关学历或学位教育的规定中,同一学历或学位的扣除期限最长仅为48个月;职业资格证书则仅限于《国家职业资格目录》中列示的证书。此外,2022年国务院印发通知将纳税人照护3岁以下婴幼儿子女的相关支出同样纳入专项附加扣除范围,按照每个婴幼儿每月1000元进行定额扣除。自此我国个人所得税中专项附加扣除项目增加至7项,婴幼儿照护弥补了家庭子女教育中有关3岁以前的空白,但这并不属于严格意义上的家庭教育范围。

(二)家庭教育支出情况

从公布的政府财政支出明细来看,2010年以来我国教育支出不断增加,2011年突破万亿元,2012年教育支出占一般公共预算支出的比重达到顶峰,且长期以来教育支出占比稳定高于16%,一定程度上证明了教育支出在居民生活中的负担较重且此负担还在不断加大(见图1)。

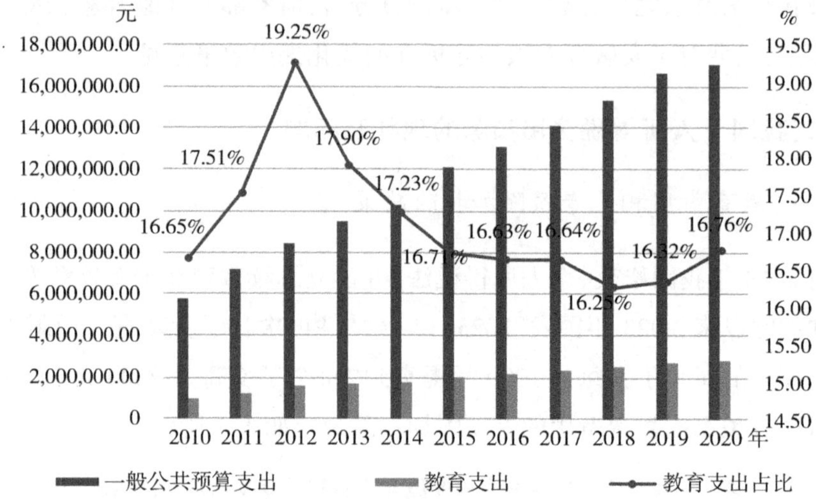

图 1　2010～2020 年我国教育支出情况

数据来源:国家统计局。

具体到不同教育阶段的教育经费支出数据来看,2010 年以来 10 年间不同教育阶段学生的教育经费支出均呈大幅增长趋势,中学及高等教育阶段支出最高,尤其是中学阶段,结合我国国情考虑中学阶段辅导机构等因素影响。幼儿园阶段尽管教育经费支出相对较少,但随着经济发展,近年来幼儿园时期教育支出增速相对较快,2010 年中学阶段教育经费支出约为幼儿园教育经费支出的近 8 倍,2020 年仅为 3 倍多。加之计划生育政策等的影响,独生子女家庭较多家长们在子女教育问题上更加重视投资,子女教育越来越“内卷”,随之而来的是家庭教育支出的增加(见表 2)。

表 2　2010～2020 年我国教育经费支出

单位:千万元

年份	幼儿园	小学	中学	高等学校
2010	7188.0	48,586.6	53,590.5	53,383.7
2011	9949.3	59,460.3	65,251.8	66,533.4
2012	14,638.7	71,417.6	77,440.9	75,916.8
2013	17,211.5	78,466.3	82,116.6	77,426.5

续表

年份	幼儿园	小学	中学	高等学校
2014	20,075.9	86,000.4	85,919.9	80,265.8
2015	23,861.7	97,270.5	95,465.7	88,426.7
2016	27,875.4	108,311.1	104,320.9	93,968.5
2017	32,348.5	118,405.7	115,550.8	104,644.0
2018	36,528.7	126,879.9	126,356.7	116,564.7
2019	40,808.9	137,930.3	138,679.3	130,108.2
2020	42,795.7	146,862.7	149,044.9	134,767.6

数据来源：国家统计局。

单从高等学校来看各省平均每位大学生的教育经费支出，2020 年全国各省生均教育经费支出均在万元以上，西藏、北京和上海的生均教育经费支出最高，其中西藏背后的原因值得深入研究，考虑政府支持力度较强而当地生源较少等因素的影响（见图 2）。

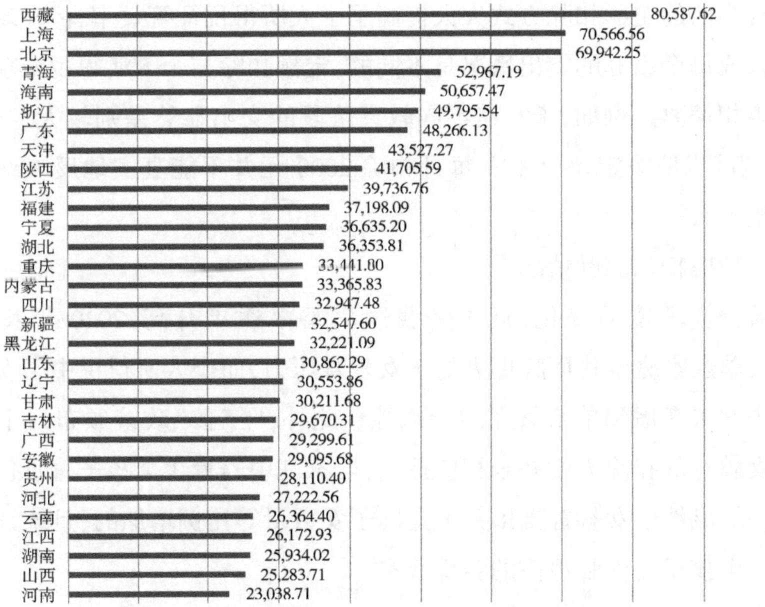

图 2　2020 年我国各省高等学校生均教育经费支出

数据来源：国家统计局。

（三）我国个人所得税费用扣除存在的问题

对比目前教育支出数据及个人所得税中子女教育专项附加扣除中定额扣除的规定，不难发现，目前每个子女每月2000元的扣除标准与家庭花费在子女教育上的实际支出相差甚远，总的来看主要包含以下几方面问题。

1. 专项扣除标准缺乏弹性

费用扣除额度应将教育阶段差异、地区差异及通货膨胀等因素考虑在内，方能更好体现税收公平原则，而我国个人所得税税制中规定的子女教育专项费用扣除标准则是固定数额。例如，2018年以来的物价水平受通货膨胀等影响，2000元的实际价值显然是不断下降的，反映在子女教育成本上是在不断上升的，这一定程度上加剧了税负不公平的现象，此类现象同样适用于赡养老人等其他定额扣除的专项费用。

2. 专项扣除模式单一

尽管当前的定额扣除方式大大提高了个人所得税征管效率，但在现实生活中每个人或每个家庭的支出情况是不同的，定额扣除与个人所得税专项扣除设置的初衷相偏离。例如，子女在不同教育阶段的支出显然差别较大，这种情况下再“一刀切”地规定每个子女每月扣除2000元并不能真实地反映纳税人的实际支出。

3. 未考虑特殊家庭情况

随着社会环境的变化，近年来我国离婚率逐年升高，2020年甚至达到45.84%，单亲家庭或将面临更大的子女教育压力，而个人所得税中子女教育专项扣除中并未考虑到单亲家庭的特殊性。此外，“三孩”政策颁布后个人所得税中子女教育的扣除力度并未相应提高，若家庭中养育3个孩子每月仍只能扣除6000元，显然子女教育支出并不是同子女数量等比例增加的，且统计显示每多养育一个孩子将面临更高的养育成本。

三、分析及测算

(一)数据选取

鉴于对数据的全面性、科学性与可得性问题的考量,选取《2017 年中国家庭教育消费白皮书》所公布的数据为例,后续将持续更新(见表 3)。

表 3　教育支出基本数据信息

教育阶段		学费占教育支出的比重/%	人均教育支出/元	在校人数/万人
学前阶段		52.63	6556.00	4600.14
基础教育阶段(K12)	小学阶段	25	10,093.70	10,093.70
	初中阶段	25	4442.06	4442.06
	普通高中	25	3970.99	3970.99
大学阶段		24.48	—	2753.59

数据来源:《2017 年中国家庭教育消费白皮书》。

(二)基本扣除标准测算

假设根据不同教育阶段设定不同的个人所得税子女教育定额扣除标准。其中各教育阶段扣除标准主要以学生学费为主来测定。参照表 3 各阶段学费占比及教育支出数据,可以对各教育阶段扣除标准进行测算(见表 4)。

表 4　各教育阶段的子女教育费用定额扣除标准

教育阶段		学费占教育支出的比重/%	人均教育支出/元	教育费用定额扣除标准(元)=学费占比×人均教育支出
学前阶段		52.63	6556.00	3450.42
基础教育阶段(K12)	小学阶段	25	10,093.70	2523.43
	初中阶段	25	4442.06	1110.52
	普通高中	25	3970.99	992.75
大学阶段		24.48	—	5000[1]

[1]假设大学阶段按照普通大学每年 5000 元学费标准作为其扣除标准。

(三)对个人所得税税收收入的影响

结合2017年实际在校人数数据及表4计算所得的子女教育费用定额扣除标准,可进一步估算出新情况下所产生的个人所得税子女教育扣除费用,测算结果如表5所示。

表5 2017年各教育阶段的在校人数统计

<table>
<tr><th colspan="2">教育阶段</th><th>在校人数/万人</th><th>教育费用扣除标准/元</th><th>扣除费用/万元</th></tr>
<tr><td colspan="2">学前阶段</td><td>4600.14</td><td>3450.42</td><td>15,872,415.06</td></tr>
<tr><td rowspan="3">基础教育阶段(K12)</td><td>小学阶段</td><td>10,093.70</td><td>2523.43</td><td>25,470,745.39</td></tr>
<tr><td>初中阶段</td><td>4442.06</td><td>1110.52</td><td>4,932,996.47</td></tr>
<tr><td>普通高中</td><td>3970.99</td><td>992.75</td><td>3,942,200.32</td></tr>
<tr><td colspan="2">大学阶段</td><td>2753.59</td><td>5000.00</td><td>13,767,950.00</td></tr>
<tr><td colspan="2">合计</td><td>25,860.48</td><td>13,077.12</td><td>63,986,307.24</td></tr>
</table>

由于缺乏部分详细数据,仅以国家公布的2017年我国个人所得税总收入11,966.37亿元[①]为准,结合表5可知新设定下仅子女教育专项附加扣除方面的减少额约占当年个人所得税总收入的53.47%,若这些教育费用全部扣除,将会大大减少我国目前的个人所得税收入,使“减税降费”的政策优惠拓展至个人,也将使民众税负减轻。

此外,还可参考土地增值税的超率累进方法设定新的扣除标准。

① 数据来源:财政部2017年全国一般公共预算收入决算表。

四、国际实践及对策启示

（一）家庭教育费用扣除标准的国际实践

外国家庭教育费用扣除政策见表6。

表6　外国家庭教育费用扣除政策

国家	政策规定
美国	美国的个人所得税的计算较为复杂，其费用扣除中主要包含标准扣除和教育费用的分项扣除，另外美国在其劳动收入抵免中还设置了教育费用扣除的优惠，并且根据不同家庭规模结构及婚姻状况分别设置了不同的扣除标准
英国	英国是最早开征个人所得税的国家，实行综合与分类相结合的超额累进征收模式，同我国一样，规定了个人免税额，扣除这一免税额之后还可申请婚姻津贴等税前扣除，在这个过程中甚至可能涉及“孩子元素”和“家庭元素”的双重优惠
日本	日本的个人所得税征管同样实行综合与分类相结合，其所得税的费用扣除规定中涉及家庭子女抚养的项目很多，但聚焦家庭教育的优惠政策主要为“劳动学生扣除”
韩国	韩国对于子女教育费用的税收抵免项目更多且规定得更加详细，其准予扣除教育费用的15%，其中教育费用主要包括学费、学校餐费和课本费甚至课外活动费等。此外，韩国还根据子女所处教育阶段的不同以及父母生育孩子数量的不同等设置了相应的递增抵免额限额

美国和英国个人所得税制度建设相对完善且国内个人所得税占比较高，故其量能课税原则等相关规定对于我国进一步优化个人所得税专项附加扣除制度甚至整个个人所得税体系具有促进作用。而日本和韩国作为人口老龄化较为严重的国家，其在子女教育相关政策的积极探索同样对助力推进“三孩”政策实施的中国具有一定参考价值。另外，巴西则每人每年限定在356,150雷亚尔范围内可以扣除，印度规定高等教育的贷款利息可以扣除，德国格外关注特殊家庭的子女教育压力，单亲家庭的扣除额度比双亲家庭更高，且每新增一名子女每年可额外多扣除240欧元。

(二)启示及对策建议

1. 改进子女教育专项附加扣除标准。首先在扣除范围方面应考虑纳入子女教育的学费、书本费等可提供真实票据的支出。其次在扣除标准方面可结合本文对不同教育阶段教育支出的测算改成分阶段定额扣除,或采用更加科学的方法进行动态调整。依据纳税人提供的票据既能提高个人所得税征管效率又能进一步体现税收公平。另外还需额外关注一些特殊家庭结构及地域因素等的影响,相应制定不同的扣除标准,给予单亲家庭和多子女家庭更大力度的税收优惠以助力“三孩”政策推行。

2. 利用“金税四期”完善配套科技措施。首先可将税务系统与纳税人银行账号等联结起来,以便更好地监控相关支出流向。其次进一步优化个人所得税缴纳 App 申报流程以便纳税人更简洁高效地提交相关扣费凭证。最后针对纳税人所提交的学费、书本费等的原始凭证在审核时增强防伪税控认证。此外,针对子女教育专项扣除标准的制定与调整可利用“金税四期”系统,使得税务部门与相关教育部门的数据可以合作测算。

3. 建立纳税人信用等级评价制度。鉴于我国个人所得税征缴在未来较长时间仍会保持个人申报汇算清缴,这对纳税人个人诚信度和自觉性等素质要求较高,可参考企业信用评级和“老赖”制度等构建个人信用等级评价制度,定期公布个人所得税申报“黑名单”,实行个人所得税纳税信用积分制。先提醒再惩罚,且有针对性地配套信用恢复和复核制度,不定期随机抽查纳税人的个人所得税申报情况,对于不符合的纳税人进行重新评价并督促其规范自己的行为。

【参考文献】

[1]杨菊华:《生育支持与生育支持政策:基本意涵与未来取向》,载《山东社会科学》2019 年第 10 期。

[2]Julie P. Smith, *Progressivity of the Commonwealth Personal Income Tax*, 1917 – 1997, Aus-

tralian Economic Review, Vol. 3, p. 14 – 18(2002).

[3]P. Apps & R. Rees, *Fertility*, *Taxation and Family Policy*, The Scandinavian Journal of Ecomomics, Vol. 106:4, p. 745 – 763(2004).

[4]张楠、邹甘娜:《个人所得税的累进性与再分配效应测算——基于微观数据的分析》,载《税务研究》2018 年第 1 期。

[5]王晓佳、吴旭东:《个人所得税专项附加扣除的收入再分配效应——基于微观数据的分析》,载《当代经济管理》2019 年第 9 期。

[6]吴东蔚:《我国个人所得税专项附加扣除的类型提炼与分类调适》,载《税收经济研究》2023 年第 2 期。

[7]焦建国、刘辉:《个人所得税费用扣除标准的调整测算研究——基于北京市数据的分析》,载《经济研究参考》2021 年第 32 期。

[8]肖建华、谢璐华:《个人所得税子女教育费用专项附加扣除的优化思考——一项基于 2015 年 CGSS 数据的模拟研究》,载《财经理论与实践》2022 年第 5 期。

[9]陈建东、谢巧俐:《子女教育及 3 岁以下婴幼儿照护个人所得税专项附加扣除研析》,载《税务研究》2022 年第 10 期。

[10]吕春娟、李静:《"三孩政策"下个税专项附加扣除制度优化设计》,载《行政管理改革》2021 年第 9 期。

[11]郑巧:《子女教育费用专项扣除方案及其影响效应探究》,载《现代经济信息》2018 年第 18 期。

[12][比]西尔文 · R. F. 普拉斯切特:《对所得的分类综合及二元课税模式》,中国财政经济出版社 1993 年版。

[13]伍红、郑家兴:《不同国家(地区)个人所得税专项扣除特点及启示》,载《税务研究》2019 年第 3 期。

[14]Hinson Y. L., Tower R. B., *Federal AMT and the State Income Tax Deduction: Gateway to Reform*, Social Science Electronic Publishing, 2013.

[15]高亚军:《和谐社会视角下我国个人所得税费用扣除标准的社会合意性研究》,载《宏观经济研究》2013 年第 10 期。

[16]胡华、王一歆:《我国个人所得税教育专项附加扣除的收入调节效应》,载《开发研究》2023 年第 6 期。

[17]姜禹汐:《子女教育专项附加扣除法律制度优化研究》,载《经济研究导刊》2022 年第 31 期。

[18]杨璐:《公平视角下个人所得税子女教育费用扣除政策研究》,东北财经大学 2022 年硕士学位论文。

[19]湛忠灿、杨博斐、胡俊霖:《个人所得税专项附加扣除存在的问题及其完善——以某高校为例》,载《财务管理研究》2021 年第 2 期。

第二部分

敦煌税法论坛概况与综述

第一届敦煌税法论坛概况

为了更好地研讨“一带一路”的税收、税法问题，推动理论和实务研究发展，2019 年 10 月 12 日，第一届敦煌税法论坛在敦煌市隆重举行。此次论坛由甘肃省律师协会主办，甘肃省律协财税专业委员会、北京大成(兰州)律师事务所、甘肃圣方舟律师事务所承办。论坛以“一带一路”税收前沿问题研究为主题，200 多名专家、学者和实务工作者，围绕“一带一路”境外投资涉税风险与对策、涉税处理与法律服务、涉税营商环境和争议解决机制等专题展开研讨 。

论坛由开幕式、嘉宾致辞、主题演讲、专题研讨、闭幕式环节组成。开幕式由甘肃省律协财税专业委员会主任刘兵主持。国家税务总局原副局长郝昭成，中国财税法学研究会副会长、国家税务总局税务干部学院原院长贾绍华，甘肃省高级人民法院研究室主任曹焱，甘肃政法大学教授刘晓霞分别致辞。甘肃省律师协会副会长田顺舟、原秘书长张维武全程指导。

主题演讲环节由甘肃政法大学民商法学院院长刘晓霞，北京市律协财税法律专业委员会主任王朝晖主持。国务院发展研究中心资源与环境政策研究所专家组组长倪红日以《甘肃发展融入“一带一路”的机遇和税收挑战》为题首先发表了演讲；中国政法大学教授施正文以《新个税法的立法精神、未来发展和涉税服务创新》为题发表了演讲；台南大学教授张正平以《创新丝路》为题发表了演讲；中国社会科学院教授李为人以《“一带一路”背景下国际税收争议及其解决机制研究》为题发表了演讲；兰州财经大学教授史正保以《“一带一路”背景下税收营商环境对我国吸引外资的影响分析》为题发表了演讲；中央财经大学教授蔡昌以《“一带一路”沿线国家所得税法比较与跨境所得筹划》为题发表了演讲。

三个专题研讨主题分别为"一带一路"境外投资涉税风险与对策研究、涉税处理与法律服务研究、涉税营商环境和争议解决机制。第一专题由北京市律协财税法律专业委员会副主任邬锦梅、甘肃省律协财税专业委员会委员周文杰主持。北京外国语大学黄晓燕、上海市律协税法业务研究委员会副主任王桦宇、深圳市律协税务法律专业委员会主任吕志合、广西壮族自治区律协财税法律专业委员会主任黄庆坤、上海市律协税法业务研究委员会委员钟黎峰、兰州财经大学副教授李永海、陕西永嘉信律师事务所律师康宁、甘肃省律协财税专业委员会委员吴卓芳作了主题发言。甘肃省律协财税专业委员会委员牛晓玲、辽宁省律协财税法专业委员会副秘书长安庆芳、深圳市律协税务法律专业委员会秘书长杨声担任第一专题的评议人。第二专题由北京大成律师事务所高级合伙人闫丽萍、陕西省律协财税法专业委员会主任杨喜涛主持。深圳市律协税务法律专业委员会副主任吕俊山、辽宁省律协财税法专业委员会副主任李敬先、杭州市律协税务专业委员会副秘书长王敏志、先锋司法会计鉴定公司总裁陆步青、陕西坤税律师事务所主任黄文辉、上海市律协税法业务研究委员会委员桂维康、广州市律协财税法律专业委员会委员谢艳斌、甘肃省律协财税专业委员会委员张生杨作了主题发言。甘肃省腾谦律师事务所主任马书国、国家税务总局酒泉市税务局王虎文、内蒙古自治区律协"蒙汉双语"专委副主任王玉琳担任第二专题的评议人。第三专题由甘肃政法大学副教授姬云香、重庆市律协财税专业委员会主任任志刚主持。全国律协财税法专业委员会委员刘云刚,北京理工大学副教授廖仕梅,上海社会科学院法学博士王佩芬,山西黄河律师事务所合伙人韩丹英,上海市律协税法业务研究委员会委员戴明康,国家税务总局临夏回族自治州税务局包军,中翰税务集团合伙人、大力税手 CEO 郝龙航,甘肃省律协财税专业委员会委员陈强作了主题发言。青海西羌律师事务所主任白承志、重庆市律协财税专业委员会副主任周隼、兰州铁路运输中级法院马世元担任第三专题的评议人。

本次论坛具有地域上的广泛性,参会嘉宾来自全国 17 个省、市、自治区;具有人员上的多样性,参会人员有专家学者、资深法官、税务干部、专业律师、新闻界和企业界人士,参会人数超过 200 人。在本次论坛上,参会嘉宾从理论研究、司法审判、税务管理、律师实务等多方面、多层次针对“一带一路”涉税法律问题进行了深入探讨,为有志从事涉税法律工作的法律人提供更高、更好、更大的平台。

会务组由甘肃省律协财税专业委员会委员何康生及其助理赵婷、甘肃省律师协会财税专业委员会秘书长陈萍、甘肃省王力律师事务所律师梁静雲四位成员组成,全程为论坛提供了周到细致的服务。

第一届敦煌税法论坛综述

本次论坛由开幕式、嘉宾致辞、主题演讲、专题研讨、闭幕式环节组成。

一、开幕式

开幕式由甘肃省律协财税专业委员会主任刘兵主持。国家税务总局原副局长郝昭成，中国财税法学研究会副会长、国家税务总局税务干部学院原院长贾绍华，甘肃省高级人民法院研究室主任曹焱，甘肃政法大学教授刘晓霞分别致辞。

主持人刘兵介绍，经过数年的筹划、准备，第一届敦煌税法论坛终于成功举办，论坛是一个公益性、开放性、包容性和长期性的论坛，今后会一直办下去。

随着“一带一路”建设的深入推进，税收在优化生产要素配置、消除跨境投资障碍、推动国际经贸合作等方面发挥着日益重要的作用。“一带一路”沿线地区的经济发展水平、税制设计等方面存在诸多差异，加强税收领域的新课题研究与合作，对于构建增长友好型税收环境，推动“一带一路”建设行稳致远具有重要意义。敦煌税务论坛的举办，吸引了各方参与，达成了广泛共识，是一个汇众智、聚合力的好机会，是“一带一路”税收前沿问题合作迈上共赢发展之路的新起点，甘肃律协愿与各方一起携手共进，共同踏上税收法律服务合作的新征程。

郝昭成先生在致辞中指出，甘肃省律协选择了税收助推“一带一路”建设持续发展为背景，构建《敦煌税法论坛》平台，清楚地诠释了“肯取大势”“能谋大事”的思路格局，明确体现了“可为人先”“必有所成”的行为风格。本次论坛设定的研究选题与“一带一路”建设的实际需要相通、相连，与“一带一路”的持续发展共进、共赢。

贾绍华教授在致辞中提到，当前我们处在一个新的时代，一个法治的时代，税法律师在这个大背景下承担着一个重要的历史使命，这个历史使命就是要牢记税法律师的职责，不忘初心，做好各项本职工作。当下实践呼唤着理论的创新，而理论的创新必将促进税收事业的发展和进步。

曹焱主任在致辞中讲到，希望通过本次论坛，借助这个平台坦诚交流、深入磋商，对税收立法、司法、执法等领域问题深入开展研究，推动构建具有中国特色的税收法律理论体系，促进完善符合中国国情的税收法律制度，也希望论坛成果能精准对接税收立法、司法和执法需求，促进研究成果落地生根、开花结果。

刘晓霞教授在致辞中讲到，作为高校代表，她希望高校作为今后税收法治人才的后备军，高校与实务部门应该加强合作，创新合作机制，联合培养税收法治人才。

二、主题演讲

主题演讲环节由甘肃政法大学民商法学院院长刘晓霞，北京市律协财税法律专业委员会主任王朝晖主持。

国务院发展研究中心资源与环境政策研究所专家组组长倪红日以《甘肃发展融入“一带一路”的机遇与税收挑战》为主题发表演讲。倪红日以甘肃经济社会发展的机遇为切入点，强调“五个制高点”，重点围绕甘肃培养或者打造“一带一路”重要枢纽进行解读，指出“一带一路”税收面临的挑战，并提出相应的解决建议。

中国政法大学教授施正文以《新个税法的立法精神、未来发展和涉税服务创新》为题，围绕“新个税法”的立法精神和制度创新、“新个税法”的缺陷与遗憾、个税法的发展前瞻、“新个税法”对涉税专业服务创新的影响四个方面作了深入分析。

台南大学教授张正平以《创新丝路》为题,提出当前“一带一路”实践上可能遭遇的五个困境和难题,并从敏觉力、流畅力、变通力、独创力、精进力在“一带一路”中发挥的重要作用进行深入解读。

中国社会科学院教授李为人以《“一带一路”背景下国际税收争议及其解决机制探究》为题,分析了“我国国际涉税争议解决情况现状”、“一带一路国际涉税争议的单边解决机制”、“一带一路国际涉税争议解决的双边机制”以及“一带一路国际涉税争议解决的多边机制”,并提出了完善上述机制的建议。

兰州财经大学教授史正保以《“一带一路”背景下税收营商环境对我国吸引外资的影响分析》为题,比较分析了我国与“一带一路”共建国家税收营商环境。通过数据梳理我国吸引外商直接投资的状况,分析我国税收营商环境对吸引外商直接投资的短板,提出改善我国税收营商环境对外商有直接投资吸引力的方案。

中央财经大学教授蔡昌以《“一带一路”沿线国家所得税法比较与跨境所得筹划》为题,首先介绍了“一带一路”的框架,然后对“一带一路”共建国家公司所得税进行了比较分析,其次指出“一带一路”建设的实现路径。

三、专题研讨

下午专题研讨设置在三个分会场,由与会嘉宾分组讨论。三个专题分别为“一带一路”境外投资涉税风险与对策研究、涉税处理与法律服务研究、涉税营商环境和争议解决机制。

(一)专题一

专题一为“一带一路”境外投资涉税风险与对策研究,由北京市律协财税法律专业委员会副主任邬锦梅、甘肃省律协财税专业委员会委员周文杰主持。

北京外国语大学国际商学院教师黄晓燕带来的演讲题目是《“一带一路”倡议下海外 EPC 项目涉税风险及防范——以我国 X 企业承包越南光伏电站为例》。黄晓燕在演讲中指出未来中国企业跨国投资经营将面临不同国家的税制环境、交易行为涉税因素以及其他影响跨国投资经营效益的风险点。面对如此复杂的境外税收环境,“走出去”的企业,要拿出有效的税务风险防范措施以应对境外税务风险,迫在眉睫。

上海市律协税法业务研究委员会副主任王桦宇的演讲题目为《“一带一路”中海外专业技术服务税收政策优化建议——以某中小企业赴巴基斯坦运维服务税务法律服务案例的解读》。王桦宇通过对案例的分析解读,提出了对“一带一路”“走出去”中小企业的财税政策支持、境外劳务的税收优惠政策的政策目的和技术调整、中小企业“一带一路”“走出去”的签约要点、中小企业随同国企“走出去”的商务合同特点及实际有效支持、律师在服务“一带一路”“走出去”国企、民企及中小企业差异性的思考。

深圳市律协税务法律专业委员会主任吕志合分享的题目为《“一带一路”建设中我国企业“走出去”的税法风险》。吕志合主要就“一带一路”企业投资的背景与现状、我国企业投资“一带一路”共建国家的主要税法风险、规避税收风险的主要建议三个方面发表了自己的见解。吕志合认为,国内税法差异、双边税收协定适用不充分、税收管辖权不明确,导致重复征税或少交税的被反避税调查,因此应当充分发挥我国税务机关的作用以及企业要加强自身税收风险管理。

广西壮族自治区律协财税法律专业委员会主任黄庆坤分享的题目为《泰国投资的税收营商环境》。黄庆坤通过对泰国区位、面积、人口、民族文化、宗教、经济总量以及与我国外交关系等基本情况的分析,引出泰国现有的税收法律及制度体系,重点讲述了中泰税收协定。

上海市律协税法业务研究委员会委员钟黎峰分享的题目为《“一带一路”主要国家的投资涉税风险与应对探究》。钟黎峰以我国香港地区为例,通过对香港税制的简介及投资香港所涉主要税种的介绍,分析了投资香港存在的主要涉税风险,并提出风险应对建议。

兰州财经大学副教授李永海分享的题目为《“一带一路”沿线国家税制结构比较及启示》。李永海比较分析了“一带一路”共建国家的经济发展水平、税种数量、商品税制度、所得税制度。李永海认为,我国应当继续加强与其他“一带一路”共建国家间的税收合作,积极推进税收协定的谈签工作,加强与共建国家间的税务情报互换,加大国内外税收协调的力度,不断消除税收壁垒,积极推动国际税收新秩序的形成。

陕西永嘉信律师事务所律师康宁的演讲题目为《金融创新下的税务风险管理——以供应链金融为例》。康宁分析了供应链金融的发展现状,他认为要努力搭建符合战略规划的最优税务架构,同时,还要选择税收利益最大化的业务模式,重视日常税务管理工作。

甘肃省律协财税专业委员会委员吴卓芳分享的题目为《浅议税务律师应当具备的基本素质》。吴卓芳认为,税法律师应当具备政治素质、业务素质、道德素质、文化素质和心理素质,她认为一个国家要走向现代化,必然要走向法治化。税法律师同样会随着税法的不断完善,纳税人权利意识的不断增强而成长壮大。因此,税法律师要坚守法治中国不泯之初心,为法治中国迈向更高境界护航远行。

甘肃省律协财税专业委员会委员牛晓玲和辽宁省律协财税法专业委员会副秘书长安庆芳分别对八位嘉宾的演讲进行评议。深圳市律协税务法律专业委员会秘书长杨声对专题一所有发言嘉宾的精彩发言进行总结评议。

(二)专题二

专题二的主题为涉税处理与法律服务研究,由北京大成律师事务所高级合伙人闫丽萍、陕西省律协财税法专业委员会主任杨喜涛主持。

深圳市律协税务法律专业委员会副主任吕俊山以《税务筹划的风险防范——公司外壳的利用与穿透》为题发言。吕俊山通过数据资料梳理了会计师、律师税收筹划的法律风险,详细分析了“法人格”否认制度的法律逻辑。吕俊山还分析了税收筹划报告制度目前的立法困境,并对税务机关与纳税人的合作博弈关系作了深入解读。

辽宁省律协财税法专业委员会副主任李敬先以《虚开增值税专用发票的

罪与刑》为题发言。李敬先从虚开增值税专用发票罪与刑的嬗变、虚开增值税专用发票罪与刑的理论和正确认识虚开增值税专用发票行为的罪与刑三个方面进行分析,阐述了谦抑性原则和罪责刑相适应原则在本罪中的适用。

杭州市律协税务专业委员会的副秘书长王敏志以《CRS 背景下跨境投融资涉税法律问题研究》为题发言。王敏志首先对 CRS 实施背景及其运行条件作了介绍,并基于实体和程序问题的考量,对这一问题进行法理探究。王敏志认为应该基于税法的特点进行风险的应对。

先锋司法会计鉴定公司总裁陆步青以《关于司法会计鉴定在扫黑除恶及经济犯罪工作中的作用》为题发言。陆步青首先对司法会计鉴定作了介绍,之后围绕扫黑除恶相关规定对经济特征的认定进行分析,并对司法会计鉴定在扫黑除恶及经济犯罪办案中所起的作用作了概括性描述。陆步青提到司法会计鉴定在扫黑除恶及各类经济犯罪案件的立案、侦查、结案、移送法院审判等各个阶段中都有极为广泛的应用。

陕西坤税律师事务所主任黄文辉以《律所融合财税法商四位一体综合法律服务》为题发言。黄文辉认为,法律服务市场必须以客户为导向,要研究客户需求,提供满足客户需求的法律服务。要让企业及企业家看到四位一体化服务的真正价值,这样才能体现出税务律师的价值。此外,税务法律服务市场是一片需要大家共同努力开发的蓝海,税务律师必须具备财税法商四位一体的思维,否则税筹划就是空中楼阁。对中国律师来说,需要在以法律思维作为核心的基础上,快速地提高财税思维和商业思维,成为复合型、有竞争力、有识别性的人才。

上海市律师协会税法业务研究委员会委员桂维康以《个税法角度下劳动法概念界定》为题发言。桂维康以一个法律案例“抛砖引玉”,指出现在税务师事务所对劳动法的一些条文理解存在偏差,并就再任职收入筹划的劳动法问题、解除劳动关系补偿金纳税的劳动法问题分享了见解。

广州市律师协会财税法律专业委员会委员谢艳斌以《融资租赁的相关税务法律问题处理》为题发言。谢艳斌重点介绍了融资租赁行业的特点、业务模式、我国融资租赁的发展现状和融资租赁行业的税收规定,梳理了融资租赁服务涉及的各个税种的税收问题。最后,谢艳斌又提出区域扶持的一些问题可以在以后做相关业务时加强横向合作。

甘肃省律师协会财务专业委员会委员张生杨以《税务律师的职业精神培养——执着、思维、方法、感情》为题发言。张生杨认为,第一,要强化律师行业执业信念和行为准则,培养律师保持执着,激情的执业信念,使税务律师在激情中工作,在执着中发展。第二,律师应该具有法律思维,但是法律思维并不等同于法律知识和技能,法律思维是法律理念、素养、方法及智慧的方法论。第三,一个律师的气魄源于对法律的尊重。既然选择了律师职业,就应当尊重法律,执着于对法律的信仰、对正义的崇拜,引领更多的人维护法律的尊严。第四,从感情的角度来看,税务律师的存在在文化、制度和专业知识方面存在挑战。

甘肃省腾谦律师事务所的合伙人马书国、国家税务总局酒泉市税务局的王虎文分别对八位嘉宾的发言进行评议。内蒙古自治区律师协会"蒙汉双语"专委会副主任王玉琳对本专题所有发言嘉宾的精彩发言进行总结评议。

(三)专题三

专题三主题为涉税营商环境和争议解决机制,由甘肃政法大学副教授姬云香、重庆市律协财税专业委员会主任任志刚主持。

全国律协财税法专业委员会委员刘云刚以《全国自然人重大税收违法案件实证分析及税务合规对策》为题发言。刘云刚通过对《重大税收违法失信案件信息公布办法》的分析,罗列了九种情形,对违法数量比较多的省份,案件地点、案件类型、虚开发票类型、金额、份数,对应的法律责任等内容进行了详细分析。总结了全国自然人重大违法案件的典型特征,提出了对自然人合规的一些看法,还提出了自然人重大税收违法风险的五点防范对策。

北京理工大学法学院的副教授廖仕梅通过某公司的具体案例分析了法院无权指定不动产纳税义务人问题,廖仕梅认为在"法拍房"层面,人民法院无权且无必要指定纳税义务人,一是由于应纳税额的计算需要卖方提供相应财务会计报表等资料；二是由于无出售人授权，买受人无法以出售人名义进行纳税申报。最后，廖仕梅讲到承担纳税义务的买受人寻求法律救济存在的困难主要有三点，一是买受人很难通过行政复议获取救济；二是买受人诉权受阻；三是纳税人的主张很难得到法院的支持。

上海社会科学院法学研究所的研究员王佩芬以《税收犯罪适用疑难与立法完善》为题发言。王佩芬首先对税收犯罪的立法现状进行分析，而后对税收犯罪中的理论分歧与适用疑难进行了讲解，通过对税收犯罪刑事立法沿革的讲述，分析了发票犯罪与税收犯罪的关系以及发票犯罪存在的立法缺陷，并提出了对税收犯罪立法完善的三点建议。

山西黄河律师事务所律师韩丹英以《"一带一路"下企业税事风险管理研究》为题发言。韩丹英认为随着"一带一路"倡议的稳健发展以及近年来的深入推进，解决"一带一路"倡仪下中国企业在共建国家投资的税事风险，是中国企业目前需要解决的问题。她认为有机遇就有挑战、有发展就有风险。韩丹英对"一带一路"倡议下企业的税事风险从三个方面进行分析，并提出了三个风险管理的措施。

上海市律协税法业务研究委员会委员戴明康以《浅议税务行政复议和解与调解》为题发言。戴明康指出，税务行政复议和解调解制度的建立，有助于化解税务征纳矛盾，对构建和谐征纳关系发挥了重要的作用。戴明康对《税务行政复议规则》规定的和解与调解适用的四种情形进行了分析，同时提出了自己对税务行政复议和解与调解制度完善的三点思考。

国家税务总局临夏回族自治州税务局的包军以《浅议"虚开"增值税发票的实务认定》为题发言。包军从《刑法》第205条犯罪构成的争论、"三流一致"是否是唯一合法标准、什么是已证实虚开通知单、"虚开"是否需要补税、"虚开"涉嫌犯罪的移送标准五个方面进行讲解。他认为，不能以"三流一致"认定为确认"虚开"的唯一标准，"虚开"增值税发票问题的解决需要税务界、司法界人员公平公正、合法合理地共同推动。

中翰税务集团合伙人、大力税手CEO郝龙航以《涉税地区执法与审判口径差异迷茫与急切改变》为题发言。郝龙航认为税收法制改革,并不是旧文翻新,而是需要体系化建设与维护,用科学的态度与行动来推进,律师和税务部门应该进行更多的合作,进而更好地实现融合。

甘肃红升律师事务所主任陈强以《涉税营商环境和争议的解决机制研究》为题发言。陈强认为在不违背税法的前提下,要合理合法地利用政府税收政策,通过对企业经营、理财方式以及投资项目等事项进行严密的筹划,在纳税方案上进行最优化的选择,帮助企业尽可能减免税收负担、规避税收风险,进而实现纳税人利益的最大化。

青海西羌律师事务所白承志主任、重庆市律协财税专业委员会副主任周隼分别对八位嘉宾的演讲进行评议。兰州铁路运输中级法院马世元对本专题所有发言嘉宾的精彩发言进行总结评议。

四、闭幕式

闭幕式由甘肃省律协财税专业委员会委员何康生主持。何康生表示,本次论坛在甘肃省律协的领导下,北京大成(兰州)律师事务所、甘肃圣方舟律师事务所的鼎力支持下,取得圆满成功。甘肃省律协决心将本论坛打造成甘肃律师面向全国的永久性品牌论坛,并真诚希望各位嘉宾能够继续关心、支持本论坛。

甘肃省律协财税专业委员会委员强承军、京师税务学院执行院长于江代表参会嘉宾上台发言并致答谢词,对论坛取得的成果进行了总结。

强承军在闭幕式致辞中讲到,本次论坛以“一带一路”税收前沿问题研究为主题,与税务领域专家学者、税务律师、税务师等围绕“一带一路”境外投资涉税风险与对策研究、涉税处理与法律服务研究、涉税营商环境和争议解决机制三个议题进行了广泛深入的研讨,充分展现了论坛的前沿性、专业性和开放性。本次论坛的成功召开,对于全面落实税收法定原则、引领涉税服务行业发展具有重要的意义。

于江对本次论坛的整体进行回顾,并对主办方、承办方表示感谢,他认为上午的论坛内容有高度、下午的分会场内容有广度、嘉宾的分享有深度。通过研讨和嘉宾分享，我们要牢记我们的使命，用专业服务换取应有价值，他认为律师做涉税案件应该将工作集中在事前，而不应集中于诉讼。最后，于江对在场每位嘉宾的到来表示感谢与祝福。

最后，何康生律师代表论坛全体会务组对支持本次论坛的嘉宾和各界朋友表示衷心的感谢，他表示本次论坛具有地域上的广泛性，参会嘉宾来自全国17个省市自治区，具有人员上的多样性，参会人员有专家学者、资深法官、税务官员、专业律师、新闻界和企业界人士，参会人数近200人之多。在本次论坛上，参会嘉宾从理论研究、司法审判、行政管理、律师实务等多方面、多层次针对涉税法律问题进行了深入探讨，为有志于从事涉税法律工作的法律人提供更高、更好、更大的平台。

第二届敦煌税法论坛概况

2023 年 4 月 15 日，第二届敦煌税法论坛在兰州举行。来自全国各地的税务专家、学者和律师代表近 300 人云集金城，围绕政府法治营商环境优化与税收法律服务创新这一论坛主题，聚焦涉税法律服务创新路径、税收征管改革、大数据税收治理与税收营商环境优化等问题谈举措、话未来，共绘税收法治新蓝图。论坛由开幕式、主题演讲、圆桌论坛、分论坛、闭幕式等环节组成。论坛由甘肃省律师协会主办，甘肃省律师协会财税专业委员会、盈科瑞诚税务师事务所、兰州市破产管理人协会、北京市盈科（兰州）律师事务所承办，河北雄安中税盟科技股份有限公司、盈科瑞诚（甘肃）税务师事务所、盈科瑞诚（海南）税务师事务所协办。甘肃省律师协会副会长杨永明、秘书长朱鹏彦对论坛做了全程指导。

甘肃省司法厅党委委员、副厅长陆燕宁在开幕式上致辞，国家税务总局原副局长郝昭成到会祝贺并致辞，盈科瑞诚税务师事务所执行主任刘俊秀代表承办方致辞。开幕式由甘肃省律师协会会长赵耀主持。主题演讲环节由中国财税法治研究院研究员、西南政法大学经济法学院副教授王婷婷，甘肃省注册税务师协会副会长方斌国联袂主持。中国法学会财税法学研究会副会长、国家税务总局税务干部学院原院长贾绍华以《优化营商环境与税收法治建设》为题，围绕营商环境与税收法治建设，法治与营商环境的相容性发表演讲。中国税务学会理事、北京大数据协会财税大数据专委会副会长焦瑞进以《财税大数据应用发展前瞻》为题，围绕法治营商环境下的财税大数据应用发表演讲。澳门科技大学商学院助理院长张卓以《21 世纪新丝路重要节点——澳门营商环境介绍》为题,详细介绍了澳门特别行政区的营商环境。中央财经大学财政税务学院教授、博士生导师,中央财经大学税收筹划与法律研究中心主任蔡昌以《法治营商环境下的“业财法税”融合与财税合规实践探索》为题,围绕财税合规管理与法治营商环境优化发表演讲。陕西省法学会财税法学研究会副会长、西北政法大学经济法学院财税金融法教研室主任席晓娟以《优化跨境电商营商环境的税收优惠制度解析》为题,围绕税收优惠作为优化税收营商环境的举措,对跨境电子商务发展的重要性发表演讲。兰州财经大学教务处副处长、副教授、硕士生导师李永海以《从六大思维理念看新时代税收营商环境变革》为题,围绕税收营商环境对助力经济高质量发展和服务中国式现代化的意义发表演讲。

圆桌论坛(一)围绕“税收征管改革、大数据税收治理与税收营商环境优化”主题进行讨论,由广州市律协财税法律专业委员会副主任徐立担任主持人。陇南市律师协会常务理事马书国以《税收营商环境离不开优质的律师服务》为题发言;上海市律协财税业务研究委员会副主任桂维康以《税收营商环境中的纳税人权益保护实践和展望》为题发言;盈科瑞诚税务师事务所(合肥)有限公司管委会主任章陶以《善用营商环境政策助力企业税务合规》为题发言;北京市盈科(西安)律师事务所财税法律事务部主任张飞以《税收征管改革与税务律师发展前景》为题发言;辽宁瑞唐律师事务所主任陈春林以《以数治税征管模式巨变,律师渐成税收法律服务最佳提供者》为题发言。

圆桌论坛(二)围绕“涉税法律服务创新途径”主题进行讨论,由甘肃省律师协会财税专业委员会副主任武启波担任主持人。河北雄安中税盟科技股份有限公司董事长于江以《像医生一样做涉税法律服务》为题发言;兰州财经大学法学院教授史正保以《律师从事涉税法律服务的业务领域选择和机遇》为题发言;甘肃耀辰律师事务所主任张生扬以《为高净值人士提供涉税风险防控是税务律师创新路径》为题发言;上海市律师协会财税业务研究委员会委员王录春以《涉税刑事合规法律业务新探》为题发言;北京大成(兰州)律师事务所律师邱丰以《税务律师的使命》为题发言。

论坛共有四个分论坛,分别就“税企争议处理、税务执法、企业税务合规、传统及新型经济业态涉税与营商环境优化问题”“危害税收征管刑事辩护与营商环境优化问题”“建安房地产涉税与营商环境优化问题”“民商事审判、破产、司法拍卖涉税与营商环境优化问题”四个主题展开研讨。分论坛由甘肃省律师协会常务理事、财税专业委员会主任刘兵担任总召集人,副主任胡建华、武启波担任召集人。

分论坛一由甘肃省律师协会财税专业委员会委员殷开续担任召集人,甘肃省律师协会财税专业委员会委员陈萍担任助理。第一单元由甘肃省律师协会财税专业委员会委员张毅担任主持人。上海市律师协会财税业务研究委员会副主任李林以《税务行政争议案件原告资格问题》为题发言;上海中联(大连)律师事务所律师张铁柱以《论受票方与上游税务机关认定虚开发票的处理决定有利害关系》为题发言;甘肃方正税务师事务所副所长董雪以《税企争议与救济的法律思考》为题发言。北京市炜衡(兰州)律师事务所律师蒋玉芳作为本单元与谈人发言。第二单元由北京盈科瑞诚税务师事务所有限公司副总经理李林林担任主持人。江苏省律师协会财税法律业务委员会副主任李瑾以《涉案企业合规不起诉方案的有效设计》为题发言;上海市律师协会税法研究委员会委员任雪丽以《税务策划与税务合规》为题发言;上海市律师协会税法研究委员会委员钟黎峰以《虚开发票涉案企业合规实务探讨——以上海某设备公司为例》为题发言。辽宁省律师协会财税法律专业委员会秘书长安庆芳作为本单元与谈人发言。兰州财经大学教授、财税与公共管理学院税收学系主任、硕士生研究生导师马军作为总评议人对分论坛一进行评议。

分论坛二由盈科刑辩学院副院长杜平担任召集人,北京市盈科(兰州)律师事务所实习律师马晨菡担任助理,由北京市盈科(兰州)律师事务所律师张文颖担任主持人。甘肃省高级人民法院审判委员会委员、刑事审判二庭庭长张根虎以《严格执行程序,确保出罪有路,营造良好营商环境》为题发言;甘肃省公安厅经济犯罪侦查总队副总队长柴雅以《从打击经济犯罪新常态的视角下,谈涉税犯罪发展趋势与疑难问题》为题发言;辽宁省律师协会财税法律专业委员会副主任李敬先以《虚开增值税专用发票的罪与罚》为题发言。兰州市人民检察院第二检察部张斌、广东省法学会刑法学研究会理事秦建军、上海市律协税法研究委员会委员牛培山、兰州市人民警察学校法律法规教研室二级警长李亮四人作为分论坛二的与谈人分别发言。盈科刑辩学院副院长杜平对分论坛二作总结评议。

分论坛三由甘肃省律师协会互联网与新技术专业委员会主任魏存仪担任召集人，北京市盈科（兰州）律师事务所律师付喜桂担任助理。第一单元由北京市盈科（兰州）律师事务所律师史明红担任主持人。国家税务总局甘肃省税务局财产和行为税处干部张辉以《土地增值税优惠政策解读》为题发言；甘肃永诚税务师事务所有限公司运营总监王娟以《房地产企业破产重整的税收问题》为题发言；北京市盈科（兰州）律师事务所律师解非以《政府优化营商环境背景下，建筑施工企业发票合规管理》为题发言。甘肃省律师协会建设工程与房地产专业委员会主任周万发作为本单元与谈人发表演讲。第二单元由北京市盈科（兰州）律师事务所律师付喜桂担任主持人。广西警察学院教授肖太福以《优化税收营商环境，支持建筑业健康发展》为题发言；上海至合律师事务所主任吴咸亮以《建工企业涉税——七步策划应对八大风险》为题发言；辽宁瑞唐律师事务所主任陈春林以《政府优化营商环境背景下，律师从事税收法律服务的机遇与路径》为题发言。兰州市律师协会建设工程房地产专业委员会主任李张发作为本单元与谈人发言。甘肃省律师协会互联网与新技术专业委员会主任魏存仪对分论坛三作总结评议。

分论坛四由兰州市破产管理人协会副会长何康生担任召集人、主持人，甘肃圣方舟律师事务所律师姚绍梅担任助理。第一单元由兰州市破产管理人协会副会长何康生担任主持人。上海市律师协会税法研究委员会副主任桂维康以《代扣代缴在执行中的问题》为题发言；兰州财经大学法学院教授史正保以《网络司法拍卖不动产的税费承担问题探析》为题发言；兰州市破产管理人协会会长张润丁以《破产案件办理与营商环境的关系》为题发言；银川市律师协会破产与重组法律事务专业委员会委员刘晓强以《破产企业的涉税问题分析》

为题发言。甘肃省律师协会财税专业委员会委员陈乾作为本单元与谈人发言。第二单元由北京市炜衡(兰州)律师事务所律师兰君担任主持人。甘肃省律师协会常务理事陈国忠以《管理人如何在破产清算中提速增效的实践与思考》为题发言;上海市律师协会税法研究委员会委员刘挽澜以《民商事审判中对查明涉税问题进行司法建议的必要性和可行性》为题发言;甘肃合睿律师事务所律师李红以《破产清算资产处置涉税与营商环境优化》为题发言。甘肃省律师协会财税专业委员会副主任胡建华作为本单元与谈人发言。陕西省法学会财税法学研究会副会长、西北政法大学经济法学院财税金融法教研室主任席晓娟对分论坛四作总结评议。

此次论坛成果将有效运用于政府营商环境决策,有力推进税制改革与完善,为我国经济发展和社会稳定提供更加优质高效的税法保障。

会务组由甘肃省律师协会财税专业委员会秘书长梁静雲 、惠海龙杨(三亚)联营律师事务所律师武雪君,北京盈科瑞诚税务师事务所有限公司副总经理李林林,北京市盈科(兰州)律师事务所律师韩睿,盈科瑞诚税务师事务所(甘肃)有限公司行政经理焦泽,甘肃省律师协会财税专业委员会委员陈萍,北京市盈科(兰州)律师事务所客管部主管董晋汝 、北京市盈科(兰州)律师事务所律师付喜桂、甘肃圣方舟律师事务所律师姚绍梅九位成员组成,全程为论坛提供了周到细致的服务。

第二届敦煌税法论坛综述

本次论坛由开幕式、嘉宾致辞、主题演讲、圆桌论坛(一)、分论坛、圆桌论坛(二)、闭幕式环节组成。

一、开幕式

开幕式由甘肃省律师协会会长赵耀担任主持,甘肃省司法厅党委委员、副厅长陆燕宁,国家税务总局原副局长郝昭成,盈科瑞诚税务师事务所执行主任刘俊秀分别致辞。

主持人赵耀介绍,时隔3年之久,我们再次相约黄河之滨,在金城兰州召开第二届"敦煌税法论坛",希望通过本届论坛,就政府法治营商环境优化与税收法律服务创新形成新的成果,用于政府营商环境决策,助力地方经济发展。相聚是短暂的,但智慧的思维、前沿的探索总是永恒的,希望通过本届论坛,让不同的理论与精神产生不一样的碰撞,让我们的营商环境,经济发展得到进一步的提升。

陆燕宁女士在致辞中指出,"敦煌税法论坛"是为全国广大律师在税收法律服务创新打造的高端信息共享平台,为政府进一步优化法治化营商环境提供积极有益的探索,为持续推动中国经济高质量发展提供优质法治保障。税收营商环境作为法治化营商环境的重要组成部分,在中国强大的经济发展后劲下,正以巨量级需求不断扩大,面对这一机遇,全省广大律师要树立机遇意识、前瞻意识、发展意识,积极拓展涉税业务领域,创新涉税法律服务,努力提高执业能力,不断适应新时代税制改革的新形势、新使命和新要求,持续改善税收营商环境,深入推进税收治理体系和治理能力现代化,更好地服务于全面深化改革,更好地服务于全面依法治国,更好地服务于我国高水平的对外开放和高质量发展。

郝昭成先生表示,营商环境就是生产力,法治是最好的营商环境。营商环境只有更好,没有最好,永远在路上。优化税收营商环境,是营造市场化、法治化、国际化一流营商环境的重要组成部分,是高质量发展、高水平开放的内在要求,是服务国家发展战略的重要推手,是减轻纳税人负担的有效途径。优化税收营商环境,是解放生产力,提升竞争力,增强内驱力,创新税收法律服务制度体系的原动力。我们应始终坚持理念创新、立法创新、执法创新、司法创新、守法创新,为实现中国式现代化贡献力量。

刘俊秀女士表示,营商环境是企业生存发展的土壤,法治营商环境的不断优化为促进经济社会高质量发展提供了切实保障。关于进一步推进税收法治,共同构建政府主导、社会协同的税收治理现代化新格局,税务律师和税务师行业作为涉税专业服务的主力军将发挥重要作用。盈科瑞诚税务师事务所是一家集商务、财务、税务、法律服务为一体的国际化专业服务机构,坚持党建引领,紧跟时代步伐,争当行业领先者、实践者,我们愿为法治营商环境优化与税务服务创新进程贡献盈科力量,为推动税收现代化建设携手共进。

二、主题演讲

主题演讲环节由中国财税法治研究院研究员、西南政法大学经济法学院副教授王婷婷,甘肃省注册税务师协会副会长方斌国主持。

中国法学会财税法学研究会副会长、国家税务总局税务干部学院原院长贾绍华以《优化营商环境与税收法治建设》为题发表演讲。贾绍华指出,法治与营商环境具有高度的相容性。我国《优化营商环境条例》第 2 条指出,营商环境是指企业等市场主体在市场经济活动中所涉及的体制机制性因素和条件。也就是说,营商环境体现的是一种制度环境,而制度与法治交叉重叠,法治是制度的高级形态,制度是法治的重要内容,优化营商环境与法治建设息息相关。

中国税务学会理事、北京大数据协会财税大数据专委会副会长焦瑞进以《财税大数据应用发展前瞻》为题发表演讲。焦瑞进围绕财税大数据应用问题,指出随着国务院《关于加强数字政府建设的指导意见》(国发〔2022〕14 号)和中共中央、国务院关于《数字中国建设整体布局规划》文件精神的贯彻落实,智慧税收现代化将进一步地为"五位一体"数字化高质量发展提供全方位的税收服务,今后必将应用"元宇宙"和"ChinaGPT"技术构建新一代智慧税务治理体系,进一步提升税收治理能力,推进实现智能生态社会财税治理现代化。

澳门科技大学商学院助理院长张卓以《21 世纪新丝路重要节点——澳门营商环境介绍》为题发表演讲。张卓向与会嘉宾介绍了澳门特区自回归以来的变化。当前,澳门特区就业稳定,旅游服务业、零售业销售额均在增长,居民收入中位数等经济指标有所提升。澳门特区享有自由港、单独关税区地位,国际市场网络广泛。澳门特区与全球 100 多个国家和地区保持贸易往来,参加的国际性组织达 50 多个,商业运作准则与国际惯例相适应,投资营商手续简便,外地与本地投资者成立企业的程序相同,为来自世界各地的投资者发展业务提供理想的营商环境。

中央财经大学财政税务学院教授、博士生导师,中央财经大学税收筹划与法律研究中心主任蔡昌以《法治营商环境下的"业财法税"融合与财税合规实践探索》为题发表演讲。蔡昌认为财税合规管理是当下现代企业治理的基本功和必修课,是增强企业抗风险能力的底线要求,财税合规管理目标有防范企业财税风险、优化资源配置效率、完善公司治理结构三个层级,三个层级的目标梯次递进。防范企业财税风险是基本目标和底层逻辑,在此基础上通过税务规划对企业相关资源要素配置、组织架构优化集成,提高企业的资源配置效率和价值创造,并按照合规风险最低、资源高效配置原则,进一步完善公司治理结构。

陕西省法学会财税法学研究会副会长、西北政法大学经济法学院财税金融法教研室主任席晓娟以《优化跨境电商营商环境的税收优惠制度解析》为题发表演讲。席晓娟认为以税收优惠作为优化税收营商环境的举措,对跨境电子商务发展至关重要。我国跨境电商税收优惠主要体现在出口退运商品符合条件可免征进口关税和进口环节增值税、消费税,退还出口时已征收的出口关税方面。综试区零售出口跨境电商企业符合条件可试行"无票免税"政策及企业所得税核定征收,增值税及消费税退(免)税。限值以内进口的跨境电商零售进口商品零关税等方面。

兰州财经大学教务处副处长、副教授、硕士生导师李永海以《从六大思维理念看新时代税收营商环境变革》为题,围绕税收营商环境对助力经济高质量发展和服务中国式现代化具有重要意义发表演讲。李永海认为,新时代我国税收营商环境的优化应坚持战略思维、系统思维、创新思维、法治思维、精准思维和底线思维六大思维理念,其中,战略思维是统领,系统思维是基础,精准思维是前提,创新思维是关键,法治思维是尺度,底线思维是保障。

三、圆桌论坛

(一)圆桌论坛(一)

圆桌论坛(一)围绕"税收征管改革、大数据税收治理与税收营商环境优化"主题进行讨论,由广州市律师协会财税法律专业委员会副主任徐立主持。

陇南市律师协会常务理事马书国以《税收营商环境离不开优质的律师服务》为题发言。马书国讲到,从税务机关的角度看,律师通过为税务机关提供法律服务,帮助税务机关依法行政,提高当地的财政收入,更好地发挥"看得见的手"在优化税收营商环境中的作用;从纳税人的角度看,律师也可以更好地帮助纳税人合法合理地帮助公司合规发展;从律师服务的角度看,"税务 + 法律"是现代法律服务当中的重点,税务律师可以在掌握税务知识的基础上把握法律问题,为纳税人的权利保护和税务争议解决提供良好的专业支撑。

上海市律师协会财税业务研究委员会副主任桂维康以《税收营商环境中的纳税人权益保护实践和展望》为题发言。桂维康围绕纳税人税务稽查期间是否要承担滞纳金的问题、税务机关发现但未查处期间纳税人是否要承担滞纳金的问题、责任主体对是否征收滞纳金的影响、滞纳金能否超过税款本金的问题作了深入分析。

盈科瑞诚税务师事务所(合肥)有限公司管委会主任章陶以《善用营商环境政策助力企业税务合规》为题发言。章陶认为,在如今的经济形势下,政企联合是社会发展的趋势,不同区域的营商环境对当地企业的发展也不一样,财税合规也是企业关注的一个重要话题,对于专业税务专业人员来说,再好的理论知识也要伴随政府良好的营商政策才能发挥作用。企业要想做大做强必须有一个稳健的基础,那就是股权架构的搭建;企业要是开源节流,合法合规,那就要提前布局业务流程和产业结构。未来政企融合、相互扶持,需要企业合规才能走得长远。

北京市盈科(西安)律师事务所财税法律事务部主任张飞以《税收征管改革与税务律师发展前景》为题发言。张飞结合论坛主题提出了自己的观点和思考,为我国税收征管改革、税收营商环境优化建言献策,并就税务律师发展的前景进行了展望。他表示税务律师能够把民商法思维与税法思维融会贯通,既能从民商法角度判断民商事行为的法律性质,又能从税法角度预测民商事行为结果的法律适用,是推动国家税收法治建设不可或缺的重要力量。他呼吁更多的律师学习税法,提供涉税法律服务,助力我国税收法治发展进程。

辽宁瑞唐律师事务所主任陈春林以《以数治税征管模式巨变,律师渐成税收法律服务最佳提供者》为题发言。陈春林强调,随着近年来国家税收法治化进程的不断加快,"智慧税务"宏伟蓝图即将建成,在税收征管模式变化、营商环境优化的大背景下,税收法律服务需求巨大,律师将逐渐成为税收法律服务的最佳提供者,倡议广大律师同人转变观念,大胆投身税收法律服务领域,为税收法治建设贡献力量。

(二)圆桌论坛(二)

圆桌论坛(二)围绕"涉税法律服务创新途径"主题进行讨论。由甘肃省律师协会财税专业委员会副主任武启波主持。

河北雄安中税盟科技股份有限公司董事长于江以《像医生一样做涉税法

律服务》为题发言。于江认为税务法律服务借鉴医院的医生模式未尝不是一种有益的尝试。“知名医生”在“三甲医院”利用“先进设备”提供高端医疗服务,其三要素是“专业技术,品牌加持,设备工具”。税务法律服务律师,首先要有“税务专业”,税务学科、学历、经历,税务师证书等,再辅以品牌加持,行业协会专业委员会身份加持,税收法律服务工具软件系统的帮助,增强服务的可视化,数据化的可信度,也要客户更加相信你是专业的,不是作坊“手工活”。

兰州财经大学法学院教授史正保以《律师从事涉税法律服务的业务领域选择和机遇》为题发言,指出甘肃省从事税务法律业务的律师仅限于个别所的个别律师。税务律师可以从事税务律师的服务范围主要包括开展常规性的法律服务、帮助纳税人落实税收优惠服务、进行重大事项的税收筹划服务、涉税调查服务以及处理涉税争议等方面的服务。目前我国对社会保险费和土地出让金的收缴改为由税务局缴纳后,由于现行制度的不完善,需要税务律师提供服务,破产清算和司法拍卖中也涉及税务问题,需要税务律师提供服务。

甘肃耀辰律师事务所主任张生扬以《为高净值人士提供涉税风险防控是税务律师创新路径》为题发言。张生扬讲到,据统计中国高净值人士数量已经达到300万人,国家明确提出要加强重点领域风险防控和监管,依法加强对高收入、高净值人员的税费服务与监管,对隐瞒收入、虚列成本、转移利润以及利用“税收洼地”、“阴阳合同”和关联交易等逃避税行为加大依法防控和监督检查力度的当下,税务律师的业务和服务将对税务机关与纳税人之间的信息隔阂逐步消除,进而促成政府法治营商环境优化落地、落实,服务于社会经济发展。

上海市律师协会财税业务研究委员会委员王录春以《涉税刑事合规法律业务新探》为题发言。王录春就企业常见涉税犯罪类型进行了解读,并结合真实的一审认定构成逃税罪,后经最高人民法院指定再审,继而改判无罪的案例,进行了法律适用分析,提出了涉税刑事案件辩护过程中启动合规整改,达到无罪化处理的可能及路径。

北京大成(兰州)律师事务所律师邱丰以《税务律师的使命》为题发言。邱丰讲到,一是紧盯需求,了解相关涉税法律服务市场发展的变化新动向,做好自身定位,有所选择;二是放下包袱,知难而进,深入研究涉税法律法规政策体系,积淀知识技能;三是结合涉税案件具体实务,以解决问题为导向,不断探索精进。

四、分论坛

本次论坛共有四个分论坛,主题分别是"税企争议处理、税务执法、企业税务合规、传统及新型经济业态涉税与营商环境优化问题""危害税收征管刑事辩护与营商环境优化问题""建安房地产涉税与营商环境优化问题""民商事审判、破产、司法拍卖涉税与营商环境优化问题"。分论坛由甘肃省律师协会常务理事、财税专业委员会主任刘兵担任总召集人,副主任胡建华、武启波担任召集人。

(一)分论坛一

分论坛一由甘肃省律师协会财税专业委员会委员殷开续担任召集人,甘肃省律师协会财税专业委员会委员陈萍担任助理。

第一单元由甘肃省律师协会财税专业委员会委员张毅担任主持人。

上海市律师协会财税业务研究委员会副主任李林以《税务行政争议案件原告资格问题》为题发言。李林根据现行行政诉讼法和司法解释的规定,确定行政诉讼原告资格,并存"合法权益"标准与"利害关系"标准,前者属主观标准,后者为客观标准,但二者本质上的含义相同。关于"利害关系"的理解,学说和司法审判实务中有二要素说、三要素说、四要素说等代表性的观点。关于"利害关系"的认定规则,传统观点采实际影响方法,如南通市中级人民法院(2014)通中行终字第0216号行政裁定认为,当事人与被诉行政行为之间是否具有法律上的利害关系,应当从当事人所主张的权益是否属于行政行为影响的范围,所主张的权益受损是否系行政行为侵害的结果等因素加以综合考虑。

上海中联(大连)律师事务所律师张铁柱以《论受票方与上游税务机关认定虚开发票的处理决定有利害关系》为题发言。张铁柱结合保护规范理论和相关案例,具体阐述了受票方与上游税务机关认定虚开发票的税务处理决定书之间的利害关系问题。上游税务机关作出税务处理决定书认定开票方的行为构成虚开发票,导致受票方取得的发票成为不合法的凭证,受票方不得据以抵扣增值税进项税额,因此其公法上的权益受到该税务处理决定书直接的、个别的影响。上游税务机关在作出此类税务处理决定书时,应当考虑对受票方增值税进项税额抵扣权的影响,对其合法权益予以尊重和保护。因此,受票方与上游税务处理决定书之间有利害关系,具有针对该税务处理决定书申请行政复议和提起行政诉讼的资格。

甘肃方正税务师事务所副所长董雪以《税企争议与救济的法律思考》为题发言。董雪认为,税收争议的处理对税收环境会产生重大影响,呼吁加强权力制约,破除观念阻碍、建立多元化沟通渠道、鼓励和引导税收服务组织对维护纳税人合法权益方面发挥更大的指导作用和帮扶作用。

北京市炜衡(兰州)律师事务所律师蒋玉芳以《"金税四期"背景下的征纳双方与营商环境》为题发言。蒋玉芳讲到,"金税四期"是智慧税务的主要内容。以发票电子化为突破口,实现全国税收数据大集中。税收征管进入以数治税、分类精准管理的时期,面对风险管理,税企双方应做思考:数据能力超执法能力(执法水平),在基层比较突出;税收治理中存在模糊性、执法人员业务能力参差不齐,税企易产生争议。税收任务重,执法风险大,执法趋于严苛,纳税人因各种原因不依法维权。这都是营商环境的影响因素。

第二单元由北京盈科瑞诚税务师事务所有限公司副总经理李林林主持。

江苏省律师协会财税法律业务委员会副主任李瑾以《涉案企业合规不起诉方案的有效设计》为题发言。李瑾结合涉案企业合规不起诉业务的实践经验,围绕"合规计划书的重要性""全面有效的内部调查""涉税合规计划书三部曲"等内容,通过典型案例剖析,对相关业务开展的流程,建立合规管理体系、合规风险识别和应对机制、合规培训及合规文化建设等重点工作内容以及对业务开展中各方衔接问题、合规整改全面性问题的思考及建议进行了细致阐释。

上海市律师协会税法研究委员会委员任雪丽以《税务策划与税务合规》为

题发言。任雪丽从税务策划的基本准则着手,分别从国际和国内的角度阐述了各国政府对激进税收筹划的监管态度,并结合案例分析激进税收筹划的通常路径以及税收征管机关的处理决定。由于激进税收筹划往往缺乏经济实质也不具有合理商业目的,随着强监管时代的来临,纳税人的违法成本会越来越高,也倒逼税务策划回归到本质,即在合法合规的前提下降低税收风险、提高税收遵从度、优化税负。随着征管效率和纳税遵从度的提高,在税制设计立法层面也应该考虑通过降低税率、设置免征项目、递延纳税等措施,使得纳税人的负担降低到合理水平。立法机关、执法机关以及纳税人各方应各司其职,相互促进,以实现更好的营商环境。

上海市律师协会税法研究委员会委员钟黎峰以《虚开发票涉案企业合规实务探讨——以上海某设备公司为例》为题发言。钟黎峰简单介绍了案件背景、虚开时点、虚开金额等案件情况,并讲述了增值税立案追溯标准的变动以及三方合规机制,特别是三方合规机制的制度出台背景、机制启动(适用)条件、不适用情况、三方合规对于企业的作用(意义):“人民检察院在办理涉企犯罪案件过程中,应当将第三方组织合规考察书面报告、涉案企业合规计划、定期书面报告等合规材料,作为依法作出批准或者不批准逮捕、起诉或者不起诉以及是否变更强制措施等决定,提出量刑建议或者检察建议、检察意见的重要参考。”最后钟黎峰律师又基于分享的案例,提出一个开放性问题(虚开专用发票企业在整改过程中,是否有必要补缴对应的企业所得税),探讨目前的三方合规机制虽仍有优化空间,但值得肯定的是,持续优化并发挥第三方机制的红利,是检察院落实习近平法治思想的体现,有利于推动各类市场主体和企业家合规守法,有利于提升企业家信心。

辽宁省律师协会财税法律专业委员会秘书长安庆芳作为与谈人发言。安庆芳认为,第一,关于刑事合规的补充意见。首先关于刑事合规的正义性,刑事合规是为了避免单位因犯罪而倒闭或破产给员工或其他债权人带来损失,进而对社会造成更大的危害,产生的以合规作为出罪事由的一种机制。我国当前的刑事合规实践,似乎与该初衷并不完全契合,要防止刑事合规的不当异化。其次,根据刑事合规制度,除了在符合犯罪构成的前提下,以合规作为条件而出罪的事后合规外,还存在单位建立并切实执行有关制度仍不能避免犯罪行为发生的情况下,不追究单位刑事责任的事前合规。第二,关于虚开发票的认定及相关发票的税务处理。依据发票管理办法的规定,认定虚开发票以发票载明事项与实际经营业务情况不符为必要。在开票方管辖稽查局认定开票方虚开的情况下,意味着开票方与受票方的实际经营业务情况与该发票载明事项不符。而受票方管辖稽查局如不能认定受票方虚开,则意味着受票方与开票方的实际经营业务情况与该发票相符,因开票方与受票方的实际经营业务情况的同一性,导致该发票既是虚开发票又不是虚开的发票这一荒谬结论,进而税务机关如认定该发票属于不合规的增值税抵扣凭证,则加重了这种荒谬的程度。这其实突显了虚开发票认定中证明主体、证明责任、证明标准等问题的极端重要性。

兰州财经大学教授、财税与公共管理学院税收学系主任、硕士生研究生导师马军作为评议人发言。马军认为,李瑾律师所分享的涉税合规计划书为我们实操提供了良好范本,比如提出要进行全面有效的内部调查并有针对性地制定整改措施等;任雪丽律师通过国内国际两个维度介绍了税务筹划与合规尤其是“激进的税收筹划(ATP)”等内涵,要求企业在税务合规管理中注意科学规划、降低风险;钟黎峰律师以具体案例导入,探讨实务中虚开发票行为的处理。三位的分享相得益彰,最后安庆芳秘书长也谈到刑事合规不起诉中要秉持的正当性原则,交流了有关刑事合规不起诉在我国不同类型企业中的适用性。马军综合以上引发了以下思考:首先,法治是最好的营商环境,在合规不起诉实践中不能搞形式主义,只有真正唤醒企业合规意识才能事半功倍。其次,律所、会计师事务所等税务相关专业服务机构等要坚持专业精神和长期主义,不断创新服务优化法治营商环境。最后,政府和高校等机构也需各司其职,深化“政企校合作”培养专业性和适应性更强的综合性人才。

(二)分论坛二

分论坛二由盈科刑辩学院副院长杜平担任召集人,北京市盈科(兰州)律师事务所实习律师马晨菡担任助理。

第一单元由北京市盈科(兰州)律师事务所律师张文颖担任主持人。甘肃省高级人民法院审判委员会委员、刑事审判二庭庭长张根虎以《严格执行程序,确保出罪有路,营造良好营商环境》为题、甘肃省公安厅经济犯罪侦查总队副总队长柴雅以《从打击经济犯罪新常态的视角下,谈涉税犯罪发展趋势与疑难问题》为题、辽宁省律师协会财税法律专业委员会副主任李敬先以《虚开增值税专用发票的罪与罚》为题发言。

第二单元与谈环节的主题为“涉税涉票类罪名的实务难点及电子证据判定”,兰州市人民检察院第二检察部张斌、广东省法学会刑法学研究会理事秦建军、上海市律协税法研究委员会委员牛培山、兰州市人民警察学校法律法规教研室二级警长李亮四人作为分论坛二的与谈人分别发言。盈科刑辩学院副院长杜平对分论坛二作总结评议。

(三)分论坛三

分论坛三由甘肃省律师协会互联网与新技术专业委员会主任魏存仪担任召集人,北京市盈科(兰州)律师事务所付喜桂担任助理。

第一单元由北京市盈科(兰州)律师事务所律师史明红担任主持人。辽宁瑞唐律师事务所主任陈春林以《政府优化营商环境背景下,律师从事税收法律服务的机遇与路径》为题发言。陈春林首先从大势与需求角度,讲解了国家以数治税大背景下,税收法律服务已成为企业风险刚需;其次从现状与机遇角度,以民法典、合同以及建工案例等,分析了律师所有业务都与税有关,律师常规法律业务避不开的税收;最后从认知与路径角度,提出了律师认知观念上的错误,剖析了税收法律实质,给出了律师从事税收法律服务的路径。陈春林强调,经济发展需要律师懂税,时代呼唤更多律师进入税收蓝海,广大律师应当进军税收法律服务领域。

国家税务总局甘肃省税务局财产和行为税处干部张辉以《土地增值税优惠政策解读》为题、甘肃永诚税务师事务所有限公司运营总监王娟以《房地产企业破产重整的税收问题》为题、北京市盈科(兰州)律师事务所律师解非以《政府优化营商环境背景下,建筑施工企业发票合规管理》为题发言。

甘肃省律师协会建设工程与房地产专业委员会主任周万发作为与谈人发言。

第二单元由北京市盈科(兰州)律师事务所律师付喜桂主持。广西警察学院教授肖太福以《优化税收营商环境,支持建筑业健康发展》为题发言;上海至合律师事务所主任吴咸亮以《建工企业涉税——七步策划应对八大风险》为题发言。兰州市律师协会建设工程房地产专业委员会主任李张发作为与谈人,甘肃省律师协会互联网与新技术专业委员会主任魏存仪作为评议人,分别发言。

(四)分论坛四

分论坛四由兰州市破产管理人协会副会长何康生担任召集人,甘肃圣方舟律师事务所律师姚绍梅担任助理。

第一单元由兰州市破产管理人协会副会长何康生担任主持人。

上海市律师协会税法研究委员会副主任桂维康以《代扣代缴在执行中的问题》为题发言。桂维康主要分享了三个问题:(1)关于解除劳动关系、提前退休、内部退养的一次性补偿收入如何缴税问题;(2)文件中"上年"在实务中的运用和界定;(3)人民法院判决支付补偿金,单位是否能按代扣代缴个人所得税后的金额支付的问题。

兰州财经大学法学院教授史正保以《网络司法拍卖不动产的税费承担问题探析》为题发言。史正保的观点包括:一是完善网络司法拍卖税费承担的细化规定,二是明确网络司法拍卖中拍卖物品的计税依据,三是完善税收优先权及破产税收债权的相关规定,四是加强网络司法拍卖中买受人的权利保护机制。

兰州市破产管理人协会会长张润丁以《破产案件办理与营商环境的关系》为题发言。张润丁从世界银行营商环境评估、破产的误区与正确理解、如何办理好破产案件三个方面展开,强调、呼吁业内外应当对破产制度正确理解认识,依法合规推进案件办理充分发挥其多项价值功能。

银川市律师协会破产与重组法律事务专业委员会委员刘晓强以《破产企业的涉税问题分析》为题发言。刘晓强认为,在绝大多数破产案件中,破产企业都存在欠缴税费的情况,如何妥善处理这些问题,一方面关乎国有资产的入库,另一方面关乎管理人和税务机关的履职,意义重大。为协助破产管理人和税务机关依法履职,更好地对企业破产涉及的主要税收问题(发票供应、欠税核销、税务注销、纳税信用修复)和企业所得税处理提出解决之道。

甘肃省律师协会财税专业委员会委员陈乾作为与谈人发言。陈乾认为,桂维康从劳动关系角度入手,提出代扣代缴的执行问题。这是很细分的专业领域。史正保聚焦网络司法拍卖的税费承担问题,检索了大量的案例和法院判决书,分析了包税条款的效力,提出问题,解决问题,充分体现了法律专家深厚的法学涵养和求真务实的治学态度。张润丁在破产业务方面的专业研究和实务经验,已经达到新的高度。尤其是会上介绍的破产案件与营商环境的关系,让他重新学习了破产理念的发展,认识了破产业务的更高层级的价值意义。刘晓强就破产企业涉及的税收问题进行了详细的分析讲解,并对企业破产税费问题的解决提出了办法和思路。本次分论坛的主题是营商环境,法治是最好的营商环境,高质量的营商环境依托高质量的法治环境。优化营商环境,法律工作者大有可为。

第二单元由北京市炜衡(兰州)律师事务所律师兰君主持。甘肃省律师协会常务理事陈国忠以《管理人如何在破产清算中提速增效的实践与思考》为题发言。陈国忠讲到,律师作为管理人在破产业务中要依法履职,认真履职,要在破产清算中提速增效。

上海市律师协会税法研究委员会委员刘挽澜以《民商事审判中对查明涉税问题进行司法建议的必要性和可行性》为题发言,认为为达到法律效果与社会效果相统一有其必要性,而且可行性的四个前提包括:(1)主体是从事生产、经营的纳税人;(2)对民商纠纷中应纳税事项有约定;(3)争议事实与应纳税事实相关联;(4)当事方对涉税问题提出主张。

甘肃合睿律师事务所律师李红以《破产清算资产处置涉税与营商环境优化》为题发言。李红讲到,僵尸企业破产清算是我国经济发生全行业产能过剩的应对之策。为此,我们应从破产管理人组织架构、破产清算资产处置方式、涉税涉费工作与政府机构深度合作以及维护法律稳定性与执法合法性等多个方面进行改善和变革。

甘肃省律师协会财税专业委员会副主任胡建华作为与谈人发言。胡建华认为,陈国忠主任通过具体案例,详细阐述了律师在破产案件中的重要作用,总结了如何做好破产案件的实务经验。刘挽澜提出了在民商事审判中对查明涉税问题进行司法建议的必要性和可行性的观点,令人耳目一新。李红律师专门就在破产清算资产处置过程中如何优化税收与营商环境的关系进一步进行阐明,并提出了具体的解决方案,将理论与实践充分结合,为解决实际问题提供了宝贵经验。陕西省法学会财税法学研究会副会长,西北政法大学经济法学院财税金融法教研室主任席晓娟作为总评议人发言。席晓娟认为本论坛主题是民商事审判、破产、司法拍卖涉税与营商环境优化问题,共有七位发言人,涉及三方面内容:一是民商法审判涉税,包括代扣代缴在执行中的问题、民商事审判中对查明涉税问题的司法建议。二是破产及其涉税问题,包括破产案件办理、破产管理人、破产企业涉税、破产清算资产处置涉税等。三是网络司法拍卖不动产的税费承担问题。

五、闭幕式

闭幕式由兰州市破产管理人协会副会长何康生主持。

西宁市律师协会副会长于永发言。于永讲到,今天是一场理论与实践碰撞、互动、共鸣的盛会,感谢主办方及各承办、协办单位,让我们共同祝贺第二届敦煌税法论坛成功举办。深入学习、全面贯彻落实党的二十大精神和习近平总书记甘肃考察重要讲话和指示精神,积极响应我省“三抓三促”行动,甘肃省律师协会与时代同行、顺势而为举办本次论坛,旨在为更好地助力我省营商环境优化,积极为经济发展和社会稳定提供更加优质的法律服务和保障。不断提升、优化营商环境，为各类市场主体投资兴业营造稳定、公平、透明的良好经营环境，任重道远，需要我们大家及更多人的共同努力。

兰州市破产管理人协会会长张润丁发言。张润丁讲到，与会的各位专家、嘉宾，围绕论坛主题，分享各自的真知灼见，针对当前涉税法律服务的新发展，新领域，新动态和热点、难点问题，分别从"'业财法税'融合框架下的营商环境优化""税收征管改革、大数据税收治理与税收营商环境优化""税企争议处理、税务执法、企业税务合规、传统及新型经济业态涉税与营商环境优化问题""危害税收征管刑事辩护与营商环境优化问题""建安房地产涉税与营商环境优化问题""民商事审判、破产、司法拍卖涉税与营商环境优化问题""涉税法律服务创新路径"等多个角度切入，展开了富有建设性的主题演讲和精彩激烈的互动研讨，提供了许多具有前瞻性、创新性、综合性的思考，内容丰富、观点纷呈，使我们有幸享受了一场税法知识盛宴，也彰显了本次论坛的理论性、实务性、专业性、开放性。敦煌税法论坛的创设与成功举办，为我省税法理论与实践的发展提供了观点交锋、实务切磋、凝聚共识的平台，对我省的涉税法律服务事业产生了积极重大的影响。

北京市盈科（兰州）律师事务所管委会主任李宇明发言。李宇明讲到，党的二十大报告指出，高质量发展是全面建设社会主义现代化国家的首要任务，要营造市场化、法治化、国际化一流营商环境。法治是税收工作和服务的基础和保障，在此基础上的营商环境优化和税收法律服务创新更是税法相关事务提升发展的必经之路。与会嘉宾从自己的理论知识和实践经验出发，在税法制度的基础上，在多个方向上进行了分享，提出了各行业、各法律方向、各涉税主体在涉税实践中遇到的和即将遇到的税务相关法律问题，并给予了相应的建议和措施。这次论坛成果丰硕，对推动政府法治营商环境与税收法律服务协同发展起到了重要作用，对于引领涉税服务行业发展具有重要的意义。

甘肃省律师协会副会长杨永明总结发言。杨永明指出，在全体与会嘉宾和论坛工作人员的共同努力下，第二届敦煌税法论坛顺利闭幕。本次论坛以政府法治营商环境优化与税收法律服务创新为主题，与税务领域专家学者、税务律师、税务师等专业人员以两大圆桌会议和四个分论坛的形式展开了讨论,讨论主要围绕税收征管改革、大数据税收治理与税收营商环境优化,以及涉税法律服务创新路径两个大体框架进行发散,并细分了税务执法,企业税务与营商环境,危害税收征管刑事辩护与营商环境优化,建安房地产涉税与营商环境优化,民商事审判、破产、司法拍卖涉税与营商环境优化几个议题进行了广泛深入的研讨,不但延续了敦煌税法论坛的高质量、高效率、高水平,同时展现了论坛的创新性、专业性和综合性。

最后,何康生副会长代表论坛全体会务组对支持本次论坛的嘉宾和各界朋友表示衷心的感谢,他表示本次论坛成果丰硕,对推动政府法治营商环境与税收法律服务协同发展起到了重要作用,对于引领涉税服务行业发展具有重要的意义。通过税法论坛的举办,我们结识了新朋友,巩固了老朋友,让我们携起手来,将论坛达成的共识、提出的新观点、新思维、新举措落实到工作中去。希望各位来宾能够一如既往地关注与支持敦煌税法论坛,祝敦煌税法论坛越办越好!我国税收法律行业的发展前景越来越好!

后　　记

刘　兵*

自党的十八大以来，在依法治国大背景下，伴随中央落实税收法定原则，深化财税体制改革，完善财税制度等重大举措，我国税收法治建设和税收法治服务进入快车道。如何更好地发展专业委员会，更快地提高委员和律师专业化水平，是甘肃省律师协会及财税专业委员会共同关注的问题。正因如此，敦煌税法论坛作为第一个由甘肃省律师协会主办的全国性财税法论坛应运而生。敦煌税法论坛以敦煌命名，已经举办过两届。我们由衷地感谢已莅临论坛的老朋友，希望在以后的论坛中您如约而至，也期待在以后的论坛中结识新朋友，让我们的论坛更加精彩。我们将不负每一位参会嘉宾的期待，坚守初心，保证开放性、常设性、公益性的论坛性质，尽心尽力为大家提供财税法律交流、融合的平台。

《敦煌税法评论》第一辑是第一届、第二届敦煌税法论坛的成果结晶。伴随敦煌税法论坛的继续举办，还会有第二辑、第三辑……第 N 辑的出版问世。第一辑收录了第一届、第二届论坛的投稿论文，论坛概况、论坛综述。感谢专家学者、税务干部、专业律师等广大税法专业人士的慷慨赐稿，热情发言。在此对

---

* 刘兵，中国财税法学研究会理事，全国律师协会财税法专业委员会委员，甘肃省律师协会常务理事，甘肃省律协财税专业委员会主任，兰州市律协财税专业委员会主任。

投稿、赐稿的作者和在论坛发言的嘉宾表示衷心的感谢。由于编者的水平有限,疏漏与不妥之处在所难免,真诚欢迎大家批评与指正,并希望大家持续关注、关心、支持敦煌税法论坛!

二〇二三年十二月